JN085381

債権法 II ［契約各論・不法行為等］

椿 寿夫・松本恒雄 ［監修］

和田真一／石橋秀起／杉本好央／渡邊 力／野々村和喜 ［著］

北大路書房

▶監修者のことば

コンシェルジュ民法シリーズは，民法を初めて学ぶ学生が，民法の全体像を把握するのに適した内容のテキストとして，読者の素朴な疑問や問いを重視し，何がわからないか，何につまずいているのかを見つけ出しながら，民法の基本を習得できることを目指しています。そのような本シリーズの趣旨を表すために，ホテルで宿泊客からのあらゆる要望に応じる総合案内係を意味するフランス語のコンシェルジュ（concierge）をシリーズ名としています。

そのために，本シリーズでは，通常の１コマの授業で扱う内容を１つのLecで取り上げ，その中を複数のセクション（§）に分け，原則として各セクションの冒頭に，具体的な事例を挙げて，それを素材にまず概説し，ついで理解を深めるために詳しい説明をするという構成をとっています。

さらに，コンシェルジュという名を冠した「☕カフェ・コンシェルジュ」を随所に配置しています。これは，当該解説の項目に関係はあるけれども，本論からは少しはずれたこぼれ話や愉快な話などを，息抜き的に扱うコラムです。コーヒーブレイク的に楽しみながら勉強してくださいという趣旨です。

コラムには，もう１つ「✖トピック」と名付けられているものがあります。こちらは，本論の話しを少し詳しく解説したり，現代的な問題を取り上げて解説したりするものです。息抜きというよりは，論点をもう少し深めてくださいという趣旨です。

民法では，紛争事案の争点・ポイントの把握，当該争点への適切な条文・法理の適用，結論・解決策の妥当性などが求められ，かつそれぞれを説得的に説明する能力も求められます。そのためには，まず民法の全体像を把握し，民法をツールとして使いこなせるようになることが必要です。本シリーズは，このような能力を身に付けるための入り口の部分を担うものです。

そして，私人間の法律関係についての基本的ルールを定める民法は，法律学全体を学ぶための基礎という側面もあります。民法で勉強した用語や考え方は，他の法律を勉強する際に役に立ちます。

最近では，社会の変化に合わせて，民法の改正が頻繁に行われるようになってきています。とりわけ，2017年に改正され，2020年から施行されている「債権法改正」と呼ばれる改正は大規模で，債権法の後半部分を構成する本巻の内

容にも大きな影響を与えています。最新の民法を学ぶとともに，どこが改正されたのか，なぜ改正されたのかを知ることは，民法の理解を深めることにつながります。

　本シリーズで民法の初歩を身に付けた後は，もう少し詳しく書かれた定評のある教科書や体系書と言われているものに取り組むようにしてください。

　　2024年2月

監修者

椿　　寿夫

松本　恒雄

【追記】

　なお，コンシェルジュ民法の共同監修者であった椿寿夫先生が，コンシェルジュ民法2巻の刊行後，半年ほどたった2023年8月，95歳を目前にお亡くなりになりました。民法学界に残された多大なご功績を偲ぶとともに，ご冥福をお祈り申し上げます。［松本記］

▶はしがき

　本書は，初学者がアプローチしやすい入門的なレベルでありながら，その後のさらに進んだ学習への橋渡し役になることを目指したシリーズ『コンシェルジュ民法』の「第4巻　契約各論・不法行為等」である。

　債権総論と，債権各論のうち契約総論はシリーズ第3巻で取り扱われており，契約各論と不法行為，事務管理，不当利得を説明する第4巻は，債権・債務を発生させる契約と法定債権関係（不法行為，事務管理，不当利得）を対象としたものといえる。契約総論には契約各論に共通に適用される条文が，債権総論には債権各論に共通に適用される条文が定められているから，このあと発刊が予定されている第3巻と本巻は相互に参照されるべき部分が多くある。この点は，相互参照を設けることで読者の便宜を図っている。

　また，契約各論は2017年の民法改正（2020年4月1日施行）により，おおきく条文が変わったところがある。これから民法を学ぶみなさんは改正された新しい条文を学ぶことになる。しかし新しい条文は，施行されてまだ数年であり，これらについて判例や解釈論の蓄積はこれからである。そこで，旧条文のもとでの判例や学説の蓄積がどのように承継されているのか，あるいは変更されているのかなどを適宜説明に取り入れ，新しい条文についての理解を深められるように工夫した。

　初学者をおもな対象としたテキストであるから，一番に心がけたのは，各条文の意義，なんのために定められたのか，その要件と効果，どんな要件を満たせばどのような法律効果が発生するのかを，シンプルに理解できるようにすることである。この種のテキストの成功の鍵は，何をどの程度書くのか，情報の取捨選択と説明の仕方に大きくかかっている。簡単すぎると正確な理解を得られず，かといって（分担執筆者がそれぞれの分野の専門の研究者であるために）ついついうんちくを傾けすぎると，初学者には小難しい説明になってしまう。本書はこの点に配慮しつつ，通説・判例をベースとした説明を心がけている。

　さて，民法をこれから学ぼうとして本書を手に取られるみなさんの学ぶ目的は様々であろう。学部や法科大学院で民法の勉強を始めるため，民法の勉強が必要な資格を取るため，就職に必要だから，いま仕事で民法を勉強する必要が

生じているから。いろいろな目的で本書を手に取られていると思う。民法はその特別法も含めれば，膨大な情報量がある広大な法分野である。本書の外にも民法の世界は広く，高く，深く広がっている。さらに先の勉強が必要になったときにも，本書を読んで理解された知識がベースとなって，皆さんの民法の理解が深まることを願っている。そのため，『コンシェルジュ民法』では初学者に興味を引き立たせ，興味を継続して読み進めてもらうことができるよう，各Lecの冒頭に導入設例を置くことや，少し息抜き的な話題などの「☕カフェ・コンシェルジュ」，先端的なまたは新しい問題などをわかりやすく紹介する「✕トピック」を設ける工夫もしている。

　著者の皆さんには，以上の趣旨を踏まえ，最大限の努力と工夫をした執筆をしていただいたと確信している。みなさんが本書を読まれて，なるほどそうだと共感していただけるところが少しでも多くあれば幸いである。

　最後に，本書の企画・構成に当たっては，監修者の故・椿寿夫先生，松本恒雄先生から貴重な助言をたまわり，また，出版工房燧（ひうち）の秋山泰さんからは編集上のアイデア，ご教示を得ることができた。ここに改めて御礼を申し上げたい。

　2024年2月15日

コンシェルジュ民法第4巻の著者を代表して

和田　真一

❖ 凡 例

❶ 判決・判例の略記・略語（主なもの）

大判	… 大審院判決	高判	… 高等裁判所判決
最判	… 最高裁判所小法廷判決	地判	… 地方裁判所判決
最大判	… 最高裁判所大法廷判決	決	… 決定
民集	… 最高裁判所（大審院）民事判例集	判時	… 判例時報
民録	… 大審院民事判決録	判タ	… 判例タイムズ
裁判所web	… 裁判所ウェブサイト		

❷ 学習用判例集の略記・略語など

　(a) 判例索引に主な学習用判例集の判例番号を記載した。

▶窪田充見・森田宏樹_編『民法判例百選Ⅱ　債権〔第9版〕』（有斐閣，2023年）

　　➡ 【百選Ⅱ＊＊】　＊＊は判例解説の番号

▶松本恒雄・潮見佳男・松井和彦_編『判例プラクティス民法Ⅱ〔第2版〕』（信山社，2023年）

　　➡ 【判プⅡ＊＊】　＊＊は判例解説の番号

　(b) なお，読者が見やすいように，（　）内での判例引用の頭に★印を付けた。

❸ 法令名の略記法

　本文のカッコ内での法令名・条文名の引用では，民法典については条文名のみ掲げ，その他の法令で頻度の高いものは，その法令名の通例略称により略記した。

　　例：（▷＊＊条・＊＊＊条，会社＊＊条）

　　※なお，読者が見やすいように，（　）内での法令条号数引用の頭に▷印を付けた。

➤**PART**＿Ⅱ　不法行為・事務管理・不当利得［法定債権関係］

☕カフェ・コンシェルジュ　目次

✕トピック　目次

❖監修者紹介

椿　　寿夫（つばき・としお）　大阪府立大学・関西学院大学助教授を経て，大阪市立
大学・筑波大学・明治大学・大宮法科大学院教授を歴任。
椿民法研究塾主宰，民法学者〔京都大学法学博士〕。
2023年8月逝去。

松本　恒雄（まつもと・つねお）　広島大学・大阪市立大学・一橋大学を経て，独立行政
法人国民生活センター理事長を歴任。
現在：一橋大学名誉教授，明治学院大学客員教授，弁護士

❖著者紹介（＊印はシリーズ編集委員＝第4巻責任者）

＊和田　真一（わだ・しんいち）　▶執筆担当　Lec 01, 14～17
立命館大学大学院法務研究科教授

▶主な著書・論文に，松岡久和・中田邦博編『新・コンメンタール民法（財産法）〔第2版〕』（日
本評論社，2020年）（共著），窪田充見・大塚直・手嶋豊編『事件類型別不法行為法』（弘文堂，
2021年）（共著），米丸恒治編『18歳から始める情報法〔第2版〕』（法律文化社，2022年）（共著），
など。

石橋　秀起（いしばし・ひでき）　▶執筆担当　Lec 02～05, 18～20
立命館大学法学部教授，博士（法学）

▶主な著書・論文に，『不法行為法における割合的責任の法理』（法律文化社，2014年），「欠陥住
宅に関する被害者救済法理の今日の展開と残された課題」現代消費者法57号（2022年）32頁，「建
設アスベスト訴訟における建材メーカーの集団的寄与度に応じた連帯責任」立命館法学399＝
400号（2022年）1頁，など。

杉本　好央（すぎもと・たかひさ）　▶執筆担当　Lec 06～11
大阪公立大学法学部教授，博士（法学）

▶主な著書・論文に，『独仏法における法定解除の歴史と論理』（有斐閣，2018年），『ユーリカ民
法1 民法入門・総則』（法律文化社，2019年，共著），「民法541条以下の解除と『やむを得ない
事由』による解除」法学雑誌66巻1-2号（2020年）251-288頁，など。

渡邊　　力（わたなべ・つとむ）　▶執筆担当　Lec 12, 13, 26～28
関西学院大学法学部教授

▶主な著書・論文に，『求償権の基本構造──統一的求償制度の展望──』（関西学院大学出版会，
2006年），「一部弁済による代位──改正民法の規律と関連する諸問題──」法と政治69巻2上
号121頁（2018年），『民法入門ノート〔第2版〕』（法律文化社，2024年）（編著），など。

野々村和喜（ののむら・かずよし）　▶執筆担当　Lec21～25
同志社大学法学部准教授

▶主な著書・論文に，大塚直編『新注釈民法（16）・債権（9）』（有斐閣，2022年）（共著），潮見
佳男・中田邦博・松岡久和編『18歳からはじめる民法〔第5版〕』（法律文化社，2023年）（共著），
渡邊力編『民法入門ノート〔第2版〕』（法律文化社，2024年）（共著），など。

❖Lec **01**　第４巻「債権法Ⅱ」で扱う範囲と構成 ……

▶§1__ 「債権法Ⅱ」で扱う内容

▶▶1　債権の発生原因（1）──契約

　『コンシェルジュ民法』では，民法の財産法を「第１巻（民法入門）総則」，「第２巻物権・担保物権」，「第３巻債権法Ⅰ」，そしてこの「第４巻債権法Ⅱ」に分けている。第４巻は，さらに大きく２つのPartに分かれている。➤Part_1の「契約各論」と，➤Part_2の「不法行為・事務管理・不当利得（法定債権関係）」である。いずれも，民法の債権・債務の発生原因である。

　契約が，契約当事者に債権を発生させることは容易に理解できるだろう。Aがその所有物甲をBに10万円で売る売買契約が成立したら，BはAに甲の所有権の移転と甲の引渡しを請求することができ，Aは代金10万円の支払いを請求することができる。

▶▶2　債権の発生原因（2）──事務管理・不当利得・不法行為〔法定債権関係〕

　法定債権関係は，文字通り，契約によらず民法が定める要件を満たすことにより，債権を発生させるものである。事務管理，不当利得と不法行為の３つが含まれる。

　事務管理は，契約に基づかずに他人の事務を管理したときに管理者に生じる請求権や義務について定める。不当利得は，売買契約を取消して代金や物を取戻す請求の根拠になったりする。不法行為は法定債権関係の中では一番なじみ深いと言えよう。いろいろな事件や事故によって，他人の権利を侵害して損害を与えたときに，被害者に加害者に対する損害賠償請求権を発生させる制度である。

▶▶3 民法の中での位置

　民法がパンデクテン方式という条文の配列方式を採用していて，共通のことがらは総則としてまとめて定められることは承知のことであろう。契約各論には，売買や賃貸借といった，日常生活でも良く耳にする契約が列挙されている。これらの契約に共通に適用されるルールは，契約総論に定められている。債権総論にも，契約と法定債権関係に共通のルールが定められている。言い方を変えると，本巻（第4巻）の➤Part_1の売買のところだけを見ても，売買を規律するすべてのルールが説明されているわけではない。➤Part_2の不法行為のところだけをみても，不法行為を規律するすべてのルールが説明されているわけではない，ということである。

▶▶4 特別法による規律

　契約各論は，任意規定が多い（▷91条）。しかし，契約当事者が実質的に対等な交渉能力を有していればそれでよいが，現実にはそうではない。売買契約の売主である企業は商品の性能品質に対する正確な情報を持ち，製造コストを知っている（したがってお買い得な商品なのかどうか）を知っているが，買主である消費者はほとんどの場合そうではない。このまま放置しては，売り手に有利な契約となってしまうため，消費者保護のための特別法を置いて，特別法の強行規定によって消費者の権利を守っている。借地借家法も借地人や借家人の生活や営業が不安定とならないように保護する役割を果たす特別法である。「特別法は一般法に優先する」から，契約を規律する実際のルールの全容を知るためには，これらの特別法も知らなければならない。多くの特別法のうち，本巻では初学者でも知っておくべきと思われる特別法に限って説明をしている（❖Lec**08**の借地借家法，❖Lec**13**の非典型契約など）。

　法定債権関係では，特に不法行為に特別法が多く存在する。経済社会の発展によって，交通や産業の発展はさまざまな不法行為を発生させ，通常の民法の不法行為責任よりも，より被害者を的確に救済できる特別の責任が必要となったためである。自動車の普及により激増した人身事故に対し，自動車損害賠償保障法（自賠法）が強制加入の責任保険制度とセットで制定されたのは身近な一例である（詳しくは，❖Lec**25**）。

▶ §2 典型契約の種類（契約類型）と非典型契約

▶▶1 典型契約と非典型契約

　民法の契約各論で条文の定めのある契約を典型契約（有名契約），それ以外の契約を非典型契約（無名契約）と呼ぶ。契約は原則自由であるから，取引社会の必要に応じて，民法典に定めのない契約が生まれている。典型契約については❖Lec**2**〜**12**で，非典型契約については❖Lec**13**で解説する。

▶▶2 財貨移転型契約

　典型契約は，大きく4つに分類できる。1つ目のグループは，財貨移転型契約である（●Unit❷）。その代表は，売買（▷555条）である。売主から買主に目的物の所有権を移転し，それに対して対価の支払いを約束することによって成立する（有償契約）。交換（▷568条）は，対価ではなく，当事者が互いに財産権の移転を約束する契約である。贈与（▷549条）は，贈与者から受贈者に財産の移転があるが，それに対する対価の支払いがない。売買と異なり無償契約である。なお，売買の規定は他の有償契約にも準用され（▷559条），有償契約の総則規定的な意味を有することに注意する必要がある。

▶▶3 貸借型契約

　2つ目のグループは，貸借型契約である（●Unit❸）。その代表は，賃貸借契約である（▷601条）。借主が貸主から物を使用・収益するために一定のあいだ借り，それに対して賃料を支払うことを約することによって成立する。ちまたに多くあるレンタル契約も，賃貸借契約であり，名称を変えたに過ぎないものだろう。使用貸借（▷593条）は，他人の物を借りるが，それに対する対価の支払いがない無償契約である。消費貸借（▷587条）は，賃貸借や使用貸借と異なり，契約終了時に借りた物そのものを返すのではなく，借りた物は借主が消費し，借りた物と同種同量の物を返す契約である。借りた食材は食べてしまい，同種同量の物を返すようなときであるが，現代の社会で最も重要な役割を担っているのは金銭消費貸借契約（お金を借りる契約）である。

▶▶4 役務提供型契約

　3つ目のグループは，役務提供型契約である（●Unit❹）。請負（▷632条）は，請負人が仕事を完成し，注文者がそれに対する報酬を支払うことを約することで成立する。運送契約のように目的物の完成が伴わない請負も，建築請負のように目的物の完成を伴う請負もある。委任（▷643条）は，本人が委任者に法律行為を委託する契約である。民法総則の代理は，本人から代理人への代理権の付与（授権）が委任契約によって行われることが多い。法律行為以外の事実行為を委託したときは，準委任と呼ばれる（▷656条）。寄託（▷657条）は，寄託者が物の保管を委託し，受託者がこれを承諾することで効力を生じる。

▶▶5　その他の契約

　典型契約のうち，以上に含まれない3つの契約がある（●Unit❺❖Lec12）。まず，組合（▷667条）は，契約当事者が出資をして共同の事業を営むための契約である。契約という形式をとっているが，団体としての性格も有しており，民法総則の法人や権利能力なき社団と比較しながら学ぶ必要がある。そのほかに終身定期金（▷689条）と，紛争解決のための契約である和解（▷695条）が定められている。

➤ PART_I
契約各論

❖Lec **02** 売 買【1】 ·····················

▶§1__ 売買の意義と成立

▶▶1 売買の意義

当事者の一方（売主）が，ある財産権を相手方（買主）に移転することを約束し，相手方がこれに対してその代金を支払うことを約束することによって成立する契約を，売買という（▷555条）。売買は，諾成契約であり，双務契約であり，有償契約である。

たとえば，家具の製造業者Bが，製材業者Aから調達した木材を使ってテーブルを製造し，卸売業者Cに出荷したところ，家具店Dが，これをCから仕入れ，消費者Eに販売したとしよう。この事例において，AB間，BC間，CD間，DE間の契約は，すべて売買である。

このように，売買は，分業化が進んだ今日の社会において，生産・流通・消費の各過程を支える重要な契約であり，日々大量に行われている。

なお，売買は，財産権の移転と代金の支払という2つの出捐（しゅつえん）〔意思に基づく財産移転〕を内容とする有償契約を代表する契約であり，いわばその典型である。そこで，民法の売買に関する規定（▷555条～585条）は，その契約の性質が許さない場合を除き，広く売買以外の有償契約に準用される（▷559条）。

▶▶2 売買の成立要件

すでに述べたように，売買は，諾成契約であるため，当事者の合意のみによって成立する。ここでの合意の対象は，どの財産権を移転させるのか——何を目的物にするのか——と代金をいくらにするのかであり，それに尽きる。すなわち，代金の支払時期や支払方法，目的物の引渡しの時期やその方法などについ

ては，取り決めがなされていなくても売買は成立しうる。

　ただし，以上は，あくまで原則を述べたものであって，実社会で行われる
個々の売買に目を向けた場合には，これとは事情が異なることがある。とくに，
不動産や美術品といった高価な物を売買の目的物とする場合，通常，当事者は，
さまざまな事項について交渉を重ね，これらにつき一致点が見いだされた段階
で，契約の締結に踏み切る。そしてそこでは，契約書を取り交わすのが一般的
である。

▶▶3　売買契約に関する費用

　売買契約に関する費用をいずれの当事者がどの割合で負担するのかは，当事
者の合意がある場合にはそれに従う。これに対し，合意がない場合や不明確で
ある場合で，かつ，適用可能な慣習（▷92条）もない場合には，当事者双方が等
しい割合で費用を負担することになる（▷558条）。なお，ここでの費用には，契
約書の作成費用や印紙代といった契約の締結に要した費用のほか，目的物の調
査費用，仲介費用，登記費用などが含まれる。

▶ §2__　当事者の義務

　売買が有効なものとして成立した場合，売主と買主は，それぞれ以下の義務
を負うことになる。

▶▶1　売主の義務

【1】　財産権移転義務

　売主は，買主に対し，財産権を移転する義務を負う（財産権移転義務）。ここ
での財産権は，一般に広く行われる物——動産または不動産——の売買におい
ては，所有権がこれにあたるが，ほかにも，債権や地上権など，さまざまな財
産権が移転の対象となりうる。また，ここでの財産権は，売主に帰属していな
くてもよい。これは，555条が，売主の財産権ではなく，単に「ある財産権を
相手方に移転すること」と定めていることから明らかである。したがって，た
とえば，ある者が他人の所有物を相手方に売るという，いわゆる他人物売買も，
有効な契約として成立する。

　ところで，売主の財産権移転義務は，次の3つの義務に分けて考えるのが一

般的である。

第1は，権利を移転する義務である（権利移転義務）。すなわち，売主は，契約内容に適合した権利を買主に移転する義務を負う。もっとも，売主が自ら所有する物を売る場合，目的物の所有権は合意のみによって移転するのが通常であるため（▷176条），そのかぎりにおいて，権利移転義務の履行が独立した行為として行われることはない。これに対し，他人物売買の場合には，この義務の履行が独立した行為として行われる。たとえば，AがB所有の土地甲をCに売るという他人物売買が成立した場合，561条によれば，売主Aは，甲の所有権を他人Bから取得し，これを買主Cに移転する義務を負うことになる。この義務は，権利移転義務である。

第2は，目的物を引き渡す義務である（目的物引渡義務）。すなわち，売主は，契約内容に適合した物を引き渡す義務を負う。ここで注意すべきは，特定物を売買の目的物とした場合，売主が「善良な管理者の注意」（▷400条）をもってこれを保存し，履行期に引き渡しさえすれば債務不履行はないという，旧法下で伝統的に支持されてきた考え方（特定物ドグマ）は，今日ではもはやとられていないという点である。すなわち，特定物であれ種類物であれ，引き渡された物が種類・品質・数量において契約内容に適合しない場合には，目的物引渡義務の違反があったことになり，これに基づく各種の権利（後述❖Lec03▶§1▶▶2）が買主に発生することになる。

第3は，対抗要件を備えさせる義務である。売主が，買主との間で権利移転義務を履行したとしても，第三者との対抗関係において買主が劣後した地位に置かれるならば，買主は，売買契約で合意したとおりに権利を取得することができなくなる。そこで，そのようなことがないよう，売主は，買主に対し，権利の移転についての対抗要件を備えさせる義務を負う（▷560条）。なお，ここでの対抗要件は，移転する権利の種類によって異なる。すなわち，不動産の物権については登記（▷177条），動産一般の物権については引渡し（▷178条。つまりここでは，目的物引渡義務が対抗要件を備えさせる義務と一致する），自動車の所有権については登録（道路運送車両法5条1項），債権一般については譲渡の通知または承諾（▷467条）が，それぞれこれにあたる。

【2】　その他の義務

以上のほか，売主は，買主に対し，次の義務を負う。

まず，売主は，財産権移転義務の履行とは別に，これに付随するかたちで，売買契約において設定された買主の利益（給付利益）を実現するために必要なさ

まざまな行為を行う義務を負う。たとえば，高級料理包丁の売買において，売主がその手入れの仕方について説明する義務を負う場合や，パソコンの売買において，売主が各種の設定の仕方について説明する義務を負う場合などが，これにあたる。これらの義務は，個々の売買ごとに，契約の解釈をつうじてその有無や内容が明らかとなる。

　つぎに，売主は，財産権移転義務の履行とは別に，これに付随するかたちで，買主の生命，身体，財産といった一般的な利益（完全性利益）を保護すべき義務を負う。この義務を，保護義務という。たとえば，家具の売買において，売主である家具店の従業員が，買主宅に家具を搬入する際，これを買主宅の壁にぶつけてしまったとしよう。ここで壁の損傷に着目した場合，売主は，保護義務に違反したことになる。保護義務は，当事者の合意ではなく，信義則を根拠として発生する点，および，義務を課すことによって保護する利益が，当事者が合意によって設定した利益ではなく，相手方の一般的な利益であるという点において，これまで述べてきた売主の義務とは異なる。

▶▶2　買主の義務

【1】　代金支払義務

　買主は，売主に対し，代金を支払う義務を負う（代金支払義務）。代金支払義務は金銭債務であるため，買主は，不可抗力によって支払が遅れた場合においても，損害賠償責任を負う（▷419条3項）。また，そこでの損害賠償の額は，原則として法定利率によって定められる（▷同条1項）。

　ところで，民法は，代金に関して次のような規定を置いている。まず，目的物の引渡しについて期限があるときは，代金の支払についても同一の期限を付したものと推定される（▷573条）。これは，当事者が代金の支払期限につき立証困難に陥っている場合を念頭に置いた推定規定である。つぎに，目的物の引渡しと同時に代金を支払うべき場合，買主は，目的物の引渡しの場所において代金を支払わなければならない（▷574条）。これは，代金の支払場所につき合意がない場合などを念頭に置いた任意規定である。

　また，民法は，目的物に生じた果実と代金の利息との関係について，次のような任意規定を置いている。

　①　まだ引き渡されていない目的物が果実を生じた場合，その果実は売主に帰属する（▷575条1項）。

　②　買主は，目的物の引渡しの日から，代金の利息を支払う義務を負う（▷

575条2項本文)。ただし，代金の支払期限が到来しないうちは，代金の利息を支払う必要はない（▷同条2項ただし書）。

目的物の所有権は売買契約の成立時に買主に移転するという前提に立つならば（▷176条），契約成立後に生じた果実が，目的物の所有者である買主が収取できるはずであり，したがって，引渡し前に売主の手もとで果実が生じた場合，売主は，これを買主に引き渡さなければならないはずである。こうしたなか，575条は，目的物の引渡し前において，売主は，目的物に生じた果実を収取できるかわりに，代金の利息を請求できないとしている。ここでは，目的物に生じた果実と代金の利息とが等価であることを前提とした当事者間の利益調整が行われている。なお，同条の趣旨がこのような点にあることから，目的物の引渡し前に代金が支払われた場合，売主は，その後に生じた果実を収取できなくなると解されている（★大判昭和7・3・3民集11巻274頁）。

【2】　その他の義務

買主は，代金支払義務以外にも，さまざまな義務を負うことがある。目的物の受領義務など，目的物の引渡しを完了させるため買主が売主に協力する義務は，その典型である。これらの義務の有無や内容は，個々の売買ごとに，契約の解釈をつうじて明らかにされる。

▶§3＿　売買の一方の予約

▶▶1　予約の意義

たとえば，Aが，B所有の土地甲を購入したいと考えたが，Bが提示する代金額を支払えるだけの手持ちの資金がなかったため，AB間で「Aが銀行から融資を受けられる場合，甲の売買契約を締結する」という内容の合意がなされたとしよう。この合意のように，将来において契約を成立させることを内容とする契約を，予約という。また，予約において，将来成立させることとされた契約を，本契約という。なお，世間一般において，「ホテルを予約する」とか，「コンサートのチケットを予約する」といったことが言われるが，これらの場合の「予約」は，法律用語としての予約ではない。ここでは，当事者が「予約」と呼ぶ合意によって契約が成立しており，それからしばらく経ってから，契約上の債務の履行期が到来しているにすぎない。

▶▶2 予約の種類

【1】 当事者の合意によって本契約を成立させる予約

　上で述べたように，予約もそれ自体が独立した契約であるとすると，予約が成立した場合，当事者間にこれに基づく債権関係が発生することになる。そして，予約の目的が本契約の成立にあること，および，本契約は当事者の合意によって成立することを前提とするならば，予約の成立によって発生する当事者の債務は，次のようなものとなる。すなわち，当事者は，相手方が本契約の申込みを行った場合，これに承諾しなければならない。こうした本契約の成立に向け意思表示を行う義務を当事者の双方が負担する予約を，双務予約といい，当事者の一方のみが負担する予約を，片務予約という。たとえば，上の例で，「銀行による融資の決定を受け，Aが甲の購入の申込みを行った場合，Bはこれに承諾しなければならず，銀行による融資の決定を受け，Bが甲の売却の申込みを行った場合，Aはこれに承諾しなくてもよい」という内容の合意がなされた場合，AB間の予約は片務予約となる。

【2】 予約完結権の行使によって本契約を成立させる予約

　以上に対し，予約において，当事者の一方または双方が，一方的な意思表示によって本契約を成立させる権利を与えられることがある。この権利を予約完結権という。予約完結権は，解除権などと同様，形成権である。したがって，予約完結権を有する当事者がこれを行使し，相手方に意思表示が到達すると（▷97条1項），相手方の意思に関係なく，本契約が成立する。ここが，当事者の合意によって本契約が成立する上記【1】のタイプの予約と本質的に異なるところである。なお，予約完結権が当事者の双方に与えられる予約を，双方の予約といい，当事者の一方のみに与えられる予約を，一方の予約という。また，一方の予約において，予約完結権を有する当事者を予約権利者（または予約完結権者）といい，その相手方を予約義務者（または予約者）という。556条は，売買の一方の予約について定める。

▶▶3 予約義務者の催告権

　556条2項によれば，売買の一方の予約において，予約完結権の行使につき期間を定めなかった場合，予約義務者は，予約権利者に対し，相当の期間を定めて，その期間内に予約完結権を行使するかどうかを確答せよとの催告をすることができる（▷同項前段）。そして，予約権利者がその期間内に確答をしない場合，売買の一方の予約は，その効力を失う（▷同項後段）。一般に，形成権者

の相手方は，形成権が行使されない間は，法的に不安定な地位に置かれる。そこで，同項は，形成権者の相手方である予約義務者の主導により，法律関係を早期に確定することを可能にしている。

▶§4_ 手 付

▶▶1 手付の意義

　売買をはじめとする有償契約の締結にあたって，当事者の一方から相手方に対して交付される金銭その他の有価物を，手付（てつけ）という。手付は，手付契約と呼ばれる契約に基づいて交付される。

　たとえば，不動産や美術品といった高価な物が売買の目的物となる場合，買主から売主に対し，代金の1割程度の金額の手付が交付されるのが一般的である。そして，売主に交付された手付は，最終的には，当事者の合意により，代金の一部に組み込まれる。ただし，手付それ自体は，以下で述べるように，さまざまな趣旨に基づいて交付されるものであり，すくなくとも交付の段階においては，代金の一部である内金（うちきん）とは区別される。

▶▶2 手付の種類

　手付は，その交付の趣旨に応じて，次のものに分類される。

　①　まず，当事者間の交渉が終了し，契約が成立したことを証明する趣旨で交付される手付を，証約手付という。個々の売買において，当事者は，さまざまな趣旨に基づき手付を交付するが，あらゆる手付が，すくなくとも証約手付としての性質を有している。

　②　つぎに，当事者の一方が債務不履行となった場合の損害賠償額の予定（▷420条）や違約罰（契約違反に対する制裁）として，手付が交付されることがある。これを違約手付という（なお，違約罰としての手付のみを違約手付と呼び，損害賠償額の予定としての手付と区別することもある）。ここでは，買主が債務を履行しない場合，売主は，交付された手付を損害賠償や違約罰として没収することができ，売主が債務を履行しない場合，買主は，売主に対し，交付した手付の返還とともに，これと同額の支払を損害賠償や違約罰として請求することができる。

　③　最後に，当事者間で次のような約定解除権に関する合意がなされる場合に交付される手付を，解約手付という。すなわち，相手方が契約の履行に着手

する前であれば，買主は，交付した手付を放棄することによって（手付損または手付流し），また，売主は，手付の倍額を買主に償還することによって（手付倍戻しまたは手付倍返し），契約を解除することができる（▷557条1項）。なお，解約手付による契約の解除を，手付解除という。

▶▶3　手付の性質決定

【1】　解約手付の原則

　このように，手付にはさまざまな種類のものがあるが，個々の売買において，手付を交付する趣旨につき争いが生じた場合，その手付がいかなる性質のものであるかを決定しなければならない。これに関しては，当事者間で手付の授受が行われた場合，特別な意思表示がないかぎり，その手付は，557条が定める解約手付としての効力を有するものとされている（★最判昭和29・1・21民集8巻1号64頁）。これを，解約手付の原則という。

　解約手付は，いずれの当事者も，手付金額の分だけ損をすれば，自由に契約から離脱できることを可能にするものであり，契約の拘束力を弱める働きをする。したがって，手付の性質決定において，このような手付を原則とすることに対しては，契約の拘束力を強調する近代法の基本的な考え方——「合意は守られなければならない（pacta sunt servanda：パクタ・スント・セルヴァンダ）」——に反するとみることもできなくはない。しかし，個々の売買において設定される自由に契約から離脱できる利益は，当事者の合意によってもたらされたものであり，私的自治の観点から保護されるべきものである。このようなことから，今日では，解約手付の原則に対して，強い異論は示されていない。

【2】　違約手付と解約手付の両立の可否

　違約手付は，債務不履行の場合に備えて損害賠償額の予定をし，または違約罰を定めておくものであり，契約の拘束力を強める働きをする。これに対し，解約手付は，すでに述べたように，契約の拘束力を弱める働きをする。では，違約手付が交付された場合において，当事者の一方が，これを解約手付として扱い，手付解除をすることはできるだろうか。判例は，損害賠償額の予定としての手付が授受された事案において，これを解約手付として扱うことを認めている（★最判昭和24・10・4民集3巻10号437頁）。ただし，この判例は，損害賠償額の予定としての手付について定めた契約条項のみをもって，557条の適用を排除する「反対の意思表示」があったとはいえないとするものである。したがって，個々の売買において，損害賠償額の予定のみを目的として手付が授受され

た場合など，「反対の意思表示」を認めることができる場合には，手付解除を
行うことはできない。

▶▶4　解約手付による契約の解除

【1】　手付解除の方法

　買主は，手付解除にあたって，解除の意思表示のほか，交付した手付を放棄
する内容の意思表示をしなければならない。一方，売主は，手付解除にあたっ
て，解除の意思表示のほか，交付を受けた手付の倍額を現実に提供しなければ
ならない（▷557条 1 項本文）。

【2】　履行の着手

　相手方がすでに契約の履行に着手しているなかで手付解除が行われると，多
くの場合，相手方は，これによって不測の損害を被る。そこで，これを未然に
防止するため，相手方が契約の履行に着手した後は，手付解除を行うことがで
きない（▷557条 1 項ただし書）。

　判例によると，ここでの履行の着手とは，「客観的に外部から認識し得るよ
うな形で履行行為の一部をなし又は履行の提供をするために欠くことのでき
ない前提行為をした」ことであるとされている（★最大判昭和40・11・24民集19巻
8 号2019頁）。たとえば，農地の売買において，農地法所定の許可申請書が知事
宛てに提出された場合，特別の事情のないかぎり，各当事者は契約の履行に着
手したことになる（★最判昭和43・6・21民集22巻 6 号1311頁）。また，履行の着手は，
多くの場合，履行期後に生じるが，履行期前に生じることもありうる（★最判
昭和41・1・21民集20巻 1 号65頁）。

　すでに述べたように，557条 1 項ただし書は，相手方に不測の損害が生じる
ことを防止するために設けられた規定である。したがって，履行の着手の有無
の判断は，個々の事案の特性に配慮しつつ，このような規定の趣旨に基づいて
行うのが適当である。

【3】　損害賠償請求の可否

　手付解除が行われた場合，これによって相手方に損害が生じたとしても，そ
の損害は，手付の放棄（買主が解除する場合）や手付の倍額の償還（売主が解除する
場合）によって塡補（てんぽ）されたものとして扱われる。したがって，この場合，
相手方は，損害賠償を請求することができない（▷557条 2 項）。

❖Lec **03** 売 買【2】 ┈┈┈┈┈┈┈┈┈┈┈┈┈┈┈┈

▸§1__ 目的物の種類・品質・数量に関する 契約不適合と買主の権利

▸▸1 契約不適合の有無

【1】 契約不適合の意義

　売主は，買主に対し，契約内容に適合した物を引き渡す義務を負う（目的物引渡義務）。したがって，引き渡された物が種類・品質・数量に関して契約内容に適合しない場合，売主は，目的物引渡義務に違反していることになる。これを，目的物の種類・品質・数量に関する契約不適合といい，理論的には，売主の債務不履行の一種とされる（▷562条～564条）。目的物の種類・品質・数量に関する契約不適合の有無は，たとえば，次のような事例において問題となる。

　①　AがBにコーヒー豆10kgを売るという売買契約において，豆の種類を「モカ」としていたところ，引き渡された豆が「モカ」ではなかった場合，目的物の種類に関する契約不適合の有無が問題となる。

　②　AがBにコーヒー豆10kgを売るという売買契約において，引き渡された豆が酸化しており，風味が損なわれていた場合，目的物の品質に関する契約不適合の有無が問題となる。

　③　AがBにコーヒー豆10kgを売るという売買契約において，引き渡された豆の重さを量ってみたところ，9800gしかなかった場合，目的物の数量に関する契約不適合の有無が問題となる。

【2】 契約不適合の有無の判断

　上で述べたように，目的物の種類・品質・数量に関する契約不適合とは，引き渡された物が契約内容に適合していない場合を意味する。したがって，契約不適合の有無を判断するにあたっては，当事者の合意が基準とされなければならない。すなわち，まず，契約の解釈によって合意内容を確定し，つぎに，引き渡された物が合意内容に適合しているかどうかを検討する。そして，検討の結果，合意内容に適合していないことが明らかとなった場合，契約不適合が認

められるのである。

　以上をふまえると，上記①〜③において，目的物の種類・品質・数量に関する契約不適合があったと断定することはできない。

　まず，①において，契約の解釈を行った結果，当事者は，「酸味のきいた味わいのもの」を目的物としており，「モカ」はその一例にすぎないことが明らかとなった場合，引き渡された豆の種類によっては，目的物の種類に関する契約不適合はないと判断されることも考えられる。つぎに，②において，契約の解釈を行った結果，当事者は，酸化による若干の品質劣化の可能性を想定しており，それをふまえた代金額を設定していたことが明らかとなった場合，品質劣化の程度によっては，目的物の品質に関する契約不適合はないと判断されることも考えられる。最後に，③において，契約の解釈を行った結果，当事者は，200 g の不足を誤差の範囲内と考えていることが明らかとなった場合，目的物の数量に関する契約不適合はないものと判断される。

　このように，契約不適合の有無は，当事者がいかなる内容の合意を行ったかによって，大きく左右される。

【3】　契約不適合と特定物売買

　たとえば，中古車甲の売買において，引渡し後に，甲にエアコンの故障があることがわかったとしよう。この場合，売主は，債務不履行に陥っているといえるだろうか。これに関しては，次のように考えるかぎり，売主は，債務不履行に陥っていないことになる。すなわち，この売買において，当事者は，特定物甲を目的物としており，甲は，初めから「エアコンが故障している」という性質を備えている。したがって，当事者がそのような物を目的物とした以上，売主は，これを「善良な管理者の注意」（▷400条）をもって保管し，履行期に引き渡せば，自らの債務を履行したことになる。ここでは，特定物の引渡債務において，目的物の性質は債務の内容を構成しないという考え方がとられている。これを，特定物ドグマ（dogma；教義）という。

　伝統的通説は，このような考え方に基づき，改正前570条が定める「売主の瑕疵担保責任（かしたんぽせきにん）」を，次のようなものとして考えていた。すなわち，特定物ドグマに依拠するならば，特定物売買においては，目的物に瑕疵が見つかったとしても，売主に債務不履行はない。しかし，当事者は，目的物に瑕疵がないことを前提として代金額を設定しているのであるから，ここでは，目的物の価値と代金額との間に不均衡が生じる。そこで，改正前570条は，当事者間の公平を図るため，売主に対し，債務不履行責任とは別の特別な責任

を課すこととした。この伝統的通説の立場を，法定責任説という。

　これに対し，有力説は，改正前570条が定める「売主の瑕疵担保責任」について，以上とは異なった理解の仕方をしていた。すなわち，特定物売買において，売主は，瑕疵のない完全な物を引き渡す義務を負っている。したがって，目的物に瑕疵が見つかった場合，売主は，債務不履行に陥っていることになる。そして，このように特定物ドグマに依拠しないのであれば，改正前570条を特定物売買についての規定と考える論理的必然性はなくなる。同条は，債務不履行責任に関する特則であり，特定物売買と種類物売買とを問わず，広く売買契約において目的物に瑕疵が見つかった事例に適用されるのである。この有力説の立場を，契約責任説という。

　平成29年改正後の562条〜564条は，目的物の品質に関する契約不適合において，その目的物が特定物である場合と種類物である場合とを区別していない。いずれの場合においても，引き渡された目的物が契約内容に適合していないかぎり，売主は，債務不履行に陥っていることを前提としつつ，その効果として，買主に各種の権利——追完請求権，代金減額請求権，損害賠償請求権，解除権——を与えている。このように，現行法は，改正前570条に関する契約責任説の考え方を継承している。

【4】　目的物の品質に関する契約不適合の射程

　目的物の品質に関する契約不適合は，上記【1】②で挙げたコーヒー豆の酸化の例のように，目的物が合意で想定された物理的性状（化学的性状を含む。以下【4】において同じ）を備えていなかった場合に肯定される。しかし，ここでの品質は，かならずしもそのようなものに限定されない。

　たとえば，当事者が，ある土地を売買目的物としたところ，その土地の近隣に暴力団事務所があったという場合，目的物の物理的性状に問題があったわけではないが，引き渡された物が，当事者が想定していた物とは異なるという点で，目的物に瑕疵があったとみることができる。このような瑕疵を，環境的瑕疵という。また，たとえば，当事者が，ある建物を売買目的物としたところ，その建物で過去に殺人事件があったことがわかったという場合，目的物の物理的性状に問題があったわけではないが，引き渡された物が，当事者が想定していた物とは異なるという点で，目的物に瑕疵があったとみることができる。このような瑕疵を，心理的瑕疵という。上記いずれの瑕疵も，目的物の品質に関する契約不適合を導くと考えられている。

　これに対し，売買目的物である土地に法令上の制限（都市計画法上の用途制限な

ど）が加えられていたため，当事者が当初予定していた土地の利用ができなくなったという場合については，慎重な考慮が求められる。旧法下の判例は，このような場合を，改正前570条の適用事例としていた（★最判昭和41・4・14民集20巻4号649頁など）。したがって，これを現行法にそのままあてはめると，法令上の制限は，目的物の品質に関する不適合にあたることになる。しかし，これでは，競売の事例において，買受人の権利を導くことができなくなる（▷568条4項）。そこで，この点を深刻に受け止めるならば，法令上の制限は，むしろ権利に関する契約不適合（後述▶§2▶▶1）として扱うべきこことなる。

このほか，建物がその敷地の賃借権とともに売却されたところ，敷地に欠陥があったという場合に，これをもって，目的物の品質に関する契約不適合があったといえるかどうかが問題となる。この問題について，旧法下の判例（★最判平成3・4・2民集45巻4号349頁）は，「賃貸人の修繕義務の履行により補完されるべき敷地の欠陥」をもって，売買の目的である賃借権に欠陥があったとはいえないとして，売主の責任（▷改正前570条）を否定する。もっとも，これに対しては，学説上，異論を唱える見解もある。

【5】 目的物の数量に関する契約不適合と数量指示売買

改正前565条は，「数量を示して売買をした物に不足がある場合」について定めていたが，この「数量を示して」する売買のことを，数量指示売買という。旧法下の判例は，同条が定める数量指示売買につき，「当事者において目的物の実際に有する数量を確保するため，その一定の面積，容積，重量，員数または尺度あることを売主が契約において表示し，かつ，この数量を基礎として代金額が定められた売買」と定義する（★最判昭和43・8・20民集22巻8号1692頁）。したがって，たとえば，50坪の土地を2500万円で売るという売買において，代金2500万円が，1坪50万円を前提に，これが50坪あることから算出されたものである場合，その売買は，数量指示売買にあたる。

目的物の数量に関する契約不適合は，この数量指示売買において数量不足が生じた場合に肯定される。これに対し，たとえば，単に目的物である土地を特定する情報の1つとして「50坪」という数量が表示されたにすぎない場合のように，目的物の数量が代金額との関係で特別な意味を与えられていない場合，実際の数量が表示されたものより少なかったとしても，目的物の数量に関する契約不適合があったということにはならない。

▶▶2 買主の権利

【1】 追完請求権

目的物の種類・品質・数量に関する契約不適合が生じた場合，買主は，売主に対し，「目的物の修補」，「代替物の引渡し」，または「不足分の引渡し」による履行の追完を請求することができる（▷562条1項本文）。これを，買主の追完請求権という。いずれの方法によって追完がなされるのかは，第一次的には，買主の選択に委ねられる。これに対し，売主は，買主に不相当な負担を課するものでないならば，買主が請求した方法と異なる方法による履行の追完をすることができる（▷同項ただし書）。たとえば，目的物の品質に関する契約不適合において，目的物の修補よりも代替物の引渡しのほうが費用が安くすむにもかかわらず，買主が，目的物の修補を請求してきたとしよう。この場合，売主は，買主に不相当な負担を課するものでないならば，代替物の引渡しによって追完をすることができる。

ところで，買主は，次の2つの場合，追完を請求することができない。

第1に，契約不適合が買主の責めに帰すべき事由によって生じた場合，買主は，追完を請求することができない（▷562条2項）。これに関しては，追完請求権が履行請求権の一種であるとするならば，買主は，自らに帰責事由があろうとなかろうと，売主に対し，追完請求権を行使できるはずである。なぜなら，履行請求権は，契約の成立によって当然に発生するものだからである。しかしながら，民法は，代金減額請求権（▷563条3項）や解除権（▷543条）と同様，追完請求権においても，買主に帰責事由がある場合，これを行使することができないと定めている。したがって，この点をふまえると，追完請求権は，履行請求権の一種であるというよりは，むしろ，契約不適合に対する救済手段の1つであるということになる。

第2に，追完が不能である場合，買主は，追完を請求することができない。たとえば，目的物の数量に関する契約不適合において，不足分を補う物が市場にまったく存在しなくなった場合，追完不能となることは言うまでもない。問題は，追完をすることは物理的に不可能ではないが，そのためには多額の費用がかかるといったような場合である。このような場合に関しては，追完請求権の性質をどのように解するにせよ，履行請求権の限界に関する412条の2第1項により，「契約……及び取引上の社会通念」に基づいて追完の可否を判断することが考えられる。

【2】 代金減額請求権

目的物の種類・品質・数量に関する契約不適合が生じた場合，買主は，売主に対し，代金の減額を請求することができる（▷563条）。これを，買主の代金減額請求権という。買主によって代金減額請求権が行使されると，代金は，契約不適合の程度に応じて減額され，目的物引渡義務は，契約不適合に相当する部分について消滅する。このように，代金減額請求は，契約の一部解除としての実質を有する。このようなことから，代金減額請求権は，解除権と同様，形成権であるとされている。

　代金減額請求権がいかなる要件のもとで発生するのかに関しては，次のとおりとなる。まず，原則として，代金減額請求権は，買主が相当の期間を定めて履行の追完の催告をし，その期間内に履行の追完がない場合において発生する（▷563条1項）。これは，解除制度における催告解除の要件（▷541条）と対応する。つぎに，代金減額請求権は，次の①〜④の場合においては，買主が履行の追完の催告をしなくても発生する（▷563条2項）。これは，解除制度における無催告解除の要件（▷542条）と対応する。

①　履行の追完が不能であるとき。

②　売主が履行の追完を拒絶する意思を明確に表示したとき。

③　契約の性質または当事者の意思表示により，特定の日時または一定の期間内に履行をしなければ契約をした目的を達することができない場合において，売主が履行の追完をしないでその時期を経過したとき。

④　上記①〜③の場合のほか，買主が履行の追完の催告をしても履行の追完を受ける見込みがないことが明らかであるとき。

　ところで，上で述べたように，買主によって代金減額請求権が行使されると，代金は，契約不適合の程度に応じて減額される。これは，具体的には，次のとおりとなる。たとえば，目的物甲の売買において，当事者により，代金額が90万円と設定されていたところ，引渡し後に，甲に瑕疵乙があることがわかったとしよう。この場合において，甲と同種の乙のない物の市場での評価額が100万円，甲と同種の乙のある物の市場での評価額が80万円であったとすると，代金額は，90万円から72万円（90万円 × 80万円／100万円）に減額されることになる。また，この減額分の算定は，目的物の引渡し時を基準にして行われるべきだとされている。

　最後に，買主は，目的物の種類・品質・数量に関する契約不適合が買主の責めに帰すべき事由による場合，代金の減額を請求することができない（▷563条3項）。

数量指示売買において目的物の数量超過が生じた場合，売主は，買主に対し，代金の増額を求めることができるだろうか。この問題につき，旧法下の判例は，数量不足の場合の「売主の担保責任」について定めた改正前565条の類推適用によって代金増額請求権を導くことはできないとしている（★最判平成13・11・27民集55巻6号1380頁）。これを現行法にあてはめると，563条の類推適用によって代金増額請求権を導くことはできないことになる。なお，当事者間で，数量超過が生じた場合には買主が代金を追加で支払うとの合意がなされている場合，これに基づき売主が代金の増額を請求できることは，言うまでもない。

【3】 損害賠償請求権と解除権

目的物の種類・品質・数量に関する契約不適合が生じた場合，売主は，目的物引渡義務に違反していることになる。したがって，この場合，買主は，それぞれ所定の要件を満たすかぎりにおいて，売主に対し，債務不履行を理由として，損害賠償請求権（▷415条）および解除権（▷541条・542条）を行使することができる（▷564条）。

このうち，損害賠償請求権については，そこでの損害賠償が，いわゆる履行利益の賠償——債務の本旨に従った履行（契約内容に適合した物の引渡し）がなされていたら債権者（買主）が受けていた利益の賠償——を含むこと，および，賠償範囲の画定は416条の基準に基づいて行われることに注意が必要である。また，解除権については，債務不履行（目的物の種類・品質・数量に関する契約不適合）が債権者（買主）の責めに帰すべき事由による場合，発生しないことに注意が必要である（▷543条）。

▶§2__ 権利に関する契約不適合と買主の権利

▶▶1 移転した権利の契約不適合

【1】 契約不適合の有無

売主は，買主に対し，契約内容に適合した権利を移転する義務を負う（権利移転義務）。したがって，移転した権利が契約内容に適合しない場合，売主は，権利移転義務に違反していることになる。これを，移転した権利の契約不適合といい，理論的には，売主の債務不履行の一種とされる（▷565条）。移転した権利の契約不適合の有無は，たとえば，次のような事例において問題となる。

① AがBに土地甲を売るという売買契約において，甲につき，Cのために

通行地役権（▷280条以下）が設定されていたため，Bは，Cが甲を通行すること
を甘受しなければならない。

　②　AがBに土地甲を売るという売買契約において，隣地乙を通行するため
の通行地役権（▷280条以下）が設定されていなかったため，Bは，バス停のある
公道丙に出るには遠回りをしなければならない。

　③　AがBに土地甲を売るという売買契約において，甲の一部分である乙が
Cの所有に属していたため，Bは，この乙の部分に建物を建築することができ
ない（▷565条括弧書）。

　上記①〜③において，契約不適合の有無を判断するにあたっては，目的物の
種類・品質・数量に関する契約不適合の場合と同様，当事者の合意が基準とさ
れなければならない。すなわち，まず，契約の解釈によって合意内容を確定し，
つぎに，移転した権利が合意内容に適合しているかどうかを検討する。そして，
検討の結果，合意内容に適合していないことが明らかとなった場合，契約不適
合が認められるのである。したがって，たとえば，①において，契約の解釈を
行った結果，当事者が，甲にCの通行地役権が付着していることを前提として
いることが明らかとなった場合，移転した権利の契約不適合はないということ
になる。

【2】　買主の権利

　移転した権利の契約不適合が生じた場合，買主は，目的物の種類・品質・数
量に関する契約不適合の場合と同様，追完請求権，代金減額請求権，損害賠償
請求権，解除権の各権利を行使することができる（▷565条）。

▶▶2　権利の全部が移転しない場合

　たとえば，他人物売買において，売主が，他人から目的物の所有権を取得し，
これを買主に移転しない場合（▷561条を参照），売主は，権利移転義務に違反し
ていることになる。また，たとえば，ある土地が，AからB，BからCへと順次
売却されたところ，AがAB間の売買を取り消したため，Cが土地の所有権を取
得できなくなったという場合，BC間の売買において，売主Bは，権利移転義
務に違反していることになる。これらの事例において，権利に関する契約不適
合が生じていることは明らかであるが，そもそも権利がまったく移転していな
いため，これらを，移転した権利の契約不適合と呼ぶことはできない。

　民法は，このように権利の全部が買主に移転しない場合について，特別の規
定を置いていない。したがって，この場合，債務不履行に関する一般規定が，

適用されることになる。すなわち，買主は，権利移転義務の履行が可能であるかぎりにおいて，履行請求権を行使することができる（履行請求権の限界につき，▷414条の2第1項）。また，買主は，それぞれ所定の要件を満たすかぎりにおいて，損害賠償請求権（▷415条）および解除権（▷541条・542条1項。ただし，543条）を行使することができる。

▶§3__ 契約不適合における買主の権利の行使期間

▶▶1 消滅時効

　契約不適合が生じた場合に買主が行使することのできる追完請求権，代金減額請求権，損害賠償請求権，解除権の各権利は，166条1項の消滅時効にかかる。これらの権利のうち，代金減額請求権と解除権は，形成権であるが，債権に準じた扱いを受けることになる。

　すなわち，債権は，「債権者が権利を行使することができることを知った時」（主観的起算点）から5年間，「権利を行使することができる時」（客観的起算点）から10年間行使しないときは，時効によって消滅する（▷166条1項）。これを契約不適合の場面にあてはめると，上記の各権利は，買主が契約不適合を知った時から5年間，契約不適合の時から10年間行使しないときは，時効によって消滅することになる。

▶▶2 目的物の種類・品質に関する契約不適合の場合の特則

【1】 通知の懈怠（けたい）による失権

　以上を前提としつつ，とりわけ目的物の種類・品質に関する契約不適合においては，次のようなかたちで買主の権利の行使期間が制限される。すなわち，これらの契約不適合においては，買主が契約不適合を知った時から1年以内に契約不適合があったことを売主に通知しない場合，買主は，追完請求権，代金減額請求権，損害賠償請求権，解除権の各権利を行使することができなくなる（▷566条本文）。つまり，ここでは，買主に一定期間内における通知を義務づけるとともに（通知義務），買主がこれを怠った場合には権利を失うというルールが設定されている。

　民法がこのようなルールを設けた趣旨は，次の2つの点にある。第1に，売主は，目的物の引渡し後は履行が終了したと期待するところ，このような期待

を保護する必要がある。第2に，目的物の種類・品質に関する契約不適合の有無は，目的物の使用や時間の経過による劣化等によって，比較的短期間のうちに判断が困難になる。

　ただし，売主が引渡しの時に目的物の種類・品質に関する契約不適合を知り，または重大な過失によって知らなかった場合，買主は，566条本文所定の通知を怠ったとしても，追完請求権，代金減額請求権，損害賠償請求権，解除権の各権利を失わない（▷566条ただし書）。ここでは，売主において，履行の終了に対する期待がないか（悪意の場合），あるとしても，それが保護に値する期待ではないため（善意重過失の場合），通知の懈怠による失権という上記のルールを設定する前提がないといえるからである。

【2】　消滅時効に関するルールとの関係

　ところで，すでに述べたように，通知の懈怠による失権という上記のルールは，消滅時効に関するルールを前提とする。これは，これらのルールの関係が次のとおりであることを意味する。

　①　まず，買主は，目的物の種類・品質に関する契約不適合を知った時から1年以内に契約不適合があったことを売主に通知した場合，または，通知を怠っていたが，売主が引渡しの時に目的物の種類・品質に関する契約不適合につき悪意もしくは善意重過失であった場合，消滅時効期間（▷166条1項）が満了するまで，上記の各権利を行使することができる。

　②　つぎに，買主は，目的物の種類・品質に関する契約不適合を知った時から1年以内に契約不適合があったことを売主に通知したとしても，すでに目的物の引渡しから10年が経過している場合には，時効（▷166条1項2号）によって，上記の各権利を行使することができなくなる（旧法下の判例として，★最判平成13・11・27民集55巻6号1311頁）。

☕ **カフェ・コンシェルジュ03.1__** 「担保責任」，「契約不適合責任」について

　(a)　「担保責任」について　　平成29年改正前の561条〜572条は，売主の担保責任について規定していた。伝統的な考え方によると，売主の担保責任とは，売買契約において，売主が買主に対し物や権利が十全であることを保証していることを前提に，これらに瑕疵（かし；キズ，欠陥のこと）があった場合に発生する売主の責任であり，債務不履行責任とは性質の異なるものであるとされていた（▷§1▸▸1【3】を参照）。これに対し，現行法は，このような意味での担保責任を廃止し，これにかわって，契約不適合という新たな概念を導入した。これにより，それまで「物の瑕疵」や「権利の瑕疵」の問題とされてきたものは，債務不履

行の一種である契約不適合の問題として捉えられることになった。

　ところで，平成29年改正後の現行法では，いくつかの箇所において「担保責任」ないし「担保の責任」という用語が使われている（▷565条・566条・572条，宅建業法40条，品確法95条など）。しかし，これらは，契約不適合の場合の売主の責任を意味するものであって，伝統的な考え方に基づく担保責任とは異なる。担保責任という用語は，今後とも使われ続けるであろうが，その意味は，改正前のそれとは異なっていることに注意が必要である。

　(b)　「契約不適合責任」について　　本書ではこれまで，契約不適合が生じた場合の効果を，買主の側から論じてきた。契約不適合が生じた場合，買主は，追完請求権，代金減額請求権，損害賠償請求権，解除権の各権利を行使することができるのである。ところで，これを売主の側から表現するとどうなるだろうか。たとえば，損害賠償を念頭に置くならば，「売主が買主に対して責任を負う」と表現することに問題はない。では，解除についてはどうだろうか。買主から解除権を行使されることは，売主が責任を負うことを意味するのだろうか。

　債務不履行を理由とする法定解除権の発生に関しては，かつては，債務者の帰責事由が要件となると解されていたが，平成29年改正後の現行法においては，これが要件からはずされた（▷541条・542条）。その背景には，解除は，当事者（債権者）を契約から離脱させるための制度であって，債務者を法的に非難するための制度ではない，との理解があったことは，よく知られている。

　こうしたなか，平成29年改正後において，解除も含めた契約不適合の効果を売主の側から論じる場合，「契約不適合責任」という用語がしばしば用いられている。上記の事情をふまえるならば，ここで「責任」の語を用いるのは，やや厳密さを欠いているようにも思われる。しかし，いずれにしても，「契約不適合責任」という用語のもとで，解除の問題も扱われることがあるということは，知っておいてよいだろう。

❖Lec **04** 売 買【3】 ·······················

▸§1_ 契約不適合責任に関する特約の有効性

▸▸1 民法における強行規定

　民法の契約不適合責任に関する規定は，任意規定である。したがって，原則
として，当事者は，特約により売主の契約不適合責任を免除することができる。
ただし，次の2つの場合においては，当事者がそのような特約を行ったとして
も，売主は，契約不適合責任を免れることができない（▷572条）。

　第1は，売主が契約不適合となることを知りながら，これを相手方に告げな
かった場合である。たとえば，売主が，目的物に合意では想定されていない品
質の劣化があることを知りながら，これを買主に告げずに引き渡した場合がこ
れにあたる。

　第2は，売主が自ら第三者のために権利を設定し，または第三者に権利を譲
り渡した場合である。たとえば，土地の売買で，土地に合意では想定されてい
ない権利（地上権，地役権など）が付着していたところ，その権利は，実は，売
主によって設定されたものであったという場合や，土地の売買で，土地の一部
が他人の所有に属していたところ，実は，売主が自ら他人にその部分の土地を
売却していたという場合が，これにあたる。

▸▸2 民法以外の法律における強行規定

　つぎに，民法以外の法律において，次のような強行規定がある。

　まず，消費者契約法8条1項は，事業者の債務不履行による損害賠償責任に
つき，同項1号または2号に定める消費者契約の条項──責任の全部を免除す
る条項，故意または重過失による責任の一部を免除する条項など──を無効と
しているが，これは，契約不適合責任の場合にも適用される。ただし，目的物
の種類・品質に関する契約不適合に関しては，事業者に対する追完請求権や代
金減額請求権が確保されている場合など，同条2項1号または2号に定める

場合においては，上記の条項は無効とならない。

　つぎに，住宅の品質確保の促進等に関する法律95条1項は，「新築住宅」の売買契約において，「住宅の構造耐力上主要な部分等」に瑕疵があった場合の売主の契約不適合責任につき，その期間を引渡し時から10年間と定め，同条2項は，これに反する特約で買主に不利なものを無効としている。

　最後に，宅地建物取引業法40条は，宅地建物取引業者が自ら売主となる宅地または建物の売買契約のうち，買主が宅地建物取引業者でないものについて（同法78条2項を参照），次のように規定する。すなわち，目的物の種類・品質に関する契約不適合責任に関しては，契約不適合があったことを売主に通知すべき期間につき目的物の引渡しの日から2年以上となる特約をする場合を除き，566条に規定するものよりも買主に不利となる特約をしてはならず，これをしたとしても，そのような特約は無効となる。

▶ §2　契約不適合に関するその他の規定

▶▶1　競売に関する特則

　競売（きょうばい。ただし法実務では「けいばい」と呼ぶことが多い）は，債権者が裁判所に申し立てることによって開始されるものであるため，そこでは，債務者と買受人との間に，通常の売買でみられるような合意があるわけではない。したがって，債務者は，通常の売買において売主が負うような財産権移転義務を負うわけではない。また，競売においては，債務者と買受人の二当事者関係だけでなく，債権の満足という債権者の利益や，競売手続の安定性・信頼性といった要請にも配慮する必要がある。

　以上をふまえ，568条は，「民事執行法その他の法律の規定に基づく競売」について，次のような特則を設ける。

　①　まず，買受人は，目的物の種類・品質に関する不適合があったとしても，債務者や債権者に対して不適合による責任を追及することはできない（▷568条4項）。これは，このような不適合をいちいち問題にしていると，競売手続の円滑な進行を妨げることになるからである。したがって，買受人は，目的物の数量に関する不適合，または，権利に関する不適合が生じた場合にかぎり，一定の権利——下記②～④——を行使することができる。

　②　つぎに，買受人は，目的物の数量に関する不適合，または，権利に関す

る不適合が生じた場合において，債務者に対し，解除権または代金減額請求権を行使することができる（▷568条1項）。これに対し，買受人は，債務者に対し，追完請求権を行使することはできない。これは，通常の売買における売主とは異なり，債務者には，履行の追完をする義務がないためである。

③　つぎに，買受人は，目的物の数量に関する不適合，または，権利に関する不適合が生じた場合において，債務者が無資力であるときは，代金の配当を受けた債権者に対し，その代金の全部または一部の返還を請求することができる（▷568条2項）。

④　最後に，競売において，債務者は，通常の売買において売主が負うような，不適合のない目的物を引き渡す義務や，不適合のない権利を移転する義務を負っているわけではない。したがって，原則として，債務者は，目的物の数量に関する不適合や，権利に関する不適合によって買受人に損害が生じたとしても，損害賠償責任を負うことはない。ただし，債務者が物または権利の不存在を知りながら申し出なかった場合や，債権者がこれを知りながら競売を請求した場合，買受人は，債務者や債権者に対して，損害賠償を請求することができる（▷568条3項）。

▶▶2　債権の売買に関する特則

債権の売買において，売主は，買主に対し，債権を移転する義務（権利移転義務），および，対抗要件（▷467条など）を備えさせる義務（▷560条）を負う。これに対し，売主は，多くの場合，買主が債権の満足を受けることを保証しているわけではない。したがって，買主は，債務者の資力が十分でないため，債権額の全部または一部の弁済を受けられない場合，その結果を自ら引き受けなければならない（通常，債権の売買においては，このリスクを考慮した代金額が設定される）。

ところで，債権の売買において，売主が，買主に対し，債務者の資力を担保することがある。この場合，売主は，債務者の資力が十分でないために買主が債権の満足を受けられないときは，買主に対し，不足分を賠償しなければならない。問題は，売主が，債務者のいつの時点での資力を担保したのかである。これは，原則として，売主と買主の間の合意によって決定されるが，合意が不明確である場合には，次のように推定される。

①　まず，債権の売主が債務者の資力を担保したときは，契約の時点における債務者の資力を担保したものと推定される（▷569条1項）。

②　つぎに，弁済期が到来していない債権の売主が債務者の将来の資力を担

保したときは，弁済期における債務者の資力を担保したものと推定される（同条2項）。

　したがって，たとえば，AがBに弁済期が到来した60万円の金銭債権αを売るという売買契約において，債務者Cが，契約の時点では40万円の資力を有していたところ，その後，完全に無資力となったという場合，上記①により，Aは，Bに対し，20万円の賠償義務を負うことになる。また，たとえば，AがBに弁済期が到来していない50万円の金銭債権βを売るという売買契約において，債務者Cが，契約の時点では50万円の資力を有していたところ，弁済期には10万円の資力しかなくなり，その後，完全に無資力となったという場合，上記②により，Aは，Bに対し，40万円の賠償義務を負うことになる。

▶▶3　目的不動産に抵当権等がある場合の買主の費用償還請求権

　不動産の売買において，買い受けた不動産に契約内容に適合しない先取特権，質権，または抵当権が存在していたため，買主が費用を支出してその不動産の所有権を保存した場合，その費用を買主に負担させたままにしておくのは適当ではない。そこで，このような場合，買主は，売主に対し，その費用の償還を請求することができる（▷570条）。たとえば，A所有の土地甲をBに売るという売買契約において，甲に契約内容に適合しない抵当権が設定されていたという場合，債権者によって抵当権が実行されると，Bは，その意に反して甲の所有権を失ってしまうことになる。そこで，このような事態を未然に防止するため，Bが，被担保債権につき第三者弁済（▷474条）を行って抵当権を消滅させたとしよう。このような場合，Bは，Aに対し，第三者弁済に要した費用の償還を請求することができる。

▶§3＿　目的物の滅失・損傷についての危険の移転

▶▶1　引渡しによる危険の移転

　特定物売買や，種類債権の特定（▷401条2項または合意）が生じた種類物売買においては，目的物の滅失・損傷についての危険は，引渡し時を境に，売主から買主に移転する。すなわち，これらの売買において，目的物の引渡し後に，その目的物が当事者双方の責めに帰することができない事由によって滅失・損傷した場合，買主は，その滅失・損傷を理由として，追完請求権，代金減額請

求権，損害賠償請求権，解除権の各権利を行使することができず，代金の支払を拒むこともできない（▷567条1項）。

これに対し，種類債権の特定が生じていない種類物売買において，売主が契約内容に適合しない物を引き渡した場合，これによって種類債権の特定は生じないため，目的物の滅失・損傷についての危険は，売主から買主に移転することはない。もっとも，この点に関しては，契約不適合の程度が軽微である場合には，特定が生じたものと扱ってよいとする見解がある。この見解によると，たとえば，新車の売買において，引き渡された自動車のバックミラーに小さなキズが見つかったところ，その自動車が，山火事によって焼失したという場合，契約不適合の程度が軽微であるといえるため，買主は，上記の各権利を行使することができず，代金の支払を拒むこともできなくなる。

▶▶2　受領遅滞による危険の移転

特定物売買や，種類債権の特定（▷401条2項または合意）が生じた種類物売買においては，目的物の滅失・損傷についての危険は，買主が受領遅滞に陥った時を境に，売主から買主に移転する。すなわち，これらの売買において，売主が，契約内容に適合する目的物をもって履行の提供を行ったにもかかわらず，買主が受領を拒み，または受領することができない場合で，かつ，履行の提供後に当事者双方の責めに帰することができない事由によってその目的物が滅失・損傷した場合，買主は，その滅失・損傷を理由として，追完請求権，代金減額請求権，損害賠償請求権，解除権の各権利を行使することができず，代金の支払を拒むこともできない（▷567条2項）。

▶§4　買戻し

▶▶1　買戻しの意義

不動産の売主は，売買契約と同時にした特約により，買主が支払った代金（別段の合意をした場合においては，その合意により定めた金額。以下，▶§4において，代金またはこの合意により定めた金額のことを「代金等」と呼ぶ）と契約費用を返還して，売買の解除をすることができる（▷579条前段）。この特約（買戻しの特約）に基づく約定解除権（買戻権）の行使によって，売主が，売却した不動産を取り戻す制度を，買戻しという。

買戻しは，たとえば，売主が，売買契約において合意された目的不動産の利用方法を買主に遵守させるために行われる。この場合，売主は，買戻しの特約に基づく解除の可能性を指摘することによって，買主に対し，合意された利用方法の遵守を迫ることができる。

▶▶2　買戻しの期間

当事者は，買戻しの期間を定めることができる。ただし，その期間は10年を超えることができず，これより長い期間を定めたとしても，その期間は10年に短縮される（▷580条1項）。また，当事者は，買戻しの期間を定めた場合，その後にこれを伸長することができない（同条2項）。

一方，当事者が買戻しの期間を定めなかった場合，売主は，5年以内に買戻しをしなければならない（同条3項）。

▶▶3　買戻しの特約の対抗力

売主は，売買契約と同時に買戻しの特約の登記をすることによって，買戻しによる目的不動産の所有権の復帰を第三者に対抗することができる（▷581条1項）。ここでの第三者としては，買主から目的不動産を買い受けた者（転得者），目的不動産につき地上権や賃借権を取得した者，目的不動産につき抵当権の設定を受けた者，目的不動産を差し押さえた者などが想定される。

なお，このうち，目的不動産につき賃借権を取得した者については，特別な保護が与えられる。すなわち，買戻しの特約の登記がなされた後に605条の2第1項に規定する対抗要件を備えた賃借人の権利は，その残存期間中1年を超えない期間にかぎり，売主に対抗することができる。ただし，売主を害する目的で賃貸借をした場合，そのような保護は与えられない（▷581条2項）。

▶▶4　買戻しの実行

売主は，買戻しの期間内（▶▶2）に代金等および契約費用を提供することによって，買戻しをすることができる。これを，買戻しの実行という（▷583条1項）。買戻しが実行されると，買主は，目的不動産を売主に返還する義務を負う。この場合，買主による目的不動産の返還と，売主による代金等および契約費用の返還は，同時履行の関係に立つ。

ところで，多くの場合，売主は，代金を返還するにあたって，その利息を支払う必要はない。これは，当事者が別段の意思を表示しないかぎり，目的不動

産の果実と代金の利息とが相殺されたものとみなされるからである（▷579条後段）。一方，売主は，買主または転得者が目的不動産について費用を支出した場合，196条（占有者による費用の償還請求）の規定に従い，その費用を償還しなければならない（▷583条2項本文）。なお，このうち有益費については，売主の請求により，裁判所が，その償還について相当の期限を許与することができる（同項ただし書）。

❖Lec **05** 交換・贈与 ·······························

▸§1_ 交 換

　当事者が互いに金銭の所有権以外の財産権を移転することを約束することによって成立する契約を，交換という（▷586条1項）。交換は，諾成契約であり，双務契約であり，有償契約である。

　一般に，金銭の価値が安定している社会において，財産権の移転は，代金の支払と引換えに行われる。したがって，交換が今日の社会においてもつ重要性は，売買ほどに高いものではない。もっとも，個別の場面に目を向けると，たとえば，二当事者間でそれぞれが所有する土地を交換し，これらの価値の差を金銭で調整するといったことは，しばしば行われている。

　なお，この事例のように，当事者の一方が，他の権利とともに金銭の所有権を移転することを約束した場合，この金銭については，売買の代金に関する規定が準用される（▷同条2項）。

▸§2_ 贈 与

▸▸1　贈与の意義と成立

【1】 贈与の意義

　当事者の一方（贈与者）がある財産を無償で相手方に与える意思を表示し，相手方（受贈者）が受諾をすることによって成立する契約を，贈与という（▷549条）。贈与は，諾成契約であり，片務契約であり，無償契約である。なお，贈与の目的物は，多くの場合，贈与者の所有に属しているが，かならずしもそうである必要はなく，他人の所有に属していてもよい（他人物贈与）。これは，549条が，自己の財産ではなく，「ある財産を無償で相手方に与える」と定めていることから明らかである。

【2】 贈与の成立と書面によらない贈与の解除

すでに述べたように，贈与は，諾成契約であるため，当事者の合意のみによって成立する。もっとも，書面によらない贈与は，原則として，各当事者が自由に解除をすることができる（▷550条本文）。したがって，受贈者が，贈与の効力を維持し，与えられた財産を確実に取得したいのであれば，贈与者との間で書面による贈与を行っておくのが肝要である。

　民法が，書面によらない贈与の拘束力をこのように弱いものにしたのは，このようにすることで，書面による贈与が行われることを促し，贈与者が軽率な贈与を行うことを予防するとともに，これによって贈与の意思が明確になることで，後日紛争が生じることを避けることにある（★最判昭和53・11・30民集32巻8号1601頁）。

　したがって，書面による贈与といえるためには，その書面において，贈与者が財産を相手方に与える「慎重な意思を文書を通じて確実に看取し得る程度の表現」がなければならず，かつ，それで足りる（★最判昭和25・11・16民集4巻11号567頁）。また，ここでの書面は，かならずしも受贈者に宛てたものである必要はなく，第三者に宛てたものであってもよい。たとえば，判例は，Aから土地を取得したBが，これをCに贈与したという事案において，BがAに対して差し出した，AからCに直接所有権移転登記をするよう求める内容証明郵便を，550条の書面にあたるとしている（★最判昭和60・11・29民集39巻7号1719頁）。さらに，書面による贈与といえるためには，その書面において，無償の趣旨の文言が記載されていることは，かならずしも必要ではない。たとえば，当事者間で「売買名義ノ譲渡証書」が授受されたとしても，贈与の意思が明確である場合においては，書面による贈与があったと認めて差し支えない（★大判大正3・12・25民録20輯1178頁）。

　ところで，書面によらない贈与も，「履行の終わった部分」については，解除することができない（▷550条ただし書）。ここでは，贈与者の行動に対する受贈者の信頼を保護する必要があるからである。したがって，個々の事案において，履行の終了が認められるかどうかは，こうした趣旨をふまえて判断されることになる。具体的には，次のとおりとなる。ここでの履行の終了は，履行が完全に終わっていなくても，贈与の意思が明確となる外形的行為があれば認められる。したがって，書面によらない不動産の贈与において，履行の終了は，所有権移転登記がなされていなくても，引渡しがなされていれば認められ（★大判大正9・6・17民録26輯911頁），引渡しがなされていなくても，所有権移転登記がなされていれば認められる（★最判昭和40・3・26民集19巻2号526頁）。ただし，

書面によらない農地の贈与については，引渡しがなされていても，農地法所定の知事の許可を受けるまでは，解除することができる（★最判昭和41・10・7民集20巻8号1597頁）。

▶▶2 贈与の効力

【1】 贈与者の財産権移転義務

贈与者は，受贈者に対し，財産権を移転する義務を負う（財産権移転義務）。したがって，目的物の種類・品質・数量に関する契約不適合や，権利に関する契約不適合が生じた場合，贈与者は，この財産権移転義務の違反により，債務不履行責任を負うことになる。

【2】 個々の贈与における財産権移転義務の内容

ところで，贈与者がいかなる内容の財産権移転義務を負っているのかは，当事者の合意によって明らかにされる。したがって，個々の贈与において契約不適合の有無を判断するにあたっては，当事者の合意が基準とされなければならない。すなわち，まず，契約の解釈によって合意内容を確定し，つぎに，引き渡された物や移転した権利が合意内容に適合しているかどうかを検討する。そして，検討の結果，合意内容に適合していないことが明らかとなった場合，契約不適合が認められるのである。

以上のことを当然の前提としつつ，551条1項は，贈与の無償性を考慮して，次のように規定する。「贈与者は，贈与の目的である物又は権利を，贈与の目的として特定した時の状態で引き渡し，又は移転することを約したものと推定する」。したがって，個々の贈与において，受贈者が，これとは異なる内容の合意があったことを主張したいのであれば，同項の推定を覆さなければならない。なお，同項における「贈与の目的として特定した時」とは，特定物贈与においては契約が成立した時，種類物贈与においては種類債権の特定（▷401条2項または合意）が生じた時となる。

以上のことを具体例によって示すと，次のとおりとなる。たとえば，大学4年生Aが，卒業に際し，不要になった自転車甲を後輩Bに贈与したところ，甲のブレーキに故障があることがわかったとしよう（特定物贈与の事例）。ここで，Aの財産権移転義務の内容につき，どのような合意がなされていたのかが明らかでない場合，551条1項により，Aは，Bに対し，甲を契約が成立した時の状態で引き渡せばよいものと推定される。これに対し，Bが，Aに対し，目的物の品質に関する契約不適合を指摘して，ブレーキの修理にかかった費用を請求

したいのであれば，同項の推定を覆し，AB間の贈与において「ブレーキに故障のない自転車甲」を引き渡すことが合意されていたことを立証しなければならない。

【3】　他人物贈与における贈与者の責任

　たとえば，大学4年生Aが，卒業に際し，不要になった自転車甲を手放したいと考えていたところ，それを知ったAの友人Bが，後輩Cに甲を贈与する約束をしたとしよう。この場合，Bは，Cに対し，Aから甲の所有権を取得する義務を負うのだろうか。Bがそのような義務を負うのだとすると，Aが別の後輩Dに甲を贈与したため，Bが甲の所有権を取得することができなくなった場合，Bは，Cとの関係において債務不履行に陥ることになる。もっとも，これに対しては，Bに酷であるとの見方も示されている。それによると，Bは，Cに対し，Aから甲の所有権を取得する義務を負っておらず，取得できた場合に，これをCに移転する義務を負っているにすぎないとされる。

　現行民法は，他人物贈与に関して，贈与者が他人から権利を取得し，これを受贈者に移転する義務を負うことを定めた規定——売買における561条に相当する規定——を置いていない。また，個々の他人物贈与において，贈与者がいかなる場合に責任を負うのかは，最終的には，当事者の合意によって明らかにされるところ，現行民法は，この点と関わって，贈与の無償性をふまえた推定規定をとくに置いていない。このように，現行民法は，他人物贈与における贈与者の責任に関して，明確なルールを定めていない。

▶▶3　受贈者の忘恩行為や贈与者の経済的困窮による贈与の解除

　たとえば，高齢の資産家Aが，Bに対し，長年面倒をみてくれたことへの感謝の気持ちと，今後も同様に面倒をみてもらえることへの期待から，所有する土地甲を贈与したところ，Bが，Aに対し，虐待を行うなど，著しく背信的な行為を行ったとしよう。この場合，Aは，Bの忘恩行為を理由として，贈与を解除することができるだろうか。また，たとえば，Aが，Bに対し，所有する土地甲を贈与したところ，その後，Aが，事業に失敗し，経済的困窮に陥ったとしよう。この場合，Aは，自らの経済的困窮を理由として，贈与を解除することができるだろうか。

　贈与の無償性をふまえるならば，受贈者が忘恩行為を行った場合や，贈与者が経済的困窮に陥った場合において，贈与の効力を否定することには，一定の合理性が認められる。しかし，その一方で，これらの場合に関しては，負担付

贈与における負担の不履行による解除（▶▶4【2】）の問題とすることや，黙示の解除条件を読み込むことなどによって贈与の効力を否定することも，理論的には可能である。こうしたことから，受贈者の忘恩行為や贈与者の経済的困窮を独立した解除事由とすることに対し，異論を唱える見解もある。

　なお，最高裁は，受贈者が忘恩行為を行った事案において，負担付贈与における負担の不履行による解除を認めた原審の判断を支持している（★最判昭53・2・17判タ360号143頁）。

▶▶4　特殊の贈与

【1】　定期贈与

　たとえば，AがBに毎月5万円を与えるという合意がなされた場合のように，定期の給付を目的とする贈与を，定期贈与という。定期贈与は，贈与者と受贈者の人的関係を基礎とするものであるため，特約がある場合を除き，当事者の一方が死亡することによって，その効力が失われる（▷552条）。

【2】　負担付贈与

　たとえば，BがCに1000万円を支払うかわりに，AがBに建物甲を贈与する場合のように，受贈者（B）が一定の給付を行う義務を負っている贈与を，負担付贈与という。なお，ここでの負担は，受贈者の第三者（C）に対する給付のほか，受贈者の贈与者に対する給付——受贈者が贈与者の生活の面倒をみることなど——であってもよい。

　負担付贈与については，その性質に反しないかぎり，双務契約に関する規定が準用される（▷553条）。したがって，上の例で，Bが，履行期が到来したにもかかわらず，Cに対し，負担の履行を提供しない場合，Aは，Bに対し，甲の引渡しを拒むことができる（▷533条の負担付贈与への準用）。また，上の例で，引渡し前に，甲が山火事によって焼失した場合，Bは，負担の履行を拒むことができる（▷536条1項の負担付贈与への準用）。さらに，債務不履行を理由とする法定解除の制度（▷541条・542条）は，負担付贈与において負担の不履行が生じた場合について準用される。したがって，上の例で，Bが，負担の履行期が到来したにもかかわらず，Cに対して1000万円を支払わない場合，Aは，履行の催告をし，相当期間内に履行がないときは，贈与を解除することができる（▷541条の負担付贈与への準用）。

　このほか，負担付贈与において，贈与者は，「その負担の限度において，売主と同じく担保の責任を負う」（▷551条2項）。ここにいう「その負担の限度に

おいて」とは，受贈者が負担を履行することで損失を被ることのないようにする限度において，という意味である。具体的には，次のとおりとなる。たとえば，上の例で，AとBが，贈与の当時，甲に1500万円の価値があると考えていたところ，甲に欠陥があることが発覚し，実際には800万円の価値しかないことが明らかになったとしよう。この場合，Bは，売買に関する563条により，Aに対し，自らのCに対する負担を800万円に減額するよう求めることができる。また，この場合，Bは，541条または542条1項の要件が満たされるかぎりにおいて，贈与を解除することもできる。

　では，上の例で，AとBが，贈与の当時，甲に1500万円の価値があると考えていたところ，甲に欠陥があることが発覚し，実際には1200万円の価値しかないことが明らかになったという場合はどうだろうか。この場合，Bは，Cに1000万円の負担を履行しても，Aから1200万円の価値のある甲を取得することができるため，損失を被ることはない。したがって，Bは，551条2項に基づき，Aに対して，「担保の責任」を追及することはできない。しかし，負担付贈与も贈与の一種である以上，同条1項の枠組みのもとで，BがAに対し，債務不履行責任を追及することは考えられる。

　すなわち，まず，Aの財産権移転義務の内容につき，どのような合意がなされていたのかが明らかでない場合，Aは，甲を契約が成立した時の状態で引き渡せばよいものと推定される。したがって，Aが甲をそのような状態で引き渡すかぎり，Bは，Aに対して債務不履行責任を追及することはできない。これに対し，Bは，AB間の贈与において「欠陥のない1500万円の価値のある建物甲」を引き渡すことが合意されていたことを立証できた場合，この合意に基づき，Aに対して債務不履行責任を追及することができる。

【3】 死因贈与

　贈与者の死亡によって効力が発生する贈与を，死因贈与という。死因贈与については，その性質に反しないかぎり，遺贈——遺言により財産を他人に無償で譲ること——に関する規定が準用される（▷554条）。具体的には，次のとおりとなる。

　まず，遺贈は，遺言によって行われるものであり，その法的性質は，要式行為としての単独行為である。これに対し，死因贈与は，あくまで贈与契約の一種であり，諾成契約である。そこで，遺贈が要式行為としての単独行為である点に着目した規定については，死因贈与に準用されることはない。すなわち，遺言の方式（▷960条・967条以下），遺言能力（▷961条），遺贈の承認・放棄（▷986

条以下）に関する規定は，死因贈与には準用されない。

　これに対し，判例は，遺言撤回の自由に関する1022条については，「贈与者の最終意思」を尊重するとの観点から，「その方式に関する部分を除いて」死因贈与に準用されるとしている（★最判昭和47・5・25民集26巻4号805頁）。したがって，これによると，死因贈与については，書面によるものであっても，贈与者が自由に解除できることになる。もっとも，死因贈与のうち，負担付死因贈与に関しては，「贈与者の最終意思」のほか，すでに負担を履行した受贈者の利益にも配慮する必要がある。そこで，判例は，「負担の履行期が贈与者の生前と定められた負担付死因贈与契約に基づいて受贈者が約旨に従い負担の全部又はそれに類する程度の履行をした場合においては，……特段の事情がない限り，……民法1022条，1023条の各規定を準用するのは相当でない」としている（★最判昭和57・4・30民集36巻4号763頁）。

❖Lec 06 賃貸借【1】──当事者間の関係 ‥‥‥‥‥

【事例】 Aは，Bとの間で，Aが建物を2年間Bに使用させる内容の契約を締結した。2年後，Bが建物を返還すると，Aから，外壁が汚れているので洗浄費を支払ってほしいと言われた。BはAの請求を拒むことができるか。

▶§1__ 意義・成立・存続期間

▶▶1 意義

　賃貸借とは，当事者の一方（賃貸人）がある物の使用及び収益を相手方にさせることを約し，相手方（賃借人）がこれに対してその賃料を支払うことおよび引渡しを受けた物を契約終了時に返還することを約することによって成立し，その効力を生ずる契約である（▷601条）。賃貸借は有償双務契約である。

　賃貸借の目的物は動産でも不動産でもよい。もっとも，不動産は社会生活や経済活動の基盤であるため，賃借人の地位の安定が求められる。この課題に対応し，民法に優先して適用されるのが借地借家法である（❖Lec8を参照）。

　物の使用収益を目的とする賃貸借は，契約当事者以外の第三者が関係することもある。この場合の法関係は込み入ったものとなる（❖Lec7を参照）。

▶▶2 成立

　賃貸借は諾成契約である。不動産賃貸借では通常は契約書が作成されるが，成立要件ではない。農地または採草放牧地の賃貸借では，当事者は，政令で定めるところにより，農業委員会の許可を受けねばならない（▷農地3条1項本文）が，この許可は成立要件ではなく効力発生要件である。農地の賃貸借も当事者の合意のみで成立し，許可を受けることで効力を生ずる。

　賃貸借契約を締結するとき，賃貸人が賃借人から敷金を受け取ることがあ

る。敷金は賃貸借契約とは別個の契約に基づくものである（▶§4▶▶3を参照）。

▶▶3　存続期間

【1】　存続期間の制限

　賃貸借の存続期間は当事者の合意により定まる。しかし，50年を超えることはできず，これより長い期間を定めても50年となる（▷601条1項）。期間満了により賃貸借契約が更新される場合でも，更新時から50年を超えることはできない（▷同条2項）。あまりに長期の賃貸借契約は，目的物の所有権にとって過度な負担となるからである。

【2】　短期賃貸借

　処分権限を有しない者（例えば，権限の定めのない代理人〔▷103条〕，不在者の財産管理人〔▷28条〕など）による賃貸借は，一定の期間を超えることはできない（▷602条前段）。長期の賃貸借契約は目的物の使用収益に大きな負担となり，事実上，処分行為に匹敵するものとなるからである。

　602条の定める存続期間の上限は，栽植または伐採を目的とする山林の賃貸借は10年，それ以外の土地の賃貸借は5年，建物の賃貸借は3年，動産の賃貸借では6か月である（▷同条1～4号）。処分権限を有しない者が契約でこれより長い期間を定めても，当該各号の期間となる（▷602条後段）。

▶§2　効　力

▶▶1　賃貸人の義務

【1】　使用収益させる義務

　賃貸人は，目的物を賃借人に使用収益させる義務を負う（▷601条）。賃貸人の中心的な義務である。無償契約である使用貸借では，貸主は借主の使用収益を妨げない消極的な義務を負うにとどまる（❖Lec09▶§1▶▶3を参照）が，有償契約である賃貸借において賃貸人が負担するのは，賃借人の使用収益を可能とする積極的な義務である。

　使用収益させるには，賃貸人は，賃借人に目的物を引き渡さねばならない。また，場合によっては，第三者からの妨害を排除せねばならない。これらの義務も使用収益させる義務に含まれる。

【2】　修繕義務

賃貸人は，目的物の使用収益に必要な修繕をする義務を負う（▷606条1項本文）。使用収益させる義務を具体化したものである。

賃貸人の責めに帰すべき事由による場合のみならず，例えば天災などの不可抗力による損傷や経年劣化による損耗のように賃貸人の責めに帰すべき事由によらずして修繕が必要となった場合でも，賃貸人は修繕義務を負う。しかし，賃借人の責めに帰すべき事由によって修繕が必要となったときは，賃貸人は修繕義務を負わない（▷606条1項ただし書）。この場合，修繕が必要な部分については，賃借人が，賃貸借終了時に原状に回復する義務を負う（▷621条本文。詳しくは，▶§3▶▶2【2】を参照）。

賃借人は修繕を求める権利を有するが，自らが実際に修繕できるわけではない。修繕できるのは，所有者のように目的物に対する処分権限を有する者のみである。したがって，修繕の必要がある場合，急迫の事情があるときは別として（▷607条の2第2号），賃借人は遅滞なくその旨を賃貸人に通知しなければならず（▷615条1項本文），通知をしても賃貸人が修繕をしないときにのみ賃借人は目的物を修繕できる（▷607条の2第1号）。

【3】 費用償還義務

賃貸人は，目的物の使用収益において賃借人が支出した費用を償還する義務を負う。もっとも，使用収益のための費用は原則として賃借人が負担する。したがって，賃貸人が償還するのは，自らの負担に属する必要費と有益費に限られる。

必要費とは，目的物を通常の用法に適する状態で保存するための費用であり，例えば，自然災害による損傷や経年劣化の修繕，公租公課の支払に用いた費用である。賃借人が賃貸人の負担に属する必要費を支出したときは，賃貸人に対して直ちにその償還を請求できる（▷608条1項）。必要費が賃貸人の負担に属するかどうかは個々の契約により定まるが，一般的に言えば，賃貸人に使用収益させることは賃貸人の基本的な義務であるから，必要費は賃貸人の負担に属すると解される。例えば，経年劣化の修繕に要する費用は，特約などのない限り，賃貸人の負担となる（★最判平成17・12・16判時1921号61頁を参照）。

有益費とは，目的物の客観的な価値を増加させるための費用であり，例えば，建物の増改築や土地の舗装に用いた費用である。賃借人が有益費を支出したときは，賃貸人は，賃貸借終了時に，196条2項の規定に従い，賃借人支出額か価値増加額かを選択して，その償還をする義務を負う（▷608条2項本文）。価値の増加した目的物の返還により賃貸人が不当に利得することを避けるためである。

なお，有益費支出の前提となる賃借人の行為が用法遵守義務（▶§2▶▶2【2】）

に違反することも，また賃貸借終了時に収去義務（▶§3▶▶2【3】）の対象となることもある。これらの義務違反の有無は個々の契約内容から判断される。

【4】　契約不適合責任

　引き渡された目的物が賃貸借契約の内容に適合しないものであったとき，売買契約に関する562条から564条までが準用され（▷559条），賃貸人は契約不適合を理由とする責任を負う。例えば，自動車（甲）の賃貸借において，実際に引き渡された甲が故障していた場合，賃借人は562条1項に基づいて甲の修理を求めることができる。もっとも，賃借人は，賃貸借に固有の規定である606条1項本文に基づいて，甲の修繕を求めることもできる。

▶▶2　賃借人の義務

【1】　賃料支払義務

　賃借人は，賃料を支払う義務を負う（▷601条）。賃借人の中心的な義務である。

　賃料額は個々の契約により定まる。しかし，時の経過に伴い，賃料額が不相当なものとなることがある。そこで民法は，一定の場合について賃料の減額を認めている。第1に，耕作または牧畜を目的とする土地の賃借人が不可抗力によって賃料より少ない収益しか得られないときである（▷609条，また農地法20条も参照）。第2に，目的物の一部が滅失その他の事由により使用及び収益をすることができなくなった場合において，それが賃借人の責めに帰することができない事由によるものであるときである（▷611条1項）。

　賃料は動産・建物・宅地については毎月末に，その他の土地については毎年末に支払う（▷614条）。したがって，後払が原則である。もっとも，個々の契約または慣習により前払とすることもできる。

【2】　用法遵守義務

　賃借人は，目的物の使用収益において，契約またはその目的物の性質によって定まった用法に従わねばならない（▷616条→594条1項）。建物を建てる目的で締結された土地の賃貸借であれば，賃借人はこれを田畑として利用することはできない。建物の賃貸借において，建物の増改築を禁止する，建物内での動物類の飼育を禁止する等の特約があれば，賃借人はこれに従わねばならない。契約に明確な定めがない場合でも，例えば，DVDを借り受けた賃借人は，目的物の性質から，これを投げて遊んではならない。

【3】　通知義務

　賃借人は，目的物が修繕を要する，または目的物に権利主張する者がいる場

合には，遅滞なくその旨を賃貸人に通知しなければならない（▷615条本文）。

【4】 保存行為受忍義務

賃貸人が目的物の所有者であるとき，目的物の修繕は自己の所有物に対する当然の権利である。したがって，賃貸人が目的物の保存に必要な行為をしようとするときは，賃借人はこれを拒めない（▷606条2項）。もっとも，賃借人には使用収益の権利がある。そこで，賃借人の意思に反して賃貸人が保存行為を行い，賃借人が賃借をした目的を達することができなくなるときは，賃借人は契約を解除できる（▷607条）。

【5】 目的物の返還義務

賃借人は，賃貸借が終了したときに目的物を賃貸人に返還する義務を負う（▷601条）。これに関連して，賃借人は，目的物を受け取った後に生じた損傷がある場合にはこれを原状に復する義務を負い（▷621条本文），目的物に附属させた物がある場合にはこれを収去する義務を負う（▷622条→599条1項本文）。詳しくは後に扱う（▶§3▶▶2を参照）。

▶§3_ 終　了

▶▶1 終了事由

【1】 存続期間の定めがない場合

存続期間の定めがない場合，賃借人も賃貸人もいつでも解約申入れができる。目的物が土地であれば解約申入れの日から1年，建物であれば3か月，動産および貸席であれば1日の経過でもって，賃貸借契約は終了する（▷617条1項）。

【2】 存続期間の定めがある場合

存続期間の定めがある場合，賃貸借契約は期間満了により終了する（▷622条→597条1項）。存続期間は合意により更新できる（▷604条2項本文）。明確な更新の合意がないとしても，存続期間満了後に賃借人が目的物の使用収益を継続する場合において，賃貸人がこれを知りながら異議を述べないときは，従前の賃貸借と同一の条件で更に賃貸借をしたものと推定される（▷619条1項前段）。黙示の更新と呼ばれるこの方法によるとき，更新された賃貸借は存続期間の定めのないものとなり，各当事者はいつでも解約申入れをすることができる（▷619条1項後段）。

建物の賃貸借を継続する場合に更新料の支払を求められることがある。更新料の法的性質について，★最判平成23・7・15民集65巻5号2269頁は，「更新料は，賃料と共に賃貸人の事業の収益の一部を構成するのが通常であり，その支払により賃借人は円満に物件の使用を継続することができることからすると，更新料は，一般に，賃料の補充ないし前払，賃貸借契約を継続するための対価等の趣旨を含む複合的な性質を有するものと解するのが相当である」とする。

【3】　目的物の全部滅失等

目的物の全部が滅失その他の事由により使用収益をすることができなくなった場合，存続期間の定めの有無にかかわらず，賃貸借は終了する（▷616条の2）。例えば，建物の賃貸借において，建物が焼失した場合である。焼失の原因が誰にあるかを問わない。なお，その他の事由により使用収益ができなくなる場合とは，例えば，AがBに甲を賃貸し，BがAの承諾を得てCに甲を転貸したが，Bの債務不履行によりAが賃貸借契約を解除してCに甲の引渡しを求めた場合である（詳しくは，❖Lec7▶§1▶▶2【2】(d)を参照）。

【4】　債務不履行解除

当事者の一方に債務不履行がある場合，相手方は，契約法の一般規定（▷541条以下）に従い賃貸借契約を解除することができる。賃貸借の解除は，将来に向かってのみその効力を生ずる（▷620条前段）。

2017年改正前（民法）の判例では，信頼関係破壊の法理のもと，541条が修正して適用された。すなわち一方では，賃借人の債務不履行のみでは賃貸人による解除は認められず，債務不履行が信頼関係を破壊するものであることが必要であり，しかし他方で債務不履行が信頼関係を破壊するものであるなら，541条の定める催告を要することなく賃貸借契約を解除することができた（★最判昭和39・7・28民集18巻6号1220頁，★最判昭和50・2・20民集29巻2号99頁など）。

信頼関係破壊の法理は，2017年改正後（民法）は，無催告解除を定める民法542条に受け継がれ，同条1項5号の「契約目的達成見込みの不存在」の解釈及び適用として，賃借人の義務違反が信頼関係を破壊するものであるかどうかが判断される。もっとも，これまでの裁判実務を考慮するなら，解除を制限するものとして展開された同法理は，催告解除を定める民法541条においても作用する。この場合には，同条ただし書の定める「不履行の軽微性」の解釈および適用において，信頼関係破壊のないことが判断される。

▶▶2 終了後の権利義務関係

【1】 賃借人の目的物返還義務

賃貸借が終了したとき,賃借人は目的物を賃貸人に返還する義務を負う(▷601条)。賃借人は「引渡しを受けた物」そのものを返還する。この義務は契約終了後に発生するが,冒頭規定である601条にあるように,契約に基づく義務である。

【2】 賃借人の原状回復義務

賃貸借が終了して賃借人が目的物を返還する場合において,目的物を受け取った後にこれに生じた損傷があるときは,賃借人は,その損傷を原状に復する義務を負う(▷621条本文)。例えば,建物の賃貸借において,白い外壁が汚れていれば,契約締結時の状態に戻して,賃貸人に返還することになる。

もっとも,目的物に生じた損傷のうち,「通常の使用及び収益によって生じた賃借物の損耗並びに賃借物の経年変化」は明文をもって除かれている(▷621条本文括弧書)。建物の賃貸借において,白い外壁が汚れているが,それが風雨や太陽光によるものであったという場合には建物をそのまま返還するのでよい。

また,目的物の損傷が賃借人の責めに帰することができない事由によるものであるときは,賃借人は原状回復義務を負わない(▷621条ただし書)。建物の賃貸借において,白い外壁が汚れているが,それが隣家の改装工事によるものであったという場合には,賃借人は建物をそのまま返還するのでよい。

【3】 賃借人の収去義務

賃貸借が終了して賃借人が目的物を返還する場合において,目的物を受け取った後にこれに附属させた物があるときは,賃借人は,その附属させた物を収去する義務を負う(▷622条→599条1項本文)。上述の原状回復義務を具体化したものである。例えば,建物の賃貸借において,賃借人が建物にエアコンを取り付けた場合,賃借人はこれを撤去して建物を返還せねばならない。

附属させた物が目的物から分離できない,または分離に過分の費用を要する場合には,賃借人は収去義務を負わない(▷599条1項ただし書)。例えば,建物の賃貸借において,賃借人が外壁に断熱性のある塗料を塗り付けた場合,もはや目的物からこの塗料のみを分離することはできず,賃貸人による収去請求は認められない。塗料の所有権は付合により賃貸人(建物の所有者)に帰属する(▷242条本文)。この場合,賃貸人および賃借人の利害は,賃借人の費用償還請求権(▷608条)と用法遵守義務違反または原状回復義務違反に基づく賃貸人の損害賠償請求権(▷415条1項)とによって調整される。

【4】 賃借人の収去権

賃借人は，目的物を受け取った後にこれに附属させた物を収去することができる（▷622条→599条2項）。例えば，建物の賃貸借において，賃借人が建物にエアコンを取り付けた場合，賃借人はこれを収去することができる。

　賃借人の収去権は，目的物返還時の収去義務と隣接する。先の例でいえば，賃借人は賃貸借終了時まではエアコンを収去する権利を有し，終了時以後はエアコンを収去する義務を負う（収去しない権利はない）。また，賃借人の収去権は，目的物返還時の原状回復義務を前提とする。したがって，エアコンを収去することは賃借人の権利であるが，エアコン設置のために壁に開けた穴を放置しておくことはできず，賃借人は損傷した壁を原状に復する義務を負う。

【5】　賃貸人の損害賠償請求および賃借人の費用償還請求の期間制限

　契約の本旨に反する使用収益によって生じた賃貸人の損害賠償請求は，返還を受けた時から1年以内にしなければならず，賃借人が支出した費用の償還についても同様である（▷622条→600条1項）。この1年の期間は紛争を早期に解決させるためのものであり，一般に除斥期間とされる。

　上記の損害賠償請求権については，目的物の返還を受けた時から1年を経過するまでの間は，時効は完成しない（▷622条→600条2項）。例えば，賃借人の用法遵守義務違反から生じた損害賠償請求権は違反行為時から10年の消滅時効が進行する（▷166条1項2号参照）が，賃貸借期間中は目的物は賃借人の下にあり，賃貸人がその状況を直ちに把握し義務違反の有無を知ることは困難であるので，目的物返還時にすでに時効が完成してしまうことも考えられる。この問題に対処するため，返還から1年の期間で時効の完成を猶予し，賃貸人による損害賠償請求権の行使を可能としている。

▶▶3　敷金

【1】　意義

　敷金（しききん）とは「いかなる名目によるかを問わず，賃料債務その他の賃貸借に基づいて生ずる賃借人の賃貸人に対する金銭の給付を目的とする債務を担保する目的で，賃借人が賃貸人に交付する金銭」（▷622条の2第1項括弧書）のことである。不動産賃貸借契約においては，敷金の他に，保証金，権利金，礼金などの名称により賃借人が賃貸人に金銭を交付することがあるが，名目を問わないのであるから，これらのものも敷金の性格を有することがある。

【2】　担保される債務

　敷金は，賃貸借契約の存続中に生じた債務のみならず，契約終了後に賃借人

が賃貸人に対して負担する債務も担保する。例えば，賃貸人が賃借人の賃料不払を理由として賃貸借契約を解除して目的物の返還を求めた場合，敷金は，未払の賃料債務のみならず，契約終了後から目的物を返還するまでの不法占拠による賃料相当額の損害賠償債務も担保する。

【3】　返還請求権の発生時期

　敷金の担保する範囲に関する以上の理解からすれば，賃借人が有する敷金返還請求権は，賃貸借契約終了時ではなく，「賃貸借が終了し，かつ，目的物の返還を受けたとき」（▷622条の2第1項第1号）に生じる。賃借人の目的物返還義務と賃貸人の敷金返還義務は同時履行の関係にたたず（★最判昭和49・9・2民集28巻6号1152頁），前者が先履行となる。

【4】　返還額

　目的物の返還まで賃借人に残存する賃料債務等は，敷金が存在する限度において充当されて消滅する。賃貸人は，「受け取った敷金の額から賃貸借に基づいて生じた賃借人の賃貸人に対する金銭の給付を目的とする債務の額を控除した残額」を返還すればよい（▷622条の2第1項第1号）。

【5】　敷金を弁済にあてる権利

　賃貸人は，賃借人が賃貸借契約に基づいて生じた賃料債務等を履行しないときは，敷金をその債務の弁済に充てることができる（▷622条の2第2項前段）。これに対して，賃借人は，賃貸人に対し，敷金を自らの債務の弁済に充てるように請求することはできない（▷同項後段）。敷金は賃借人が賃貸人に対して負担する債務を担保するものであるが，この担保があるからとって賃料の支払を拒む権利を賃貸人に与えるものではない。

❖Lec **07**　賃貸借【2】——第三者との関係　…………

【事例①】　AがBに建物（甲）を賃貸したが，Cが利用したいというので，Bは賃借人の地位をCに譲渡して甲も引き渡し，以後はCがAに賃料を支払うことにした。

【事例②】　AがBに建物（甲）を賃貸したが，Cが利用したいというので，Bは賃借人の地位を有したまま甲をCに引き渡し，以後はCがBに賃料を支払い，しかしBもまたAに賃料を支払うことにした。

▸§1　賃借権の譲渡および賃貸物の転貸

▶▶1　意義

　冒頭の【事例①】のように，賃借人Bが，賃貸人Aに対して有する賃借人の地位を第三者Cに譲渡することを，賃借権の譲渡という。【事例②】のように，賃借人Bが，賃貸人Aに対して有する賃借人の地位を維持したまま，賃貸借契約の目的物を第三者Cに賃貸することを，転貸借という。

　賃借権の譲渡が行われた場合，BはAとの賃貸借契約から離脱し，Cがこれを引き継ぐ。以上に対し，転貸借は要するに又貸しであり，BはAとの賃貸借契約（原賃貸借）を維持しつつ，あらたにCとの間で賃貸借契約（転貸借）を締結する。このような違いがあるものの，両者ともに賃借人Bは，賃貸人Aの承諾を得なければならない（▷612条１項）。以下では，承諾のある場合とない場合とに分けて，当事者たちの法的関係を説明する。

▶▶2　承諾のある譲渡または転貸

【1】　賃借権の譲渡

　賃借権の譲渡について，賃貸人の承諾がある場合，賃借人としての地位が譲渡人から譲受人に移転する。【事例①】で言えば，AB間の賃貸借関係がAC間に移転し，その結果Cが賃借人となり，Bは賃貸借関係から離脱する。

【2】　賃貸物の転貸

（a）　転借人の転借権

賃借物の転貸について賃貸人の承諾がある場合，転借権は賃貸人に対抗できるものとなる。【事例②】において，Aが甲の所有権に基づきCに対して目的物の引渡しを求めたとき，仮に転貸借についてAの承諾がなければ，Cは自らの転借権（Bとの賃貸借契約から生ずる賃借権）をもってこれを拒むことはできない。しかし，Aの承諾があれば，Cは転借権をもってAの請求を拒むことができる。

(b)　原賃貸人の直接請求権

賃借物の転貸について賃貸人の承諾がある場合，転貸借における「賃借人は，賃貸人と賃借人との間の賃貸借に基づく賃借人の債務の範囲を限度として，賃貸人に対して転貸借に基づく債務を直接履行する義務を負う」（▷613条1項前段）。【事例②】で言えば，Cは，Aに対して，BC間の転貸借に基づく債務を履行する義務を負うことになる。

この場合，転借人Cが原賃貸人Aに対して履行するのは，BC間の「転貸借に基づく債務」である。例えば，BがAに対して負担する賃料債務が月額15万円であり，CがBに対して負担する賃料債務が月額10万円であるとき，CがAに対して直接支払う金額は，BC間の転貸借に基づく月額10万円である。

しかしまた，転借人Cが原賃貸人Aに対して履行するのは，AB間の「賃貸借に基づく賃借人の債務の範囲を限度として」である。したがって，BがAに対して負担する賃料債務が月額10万円であり，CがBに対して負担する賃料債務が月額15万円であるとき，CがAに対して直接支払う金額は，BがAに対して負担する月額10万円である。

以上のように，原賃貸人Aが転借人Cに行を請求できるとしても，Aは自らの「賃借人に対してその権利を行使することを妨げない」（▷613条2項）。例えば，BがAに対して負担する賃料債務が月額15万円であり，CがBに対して負担する賃料債務が月額10万円であるとき，Aは，Bに対して15万円の支払を請求してもよいし，Cに対して10万円の支払を請求した後に，Bに対して残る5万円の支払を請求してもよい。

(c)　原賃貸借の満期終了と転貸借

転貸借は原賃貸借を基礎とする。したがって，【事例②】において，AB間の原賃貸借が期間満了によって終了するとき，Cの転借権はその基礎を失うので，AはCに対して目的物の返還を請求できる。Bとの転貸借がAから承諾を得た適法なものであるとしても，Cは原則としてAの請求を拒むことはできない（例外を示すものとして，★最判平成14・3・28民集56巻3号662頁）。転借人は民法613条1項に基づいて目的物を原賃貸人に返還する義務を負う。

借地借家法の適用される建物賃貸借（❖Lec**08**▶§3▶▶1）の場合，原賃貸人は転借人に対して原賃貸借が終了する旨の通知をしなければならず（▷借地借家34条1項），この通知から6か月の経過でもって転貸借は終了する（同条2項）。

(d)　原賃貸借の法定解除と転貸借

原賃貸借が法定解除によって終了する場合も同様である。【事例②】で言えば，Cの転借権はその基礎であるAB間の原賃貸借を失うので，AはCに対して目的物の返還を請求できる。

原賃貸借の法定解除によって転貸借はその基礎を失うが，自動的に終了するわけではない。AがBの債務不履行を理由として原賃貸借を解除しても，BC間の転貸借はなおも存続する。しかし，AがBとの原賃貸借を解除するにとどまらず，Cに対して目的物の返還を求めた場合には，かつてCへの転貸借を承諾したAは今やそれとは異なる態度を示しており，Bとしても，Cへの転貸借を維持するために，Aとの間で再び賃貸借契約を締結して承諾を得ることは難しい。したがって，転貸借は，原賃貸人が転借人に対して目的物の返還を請求したときに，転貸人の転借人に対する債務の履行不能により終了する（★最判平成9・2・25民集51巻2号398頁）。この終了は，民法616条の2にある「賃借物の全部が滅失その他の事由により使用及び収益をすることができなくなった場合」の「その他の事由」に相当する。

AがBの債務不履行により原賃貸借を解除しようとするとき，Cとしては，BのAに対する賃料債務について第三者弁済（▷474条1項）を行うことにより，解除権の行使を阻止することもできる。そのため，Aが原賃貸借を解除する場合，Cに対して通知を行い第三者弁済の機会を与えることを要件とすべきであるとの考え方も存在する。しかし，判例は，AがBとの原賃貸借を解除するにあたって，転借人であるCに対して通知などをする必要はないとする（★最判昭和37・3・29民集16巻3号662頁，★最判平成6・7・18判時540号38頁）。

(e)　原賃貸借の合意解除と転貸借

原賃貸人が原賃借人との合意により原賃貸借を解除した場合には，原賃貸人は，そのことをもって，適法な転貸借による転借権に対抗することはできない（▷613条3項本文）。原賃貸借の合意解除（これによる転貸借の終了と転借人の追い出し）は，原賃貸人については自らが行った転貸借の承諾とは矛盾する行為であり信義に反するものといえるし，原賃借人についても自らの権利の放棄により他人の権利を害することは許されないといえるからである。

もっとも，原賃貸借の合意解除は，原賃貸人がすでに法定解除権を有するこ

とを前提として行われることもある。そこで民法は，合意解除であっても，その合意時に原賃貸人が原賃借人の債務不履行による解除権を有していたときは，適法な転貸借による転借人に対抗できると定める（▷613条3項ただし書）。

▶▶3 承諾のない譲渡または転貸

【1】 無断譲渡または無断転貸による解除

(a) 意義

賃借人は，賃貸人の承諾を得なければ，その賃借権を譲り渡し，または賃借物を転貸することができない（▷612条1項）。賃貸人の承諾を得ることなく，無断で，賃借人が第三者に賃借物の使用又は収益をさせたときは，賃貸人は，契約を解除することができる（▷612条2項）。

(b) 要件

民法612条2項に基づいて賃貸借契約を解除するには，賃借人が第三者との間で賃借権譲渡または転貸借契約を締結するのみならず，第三者に賃借物を実際に使用収益させることが必要である。例えば，Aから借りた土地の上に建物を所有するBが，第三者Cから金銭を借り入れるために建物に譲渡担保権（詳しくは『コンシェルジュ民法2』を参照）を設定した場合，建物は敷地の利用権なしでは存続できないため，土地の賃借権にも譲渡担保権が設定されたことになる。この場合において，譲渡担保権が実行されずBが建物を実際に利用しているときは，貸借物であるAの土地を第三者に使用収益をさせたことにはならない（★最判昭和40・12・17民集19巻9号2159頁）。しかし，CがBから建物の引渡しを受けて実際に利用しているときは，貸借物であるAの土地を第三者に使用収益させたことになる（★最判平成9・7・17民集51巻6号2882頁）。

民法612条2項に基づく解除は信頼関係破壊の法理（❖Lec**06**▶§3▶▶1【4】を参照）の下にある。したがって，賃借人による無断譲渡または無断転貸が背信的行為（信頼関係を破壊する行為）と認めるに足らない特段の事情がある場合には，解除は認められない（★最判昭和28・9・25民集7巻9号979頁，★最判昭和30・9・22民集9巻10号1294頁など）。特段の事情すなわち信頼関係の破壊がないことを示す事情は，解除の相手方である賃借人が主張立証する（★最判昭和41・1・27民集20巻1号136頁）。

なお，賃借人が法人である場合において，例えば社長の交代のような構成員や機関に変動があっても，法人格の同一性が失われるわけではないから，賃借権の譲渡には当たらない。しかし，そのような変化が他の事実と相まって信頼

関係を破壊するような場合には，民法612条2項ではなく，541条または542条の一般規定に基づいて，賃貸借契約の解除が認められる（★最判平成8・10・14民集50巻9号2431頁を参照）。

(c)　解除の帰結と法関係

民法612条2項による解除が認められた場合，賃貸借契約は終了する。賃貸人は目的物を使用収益する第三者（賃借権譲受人または転借人）に対して，目的物の引渡しを求めることができる。

民法612条2項による解除が認められなかった場合，賃貸借契約は終了しない。賃借権の譲渡または賃借物の転貸について，賃貸人による承諾があった場合と同様に扱われる（転貸借について★最判昭和39・6・30民集18巻5号991頁，賃借権の譲渡について★最判昭和45・12・11民集24巻13号2015頁）。

【2】　無断譲渡または無断転貸による解除が行われない場合

民法612条2項による解除は，賃貸人の権利であって義務ではない。賃貸人には解除をしないという選択も許される。この場合，賃貸人と賃借人との間の賃貸借関係は維持される。また，賃借人と第三者との間で行われた賃借権の譲渡または転貸借の効力も維持される。もっとも，賃貸人にとって，目的物の使用収益を承諾なしで行う第三者（賃借権譲受人または転借人）は，不法占有者である。したがって，612条2項に基づく解除が行われない場合でも，賃貸人は自らの所有権に基づき第三者に対して目的物の返還を請求できる。

▶§2　不動産賃借権の対抗力および物権類似の効力

▶▶1　対抗力

【1】　「売買は賃貸借を破る」の原則と問題点

例えば，Aが，自己の所有する自転車（甲）をBに賃貸して引き渡したのち，Cに譲渡したとする。Cが，Aから取得した甲の所有権に基づき，Bに対して甲の返還を求めたとき，Bは，Aとの賃貸借に基づく権利（賃借権）を理由として，Cの請求を拒むことはできない。物権である所有権が万人に対して主張できる絶対権であるのに対し，債権である賃借権は相対権であり，特定人（債務者）に対してしか主張できないからである。AB間の賃貸借が，AC間の売買によって破棄されるような結果となるので，「売買は賃貸借を破る」と言われる。

以上の例は動産の賃貸借であったが，不動産賃貸借においても，基本的な論

理は異ならない。しかし，不動産の場合には，より大きな問題を引き起こす。賃借人は生活の基盤を失い，多大な経済的損失を被ることになるからである。

【2】 民法605条による解決

そこで民法は，売買は賃貸借を破るという原則に対する例外を定める。すなわち，不動産の賃貸借は，これを登記したときは，その不動産について物権を取得した者その他の第三者に対抗することができる（▷605条）。これによれば，賃借人Bは，賃貸人Aに対する賃借権を登記すれば，不動産所有権の取得者Cに対抗できる，すなわちCがBに返還を求めても，Bはこれを拒んでそのまま不動産を使用収益できる。

もっとも，賃借権の登記を備えることは難しい。権利に関する登記の申請は，法令に別段の定めがある場合を除き，登記権利者及び登記義務者が共同して行わねばならない（不動産登記60条）。売買契約では売主は登記に協力する義務を負う（▷560条）が，賃貸借契約の場合には特約がなければ賃貸人は賃借権の登記に協力する義務はない（★大判大正10・7・11民録27輯1378頁）。登記された賃借権が存在することで不動産の自由な使用収益は制限され，結果として当該不動産の経済的価値は低いものとなる。したがって，賃貸人が賃借権の登記に応じる特約を自ら進んで結ぶことは，実際上はほとんどない。

【3】 特別法による解決

売買は賃貸借を破るという原則が不動産賃貸借にもたらす問題は，実際には，特別法の規定でもって解決される（詳しくは，❖Lec**8**▶§**2**▶▶**3**【1】および▶§**3**▶▶**3**【1】を参照）。借地借家法では，建物の賃貸借は，その登記がなくても，建物の引渡しがあったときは，その後その建物について物権を取得した者に対し，その効力を生ずる（▷借地借家31条）。土地の賃貸借については，その登記がなくても，借地権者が土地上に登記された建物を所有するときは，これをもって第三者に対抗できる（▷借地借家10条1項）。農地法では，農地または採草放牧地の賃貸借について類似の規定をおく（▷農地16条）。

▶▶2　物権類似の効力

不動産賃借権が対抗力を有するとき，それは相対権である債権から絶対権である物権へと近づくものである。ところで，物を排他的に支配する権利である物権には，その内容を実現するために，妨害の排除や目的物の返還を求める物権的請求権が認められる。そこで，判例においても，不動産賃借権が対抗力を有する場合について，物権類似の効力が認められる（★最判昭和28・12・18民集7

巻12号1515頁，★最判昭和30・4・5民集9巻4号431頁）。

　この判例法理は2017年改正により条文化される。民法605条の4によれば，不動産の賃借人は，民法605条，借地借家法10条または31条の規定による対抗要件を備えた場合には，第三者に対して妨害の停止または不動産の返還を請求できる。

▶§3＿　不動産賃貸借における賃貸人の地位の移転

▶▶1　不動産の譲渡と賃貸人の地位の移転

【1】　法律による賃貸人の地位の移転

　先に述べたように（▶§2▶▶1【2】および【3】を参照），不動産賃借権は，賃借権の登記（▷605条），借地上の建物とその登記（▷借地借家10条1項），建物の引渡し（▷借地借家31条）などの対抗要件を具備することにより，対抗力を備える。例えば，Aが自己の所有する建物をBに賃貸して引き渡した後にこれをCに譲渡した場合，Cが所有権に基づいてBに建物の返還を求めたとしても，Bの賃借権は対抗力を有するため，Cの請求は認められない。

　不動産の譲受人からの返還請求が認められないとして，次に問題となるのは，賃借人は誰に対して賃料を支払い，目的物の修繕を求めることになるか，である。民法605条の2第1項によれば，賃貸借の対抗要件を備えた場合において，その不動産が譲渡されたときは，賃貸人たる地位は譲受人に移転する。先の例で言えば，Aに帰属していた賃貸人たる地位は，建物の譲渡によりCに移転する。Bは，Cに対して賃料を支払い，建物の修繕を求めることになる。

【2】　合意による賃貸人の地位の移転

　賃借権が対抗要件を具備している場合はもちろん，対抗要件の具備がない場合であっても，不動産譲受人と譲渡人との合意があれば，賃貸人たる地位を移転することができる。契約上の地位の移転に関する一般原則によれば，契約の当事者の一方が第三者との間で契約上の地位を譲渡する旨の合意をした場合，その契約上の地位が第三者に移転するには，契約の相手方が譲渡を承諾する必要がある（▷539条の2）。これに対して，不動産の譲渡人が賃貸人であるときは，賃貸人たる地位は，賃借人の承諾がなくとも，譲渡人と譲受人との合意により譲受人に移転する（▷605条の3前段）。先の例で言えば，Aが貸貸人という契約上の地位を第三者Cに譲渡する場合に，契約の相手方である賃借人Bの承諾を

要しないという点で，後者は前者と異なる。契約相手方である借人の承諾を必要としないのは，賃貸人の使用収益させる義務は誰であっても履行方法が特に異なるわけではなく，賃借人としても目的物の譲受人を賃貸人とすることに大きな不利益はないからである。

【3】 留保合意のある場合における賃借人の地位の移転

　以上のように，賃貸人たる地位は，不動産譲渡人と譲受人との合意により移転する。しかしまた，不動産の譲渡があっても，両者の合意により，賃貸人たる地位を譲受人に移転させず，譲渡人に留保することもできる（▷605条の2第2項前段）。この場合，賃貸人の地位を留保する合意のみならず，譲受人が譲渡人に不動産を賃貸する合意も存在するため，転貸借関係が生じることになる。すなわち，Bに賃貸された建物の所有者であるAが，Bに対する賃貸人たる地位を留保した上で建物をCに対して譲渡することにより，Cを賃貸人としAを賃借人とする原賃貸借関係が成立し，すでに存在していたAB間の賃貸借関係は転貸借関係として存続することになる。

　賃貸人たる地位を留保する合意によって以上のような転貸借関係が生じるとき，所有者Aから建物を借り受けていたBは，自らが関与しないAC間の建物の譲渡により，もはや所有者ではないAからの転借人として扱われ，CA間の原賃貸借関係の終了に左右される不安定な立場に置かれることになる。そこで民法は，譲渡人と譲受人との間の賃貸借が終了したときは，譲渡人に留保されていた賃貸人たる地位は，譲受人に移転すると定める（▷605条の2第2項後段）。例えば，CA間の原賃貸借においてAの債務不履行によりCが契約を解除し，Bに建物の返還を求めた場合，通常の転貸借関係であればBはこれに応じるほかないところ，民法605条の2第2項後段によれば，Aに留保されていた賃貸人たる地位がCに当然に移転し，したがってBは，Cからの返還請求に対して，Aに対して有していた賃借権を主張できることになる。

▶▶2 賃貸人の地位の移転と賃借人の法的地位

【1】 賃貸人の地位を主張する要件としての所有権移転登記

　賃貸人たる地位が法律により移転する場合（▷605条の2第1項）であれ，合意により移転する場合（▷605条の3前段）であれ，賃貸人たる地位がまずは譲渡人に留保され，譲渡人と譲受人との間に生じた賃貸借の終了後に移転する場合（▷605条の2第2項後段）であれ，賃貸人たる地位の移転は，賃貸借の目的物である不動産について所有権の移転の登記をしなければ，賃借人に対抗することがで

きない（▷605条の2第3項，605条の3後段）。例えば，Aが自己の所有する建物をB
に賃貸した後にCに譲渡し，Aから賃貸人たる地位を承継したCがBに対して賃
料請求を行うとする。このときBは，Cが建物の所有権移転登記を具備するま
では，Cに対する賃料の支払を拒絶することができる。

　所有権移転登記の具備が要件となるのは，賃借人保護のためである。先の例
で言えば，AC間の不動産譲渡および賃貸人の地位の移転について，Bはこれ
を当然に知りうる立場になく，CがAから賃貸人たる地位を承継した新しい賃
貸人であることを明確にする必要があるからである。この問題は，民法177条
の第三者に不動産賃借人が含まれるかとの観点からも論じられる。

【2】　費用償還義務および敷金返還義務

　賃貸人たる地位が法律により移転する場合（▷605条の2第1項）であれ，合意
により移転する場合（▷605条の3前段）であれ，賃貸人たる地位がまずは譲渡人
に留保され，譲渡人と譲受人との間に生じた賃貸借の終了後に移転する場合（▷
605条の2第2項後段）であれ，賃貸人たる地位の移転した不動産の譲受人は，費
用償還義務（▷608条）および敷金返還義務（▷622条の2第1項）を承継する（▷605
条の2第4項および605条の3後段）。

　例えば，Aの不動産をBが賃借するにあたって，BがAに対して敷金を交付し
た後，Aが不動産をCに譲渡して賃貸人たる地位がCに移転したとする。この
場合，Bがもはや賃貸人ではないAから敷金を回収して再びCに交付すること
は，賃貸人たる地位の移転に関与しないBにとっては困難である。また，不動
産を譲渡したAに十分な資力があるかは疑わしく，BがAから敷金の返還を受
けることができない危険も伴う。以上の危険と困難は，BがAに対して費用償
還請求を行う場合にも存在する。そこで，賃貸借関係の移転に伴い，不動産譲
受人が費用償還義務および敷金返還義務を承継する前述の規定が設けられる。
なお，不動産の譲受人に承継される敷金返還義務は，旧賃貸人（不動産の譲渡人）
に対して未払の賃料債務があるときは，この額を控除した残額のものとなる（▷
622条の2第1項を参照）。

❖Lec **08** 賃貸借【3】──借地借家法 ‥‥‥‥‥‥‥

▶§1_ 意 義

　民法には，建物を所有するために他人の土地を利用する手段としては，賃借権（▷601条）のほかに地上権がある。地上権は，工作物または竹木を所有するために，土地を使用する権利である（▷265条）。

　土地を安定的に利用するには，物権である地上権が相応しい。しかし，地上権は，土地の所有者にとっては自らの自由な使用収益を強く制限するものである。また，建物所有のために他人の土地を使用する権利であって，他人の建物それ自体の利用を目的とするものではない。そこで，他人の土地または建物の利用には，債権である賃借権が用いられる。もっとも，土地および建物は社会生活や経済活動の基盤であることから，債権である賃借権を強化し，不動産利用の安定化と賃借人保護を実現することが社会的な課題となる。

　この課題への対応は，1909（明治42）年の建物保護法，1921（大正10）年の借家法及び借地法により行われた。制定後の改正を含めてこれらの法律を1つにまとめたものが，1991（平成3）年の借地借家法（しゃくちしゃっかほう）である。以下，借地関係と借家関係に分けて概観する。

▶§2_ 借地関係

【事例】　Aは，建物を所有する目的でBに30年の期間で土地（甲）を賃貸し，Bは甲上に建物（乙）を建てた。30年後，Aは，期間満了を理由として，Bに対して，乙の収去と甲の明渡しを求めた。Aの請求は認められるか。

▶▶1　意義

　借地権とは「建物の所有を目的とする地上権又は土地の賃借権」（▷借地借家2条1号，以下，単に「法」とする）のことである。借地権を有する者を借地権者と

いい（▷法2条2号），借地権者に対して借地権を設定している者を借地権設定者という（▷同条3号）。借地権という言葉の定義には，物権である地上権と債権である賃借権が含まれるが，多くの事例において後者が用いられる。

　借地借家法の適用を受けるには，「建物の所有を目的とする」土地の賃借権でなければならない。ある土地を駐車場として使用する目的で締結された賃貸借は，建物の所有を目的としていないので，借地借家法上の借地権ではない。

▶▶2　存続期間

　借地権の存続期間は30年である（▷法3条本文）。更新する場合，最初は20年，その後は10年となる（▷法4条本文）。契約でこれより長い期間を定めたときは，その期間となる（▷法3条ただし書・4条ただし書）。これより短い期間を定める特約は，借地人に不利であるので，無効である（▷法9条）。

▶▶3　効力

【1】　対抗力

（a）　意義

　例えば，Aが土地（甲）をBに賃貸し，Bが甲上の建物（乙）を建築した後，Aが甲をCに譲渡したとする。Cが所有権に基づいて甲の明渡しを求めたとき，Bは賃借権を理由としてこの請求を拒絶することはできない（売買は賃貸借を破る）。賃借権の登記（▷605条）があれば，BはCの請求を拒絶できるが，登記の具備には賃貸人Aの同意が必要であるため，実際には困難である。

　借地借家法はこの問題に対応する。借地権は，その登記がなくても，土地の上に借地権者が登記されている建物を所有するときは，これをもって第三者に対抗することができる（▷法10条1項）。上の例で言えば，Bは，乙の所有権登記なら，Aの協力なく単独で申請できる。

（b）　要件

　借地権に対抗力が認められるためには，第1に，借地上に建物が存在しなければならない。第2に，建物の登記が存在しなければならない。土地と建物は別個の不動産であるので，建物の登記が土地の利用権を示すわけではない。しかし，建物の登記をみれば，その名義人が当該土地上に建物の所有を可能とする権利を有していると推知できる。したがって，対抗力を認めるための建物の登記は，権利の登記のみならず，表示の登記であってもよい（★最判昭和50・2・13民集29巻2号83頁）。しかし，他人名義の建物登記では借地権の対抗力は認め

られない（★最大判昭和41・4・27民集20巻4号870頁）。他人名義の登記では，建物それ自体に関する権利でさえ第三者に対抗できないからである。

【2】　地代等増減請求権

　長期間の借地契約では，契約当初に定められた地代等（地代または賃料）の額がその後の社会経済状況の変化により不相当になることがある。この問題に対応するのが地代等増減請求権である。地代等が租税その他の公課の増減により，土地価格その他の経済事情の変動により，または近傍類似の土地に比較して不相当となったとき，当事者は，将来に向かって金額の増減を請求できる（▷法11条1項本文）。

　地代等増減請求権は，地代等が不相当になったことを要件として発生する形成権である（★最判昭和45・6・4民集24巻6号482頁）。地代等の増減額について協議が調わないとき，賃借人は裁判確定までは自らが相当と認める額を支払えばよく，賃貸人は裁判確定までは自らが相当と認める額の支払を請求できる（▷法11条2項本文および同条3項本文）。暫定的に支払われた額と裁判により確定した額との間に過不足が生じたときは，不足額の支払または超過額の返還により清算される（▷同条2項ただし書および同条3項ただし書）。

【3】　建物買取請求権

　借地借家法では，借地権の更新を強く保障することで，借地権者を保護する（後述▶▶4を参照）。しかし，更新が認められずに借地権が消滅し，建物を取り壊すことになれば，借地権者は投下した資本を十分に回収できないことになる。この問題に対応するのが建物買取請求権である。借地権の存続期間が満了して更新がないとき，借地権者は，借地権設定者に対し，建物等を時価で買い取るべきことを請求できる（▷法13条1項）。建物買取請求権は強行規定であり，借地権者に不利な特約は無効となる（▷法16条）。

　建物買取請求権の行使が認められるのは，更新拒絶により借地権が消滅する場合である。借地権者の債務不履行を理由として借地権設定契約が解除される場合，借地権は消滅するが，建物買取請求権の行使は認められない（★最判昭和33・4・8民集12巻5号689頁）。

【4】　借地条件の変更等

　借地権存続期間中の事情の変化に対応するため，裁判所は，当事者の申立てにより，借地条件を変更したり，増改築，再築，借地権の譲渡または転貸についての借地権設定者の承諾に代わる許可を与えたりすることができる（▷法17条1項および2項・18条1項・19条1項・20条1項を参照）。

▶▶4　終了

【1】　合意更新

借地権の存続期間は合意により更新することができる。

【2】　法定更新

(a)　意義

借地権の存続期間が合意更新のないままに満了しても，借地権は当然には終了せず，建物のある限りにおいて，従前の契約と同一の条件で契約を更新したものとみなされる。これを法定更新という。この法定更新の制度により，借地権の存続が保証され，借地権者は建物所有のために土地を安定的に利用できる。

法定更新が認められるのは，次の(b)および(c)の場合である。

(b)　借地権者の更新請求による場合

借地権の存続期間が満了する前に，借地権者が契約の更新を請求し，借地権設定者が遅滞なくこれに異議を述べなければ，建物がある場合に限り，従前の契約と同一の条件で契約を更新したものとみなされる（▷法5条1項）。契約の条件のうち，存続期間については，20年または10年となる（▷法4条）。

(c)　借地権者の使用継続による場合

借地権の存続期間が満了した後でも，借地権者が土地の使用を継続し，借地権設定者が遅滞なくこれに異議を述べなければ，建物がある場合に限り，従前の契約と同一の条件で契約を更新したものとみなされる（▷法5条2項）。契約の条件のうち，存続期間については，20年または10年となる（▷法4条）。

(d)　借地権設定者による異議と正当事由の必要性

以上の(b)および(c)を借地権設定者から見れば，借地権者の更新請求または使用継続に対して遅滞なく異議を述べることで，借地権は終了することになる。もっとも，この異議には正当事由が必要である。これにより，借地関係の存続が保障される。

正当事由の有無は，①借地権設定者および借地権者（転借地権者を含む）が土地の使用を必要とする事情，②借地に関する従前の経過（借地権設定の経緯，敷金や保証金の支払の有無および額など），③土地の利用状況（借地上の建物の規模や構造，周辺地域の利用状況），④借地権設定者が土地の明渡しの条件としてまたは土地の明渡しと引換えに借地権者に対して財産上の給付をする旨の申出を考慮して判断される（▷法6条）。

正当事由の判断の基準時は，借地権設定者が異議を述べた時点である（★最判平成6・10・25民集48巻7号1303頁）。上記④にある「財産上の給付」はいわゆる

立退料のことであるが，正当事由の判断においては補完的なものである。異議
を述べた時点で借地権設定者から立退料の申出があれば，事後的に行われた増
額も正当事由の判断において考慮される（★最判平成3・3・22民集45巻3号293頁）。

　借地上の建物に賃借人がいる場合，この者の事情を借地権者側の事情として
考慮することは原則として許されない（★最判昭和58・1・20民集37巻1号1頁）。

　借地権者の更新請求または使用継続に対し，借地権設定者が異議を述べ，こ
れに正当事由があると判断されたとき，借地権は終了する。借地権者は土地を
返還するほかないが，建物買取請求権を行使できる（▶▶4【3】を参照）。

▶ §3＿　借家関係

> 【事例】　AがBに2年の期間で建物（甲）を賃貸し，Bが甲に入居した直後，第三
> 者CがAから甲の所有権を取得し，Bに対して甲の明渡しを求めた。Cの請求は認め
> られるか。

▶▶1　意義

　借地借家法には，借地と対比されて，借家の節が置かれる（▷法26条以下）。
そこに置かれた規定は「建物の賃貸借」に関するものである。先に見たように（▶
§2▶▶1を参照），借地権には，物権である地上権も含まれる。これに対して，借
家関係では，もっぱら債権である賃借権が問題となる。

　目的物である建物について，種類や構造や規模は問われず，居住用か事業
用かも問われない。公営住宅であってもよい（★最判昭和59・12・13民集38巻12号
1411頁）。ただし，貸別荘や選挙用の事務所のように，一時使用目的で行われた
建物の賃貸借には，借地借家法は適用されない（▷法40条）。

▶▶2　存続期間

　存続期間の上限を50年とする民法604条は，建物の賃貸借には適用されない
（▷法29条2項）。したがって，建物賃貸借の存続期間に上限はない。

　存続期間の下限は1年である。存続期間を1年未満とする建物の賃貸借は，
期間の定めがないものとみなされる（▷法29条1項）。民法617条1項によれば，
期間の定めのない賃貸借はいつでも解約申入れが可能であるので，賃借人保護
という借地借家法の目的に反するように見える。しかし，建物賃貸借の解約申

入れには「正当事由」が必要であり（▶▶4を参照），結果として賃借人は保護される。

▶▶3　効力

【1】　対抗力

(a)　意義

　例えば，AがBに建物（甲）を賃貸した後，Aが甲をCに譲渡したとする。C
が所有権に基づいて甲の明渡しを求めたとき，Bは賃借権を理由としてこの請
求を拒絶することはできない（売買は賃貸借を破る）。賃借権の登記（▷605条）が
あれば，BはCの請求を拒絶できるが，登記の具備には賃貸人Aの同意が必要
であるため，実際には困難である。

　借地借家法はこの問題に対応する。建物の賃貸借は，その登記がなくても，
建物の引渡しがあったときは，その後その建物について物権を取得した者に対
し，その効力を生ずる（▷法31条1項）。上の例で言えば，Bは，甲の引渡しなら，
賃貸借契約に基づいてAに請求できる。

(b)　要件

　建物賃貸借に対抗力が認められるためには，第1に，賃貸借の対象が「建物」
でなければならない。建物の一部でも，他の部分と区画され，独占的支配が可
能であればよい（★最判昭和42・6・2民集21巻6号1433頁）。第2に，建物の「引渡し」
が必要である。現実の引渡し（▷182条1項）が典型であるが，指図による占有
移転（▷184条）や占有改定（▷183条）であってもよいとされる。

【2】　借賃増減請求権

　借地関係における地代等増減請求権に相当するものとして，借家関係につい
ては借賃増減請求権が定められる（▷法32条1項本文）。この権利が形成権である
こと，協議が整わない場合には相当と認める額の支払または請求でよく，裁判
で確定した額との過不足が清算されること（▷法32条2項・3項）については，地
代等増減請求権について述べたのと同様である（▶§2▶▶4【3】を参照）。

✕トピック08.1＿　サブリースという契約？

　サブリース（sublease）の本来の意味は転貸借であるが，日本では一般に，開発業者Bが
土地所有者Aに賃貸用建物の建築を促し，完成した建物をAから借り上げて第三者Cに貸し出
すような，ある特定の契約形態を指す。Aは建築費用を負担するが，Bとの賃貸借契約から
生じる賃料収入があり，さらにその賃料収入についてBが，最低賃料保証や賃料自動増額の
特約を付してくれる。Bとしても，Cからの賃料収入が継続するかぎりで，収益のある契約

形態であるといえる。しかし，バブル経済崩壊後には，賃貸ビル市場の状況が大きく変化し，BがCからの賃料収入を得られず，Aに対して，賃料保証や自動増額の実現どころか，借地借家法32条1項に基づく賃料の減額を求める事例が現れた。判例（★最判平成15・10・21民集57巻9号1213頁）は，AがBに建物を使用収益させ，BがAにその対価として賃料を支払うのであるから，「建物の賃貸借契約であることが明らかである」と述べ，A・B間に賃料自動増額特約が存在するとしても，借地借家法32条1項の適用は排除されないとした。

【3】 造作買取請求権

建物の賃貸人の同意を得て建物に付加した畳・建具その他の造作がある場合には，建物の賃借人は，建物の賃貸借が期間の満了または解約の申入れによって終了するときに，建物の賃貸人に対し，その造作を時価で買い取るべきことを請求できる（▷法33条1項前段）。これを造作買取請求権という。

条文では畳や建具が例示されるが，現在では営業用の大型冷暖房機や冷蔵庫あるいは特殊な調理器具などが問題となる。造作買取請求権は，借主の投下した資本の回収という点では，借地関係における建物買取請求権と同趣旨のものである（▶§2▶▶3【3】を参照）。もっとも，建物買取に関する借地借家法13条が強行規定であるのに対し，造作買取に関する同法33条1項は任意規定である。建物と比べて造作の価値は相対的に低いこと，営業用借家の造作には特殊なものが多く，賃貸人に買取を強いるのは困難であること，強行規定とすれば賃借人としても賃貸人から造作設置の同意を得ることが困難となることなどがその理由である。

造作買取請求権の行使が認められるのは，建物の賃貸借が期間の満了または解約の申入れによって終了する場合である。賃借人の債務不履行を理由として契約が解除される場合には，賃借人による造作買取請求権の行使は認められない（★最判昭和31・4・6民集10巻4号356頁など）。

▶▶4 終了

【1】 合意更新

建物の賃貸借の存続期間は合意により更新することができる。

【2】 法定更新

(a) 期間の定めのある場合

建物の賃貸借について期間の定めがある場合において，当事者が期間満了の1年前から6か月前までの間に相手方に対して更新拒絶の通知をしなかったと

きは，従前の契約と同一の条件で契約を更新したものとみなす（▷法26条1項本文）。更新された契約は期間の定めのないものとなる（▷同条同項ただし書）。

更新拒絶の通知がされた場合でも，期間満了後に賃借人が使用を継続し，賃貸人がこれに遅滞なく異議を述べなかったときは，従前の契約と同一の条件で契約を更新したものとみなされ，更新された契約は期間の定めのないものとなる（▷法26条2項）。

(b) 期間の定めのない場合

期間の定めのない建物の賃貸借となるのは，①当事者が合意により期間を定めなかった場合，②当事者が合意により1年未満の期間を定めた場合（▷法29条1項），③期間の定めのある賃貸借において，賃貸人から更新拒絶の通知が行われない場合（▷法26条1項ただし書），④期間の定めのある賃貸借おいて，賃貸人から更新拒絶の通知が行われたが，その後の建物の継続使用について異議が述べられない場合（▷法26条2項），である。

期間の定めがない場合，民法617条1項によれば，賃貸人も賃借人もいつでも解約の申入れが可能であり，解約申入日から3か月の経過でもって賃貸借は終了する。借地借家法では，建物の賃貸人からの解約の申入れについて，解約申入日から6か月の経過でもって終了する（▷法27条1項）。

(c) 更新拒絶または解約申入れと正当事由の必要性

以上の(a)および(b)の規律を建物の賃貸人から見れば，更新拒絶の通知や解約申入れをすることで，建物の賃貸借は終了することになる。もっとも，このような更新拒絶や解約申入れには，正当事由が必要である。これにより，借家関係の存続が保障される。

正当事由の有無は，①建物の賃貸人および賃借人（転借人を含む）が建物の使用を必要とする事情のほか，②建物の賃貸借に関する従前の経過，③建物の利用状況および建物の現況，④建物の賃貸人が建物の明渡しの条件としてまたは建物の明渡しと引換えに建物の賃借人に対して財産上の給付をする旨の申出を考慮して判断される（▷法28条）。

賃貸人の更新拒絶または解約申入れに正当事由があると判断されたとき，建物の賃貸借は終了する。賃貸人は建物を返還するほかないが，造作買取請求権を行使できる（▶▶3【3】を参照）。

▶ §4__ 定期借地権および定期借家権

▶▶1　意義

　借地借家法では借主を保護し，賃貸借関係の存続を強化する。この例外となるのが定期借地権および定期借家権（てぃきしゃくやけん）である。契約の更新や建物買取請求権がないことを特約で定めることで，賃貸借関係の終了を容易なものとし，貸主の自由な不動産利用を擁護する。

▶▶2　定期借地権

　定期借地権には，3種のものがある。第1に，普通定期借地権である。存続期間を50年以上として借地権を設定する場合である（▷法22条）。第2に，事業用定期借地権である。専ら事業の用に供する建物の所有を目的として借地権を設定する場合である（▷法23条）。存続期間を30年以上50年未満とするもの（▷同条1項）と，10年以上30年未満とするもの（▷同条2項）がある。第3に，建物譲渡特約付借地権である。借地権設定後30年以上を経過した日に借地権の目的である土地の上の建物を借地権設定者に相当の対価で譲渡することで借地権を消滅させる特約を付して借地権を設定する場合である（▷法24条）。

▶▶3　定期借家権

　定期借家権は1999年の議員立法により借地借家法に加えられたものであり，その実質は契約更新のないことが特約で定められた有期の建物賃貸借である。公正証書等の書面によって契約を締結すること（▷法38条1項・2項），更新がなく期間満了により賃貸借が終了することについて書面を交付して説明すること（▷同条3項），存続期間が1年以上の場合には期間満了前に賃貸借終了の通知をすること（▷同条6項）を要する。

❖Lec **09** 使用貸借・消費貸借 ····················

▸§1 使用貸借

> 【事例】 Aは自分の所有する建物を義理の息子Bに使用させることにしたが，期間も賃料も明確に定めなかった。AがBに対して建物の返還を請求できるのは，どのような場合か。

▶▶1 意義

　使用貸借とは，当事者の一方（貸主）がある物を引き渡すことを約し，相手方（借主）がその受け取った物について無償で使用及び収益をして契約終了時に返還をすることを約することによって成立し，効力を生ずる契約である（▷593条）。使用貸借は無償片務契約である。

　使用貸借が無償契約であるのに対し，賃貸借は有償契約である。両者は，使用収益の対価である賃料の有無で区別されるが，その判断には当事者の関係性が考慮される。例えば，家主が妻の叔父に部屋を貸して部屋代を受け取っていても，その金額が使用収益の対価というよりも当事者間の特殊な関係に基づく謝礼のようなものであるときは使用貸借となる（★最判昭和35・4・12民集14巻5号817頁）。建物を使用収益する契約が賃貸借とされるとき，借地借家法が適用され，借主の地位は厚く保護される。使用貸借と賃貸借の違いは大きい。

▶▶2 成立

　2017年改正前には要物契約であった使用貸借は，同改正により諾成契約とされた。したがって契約の成立と同時に拘束力を生ずる。しかし無償契約であるため，契約の拘束力は緩和される。貸主は，借主が目的物を受け取るまで，契約を解除できる（▷593条の2本文）。ただし，書面による使用貸借は別である（▷同条ただし書）。書面によるとき，貸主が使用貸借を軽率に締結することは通常は考えられず，契約による拘束を緩和する理由がないからである。

▶▶3 　貸主の義務

【1】　引渡義務

　貸主は目的物を引き渡す義務を負う（▷593条）。

　有償契約である賃貸借では，賃貸人は使用収益させる義務を負い（▷601条参照），目的物を引き渡して賃借人の使用収益に積極的に協力する。これに対し，無償契約である使用貸借では，貸主は使用収益を妨げない消極的な義務を負うにとどまる。目的物の引渡義務があるとしても借主が受け取るまでは契約を解除できる（▷593条の2本文）し，賃貸借のような修繕義務を負わない（▷606条1項を参照）。

【2】　費用償還義務

　目的物に要する費用のうち，通常の必要費は借主が負担する（▷595条1項）。通常の必要費とは，目的物の現状を維持するために通常生じる費用であり，例えば経年劣化の修繕，公租公課の支払に用いた費用である。

　通常の必要費以外の費用（▷595条2項）として，特別の必要費と有益費がある。特別の必要費とは，目的物の現状を維持するために特別に生じる費用であり，例えば自然災害による損傷を修繕する費用である。特別の必要費は貸主が負担するので，借主が支出したときは，目的物返還時に貸主に対して償還を請求できる（▷595条2項→583条2項・196条1項本文）。

　有益費とは，目的物の客観的な価値を増加させるための費用であり，例えば建物の増改築や土地の舗装に用いた費用である。有益費は貸主が負担するので，借主が支出したときは，その価格の増加が現存する場合に限り，貸主の選択に従い，支出金額または価値増加額の償還を請求できる（▷595条2項→583条2項・196条2項本文）。

【3】　契約不適合責任

　使用貸借は無償契約であるので，贈与の規定が準用される。貸主は，使用貸借の目的物を，使用貸借の目的として特定した時の状態で引き渡すことを約したものと推定される（▷596条→551条1項）。この観点から，引き渡された目的物が契約の内容に適合するか否かが判断される。

▶▶4 　借主の義務

【1】　用法遵守義務

　借主は，目的物の使用収益において，契約またはその目的物の性質によって定まった用法に従わねばならない（▷594条1項）。また，借主は，貸主の承諾を

得なければ，第三者に目的物の使用収益をさせることができない（▷594条2項）。

　借主がこれらの義務に違反して使用収益をしたときは，貸主は，契約を解除することができる（▷594条3項）。貸主は，債務不履行を理由とする損害賠償を請求することもできる（▷415条1項）。

【2】　目的物返還義務

　借主は，契約が終了したときに目的物を貸主に返還する義務を負う（▷593条）。これに関連して，借主は，目的物を受け取った後に生じた損傷がある場合にはこれを原状に復する義務（▷599条3項本文），目的物を受け取った後にこれに附属させた物がある場合にはこれを収去する義務（▷同条1項本文）を負う。詳しくは後に扱う（▶▶5【4】を参照）。

▶▶5　終了

【1】　期間の定めのある場合

　期間の定めがある場合，使用貸借は，その期間が満了することによって終了する（▷597条1項）。貸主は，期間満了前に目的物の返還を求めることはできない。これに対して，借主は，いつでも契約を解除できる（▷598条3項）ので，期間満了前であっても目的物を返還できる。

【2】　期間の定めのない場合

　期間の定めがない場合において，使用収益の目的を定めたときは，使用貸借は，借主がその目的に従い使用収益を終えることによって終了する（▷597条2項）。もっとも，実際に使用収益を終了していなくても，目的に従い借主が使用収益をするのに足りる期間を経過したときは，貸主は契約を解除できる（▷598条1項）。Aが友人Bに対して返還時期を定めずに本を貸した場合，Bが本を読み終えるまでは使用貸借は終了しないものの，Bはいつまでも本を借りておくことはできず，読み終えるのに必要な期間が過ぎれば，Aは契約を解除して本の返還を求めることができる。

　使用貸借に期間の定めも使用収益の目的の定めもないときは，もはや契約による拘束を限界づける基準がない。したがって，貸主は，いつでも契約を解除することができる（▷598条2項）。

　なお，借主については，期間の定めの有無や使用収益の目的に左右されず，いつでも契約を解除することができる（▷598条3項）。

【3】　その他の事由

　使用貸借は，借主の死亡によって終了する（▷597条3項）。これに対して，貸

主の死亡によっては終了しない。その他，目的物の滅失，債務不履行に基づく契約の解除等の一般的な終了原因によっても終了する。

【4】 終了後の権利義務関係

(a) 借主の目的物返還義務

使用貸借が終了したとき，借主は目的物を貸主に返還する義務を負う（▷593条）。借主は「受け取った物」そのものを返還する。この義務は契約終了後に発生するが，冒頭規定である593条にあるように，契約に基づく義務である。

(b) 借主の原状回復義務

使用貸借が終了して借主が目的物を返還する場合において，目的物を受け取った後にこれに生じた損傷があるときは，借主は，その損傷を原状に復する義務を負う（▷599条3項本文）。賃貸借の規律と異なり，原状に復する目的物の損傷について，「通常の使用及び収益によって生じた賃借物の損耗並びに賃借物の経年変化」が明文で除かれていない。しかし通常損耗や経年劣化を借主に負担させる趣旨ではない。これらを誰が負担するかは，個々の契約の趣旨から判断される。

目的物の損傷が借主の責めに帰することができない事由によるものであるときは，借主は原状回復義務を負わない（▷599条3項ただし書）。

(c) 借主の収去義務

使用貸借が終了して借主が目的物を返還する場合において，目的物を受け取った後にこれに附属させた物があるときは，借主は，その附属させた物を収去する義務を負う（▷599条1項本文）。上述の原状回復義務を具体化したものである。例えば，建物の使用貸借において，借主が建物にエアコンを取り付けた場合，借主はこれを撤去して建物を返還せねばならない。

附属させた物が目的物から分離できない，または分離に過分の費用を要する場合には，借主は収去義務を負わない（▷599条1項ただし書）。例えば，建物の使用貸借において，賃借人が外壁に断熱性のある塗料を塗り付けた場合，もはや目的物からこの塗料のみを分離することはできず，貸主による収去請求は認められない。塗料の所有権は付合により貸主（建物の所有者）に帰属する（▷242条本文）。この場合，貸主および借主の利害は，借主の費用償還請求権（▷595条）と用法遵守義務違反または原状回復義務違反に基づく貸主の損害賠償請求権（▷415条1項）とによって調整される。

(d) 借主の収去権

借主は，目的物を受け取った後にこれに附属させた物を収去することができ

る（▷599条2項）。例えば，建物の使用貸借において，借主が建物にエアコンを取り付けた場合，借主はこれを収去することができる。

借主の収去権は，目的物返還時の収去義務と隣接する。先の例でいえば，借主は使用貸借終了時まではエアコンを収去する権利を有し，終了時以後はエアコンを収去する義務を負う（収去しない権利はない）。また，借主の収去権は，目的物返還時の原状回復義務を前提とする。したがって，エアコンを収去することは借主の権利であるが，エアコン設置のために壁に開けた穴を放置しておくことはできず，借主は損傷した壁を原状に復する義務を負う。

(e) 貸主の損害賠償請求および借主の費用償還請求の期間制限

この項目については，賃貸借に関する説明（❖Lec**06**▶§3▶▶2【5】）を参照。

▶ §**2**＿ 消費貸借

> 【事例】 AはBから100万円を年10％の利息で借りる内容の契約を書面で締結した。その後AはCから無利息で100万円を借りることができたので，Bから借りる必要はなくなった。AはBとの契約を解除することができるか。

▶▶1 意義

消費貸借とは，当事者の一方（借主）が種類，品質および数量の同じ物をもって返還をすることを約して相手方（貸主）から金銭その他の物を受け取ることによって成立し，その効力を生ずる契約である（▷587条）。当事者の一方である借主のみが義務を負うのであるから，消費貸借は片務契約である。返還に利息が付く場合は有償契約であり，利息が付かない場合は無償契約である。

借り受ける物として実際に問題となるのは，もっぱら金銭である。以下では，金銭の消費貸借を念頭において説明する。

▶▶2 成立

【1】 要物契約としての消費貸借

消費貸借は，貸主から金銭その他の物を受け取ることによって成立する（▷587条）。したがって要物契約である。

【2】 要式契約としての消費貸借

(a) 書面でする消費貸借

2017年改正前には消費貸借の要物性に対する批判もあり，判例および学説では，目的物を受け取ることなく成立する消費貸借（諾成的消費貸借）も認められていた。改正後の新規定では，「書面でする消費貸借」について，諾成契約としての効力を認める（▷587条の2第1項）。消費貸借がその内容を記録した電磁的記録によってされたときは，書面によってされたものとみなされる（▷民587条の2第4項）。

(b) 受取前の借主の解除権

書面でする消費貸借の場合，形式的な論理に従えば，貸主と借主が書面により合意すると同時に，借主には目的物を「借り受ける義務」が発生する。しかし，消費貸借は借主のために行われるから，借主が望まない場合にまで，形式上発生した「借り受ける義務」を根拠にして受け取りを強制する必要はない。したがって，書面でする消費貸借の借主は，貸主から金銭その他の物を受け取るまで，契約を解除することができる（▷587条の2第2項前段）。借主の解除により貸主に不測の損害が生じるとき，貸主は損害賠償を請求できる（▷同項後段）。

【3】 準消費貸借

準消費貸借とは，金銭その他の物を給付する義務を負う者がある場合において，当事者がその物を消費貸借の目的とすることを約することによって成立し，その効力を生ずる契約である（▷588条）。例えば，AがBに対して複数の売掛代金債務を負担していたところ，Aが支払にはしばらく時間が必要であるというので，BがAと協議をして，これらの売掛代金債務を金銭消費貸借による返還債務として扱い，以後はAがBに利息を支払うことにする場合である。準消費貸借の成立により，既存の売掛代金債務は消滅する。

▶▶3 貸主の義務

【1】 「貸す義務」

要物契約である消費貸借の場合，借主が目的物を受け取る時に契約が成立する。したがって，貸主の「貸す義務」を観念することはできない。しかし，書面でする消費貸借の場合，借主が目的物を受け取る前であっても，貸主と合意すれば契約が成立するので，貸主に「貸す義務」が発生する。

【2】 契約不適合責任

消費貸借の目的が金銭以外の場合にのみ，貸主に契約不適合責任が生じる。利息付きの消費貸借は有償契約であるので，売買の規定が準用される（▷599条）。

利息の特約のない消費貸借は無償契約であるので，贈与の規定が準用される。貸主は，消費貸借の目的物を，消費貸借の目的として特定した時の状態で引き渡すことを約したものと推定される（▷590条→551条1項）。この観点から，引き渡された目的物が契約の内容に適合するか否かが判断される。

▶▶4　借主の義務

【1】　返還義務

(a)　返還対象

借主は，種類，品質および数量の同じ物を返還する義務を負う（▷587条）。種類，品質および数量の同じ物を返還することができなくなったときは，その時における物の価額を償還しなければならない（▷592条本文）。ただし，目的物が特定の種類の通貨であり，これが返還時期に強制通用力を失っているときは，借主は，他の通貨で弁済をしなければならない（▷同条ただし書）。

引き渡された物が種類または品質に関して契約の内容に適合しないものであるときは，借主は，その物の価額を返還することができる（▷590条2項）。

(b)　返還時期

返還時期の定めがある場合はそれに従う。もっとも，借主については，返還時期の定めがあっても，いつでも返還をすることができる（▷591条2項）。借主の期限前返還によって損害を受けた貸主は，借主に対してその賠償を請求できる（▷同項ただし書）。

返還時期の定めがない場合，貸主は，相当の期間を定めて返還の催告をすることができる（▷591条1項）。催告から相当の期間を経過した時点で貸主は借主に目的物の返還を請求できる。またこの時点で借主は貸主に目的物を返還せねばならず，返還しないときは履行遅滞に陥る（★大判昭和5・1・29民集9巻97頁）。以上に対して借主は，いつでも目的物を返還できる（▷591条2項）。

【2】　利息支払義務

消費貸借において，貸主は，特約がなければ，借主に対して利息を請求することができない（▷589条1項）。商法では，貸主は，特約がなくとも，法定利息を請求できる（▷商513条）。

利息の特約があるときは，貸主は，借主が金銭その他の物を受け取った日以後の利息を請求することができる（▷589条2項）。利息の割合（利率）は，合意があればそれによる。利率の合意がないときは，法定利率による（▷404条1項）。法定利率は年3％であるが，3年ごとに変動する（▷同条2～5項）。

✕トピック09.1__ 利息規制と法律

　金銭消費貸借では，契約自由の原則（▷521条2項）から，当事者が利率を自由に定めることができる。しかし，多くの場合，借主は弱い立場にあり，貸主が強い立場にある。そこで高利を規制する法律が存在する。

　民事上の規制をするのは利息制限法である。元本額10万円未満の場合には年20％，10万円以上100万円未満の場合には年18％，100万円以上の場合には年15％が利息の上限とされ，これを超える部分について契約は無効とされる（▷利息1条）。賠償額の予定については以上の利率の1.46倍が上限であるが（▷同4条1項），営業的金銭消費貸借の場合には年20％が上限となる（▷同7条1項）。

　刑事上の規制をするのが出資法（出資の受入れ，預り金及び金利等の取締りに関する法律）である。利息または遅延損害額について年109.5％を超える契約をした場合には，貸主は5年以下の懲役または1000万円以下の罰金に処される（▷出資5条1項）。営業的金銭消費貸借の場合には年20％を超えれば刑事罰の対象となる（▷同条2項）。

　行政法上の規制をするのが貸金業法である。貸金業者に登録を求め（▷貸金3条以下），誇大広告や過剰貸付の禁止，契約締結時の書面交付の義務付けといった規制を行う（▷12条の2以下）。高利規制としては，利息制限法1条の定める利率を超える契約の締結を禁止し（▷同12条の8第1項），出資法5条1項の定める利率を超える契約を無効とする（▷同42条1項）。

❖Lec **10** 請負・雇用 ·······························

▸§**1**＿ 請 負

【事例】 Aは，Bとの間で，報酬10億円で大型商業施設を建築する契約を締結した。工事の７割が終了したところで，資材高騰と人手不足から，Aは作業を続けることができなくなった。それでもAは，Bに対して，報酬の支払を求めることができるか。

▶▶1 意義

　請負（うけおい）とは，当事者の一方（請負人）がある仕事を完成することを約し，相手方（注文者）がその仕事の結果に対してその報酬を支払うことを約することによって成立し，その効力を生ずる契約である（▷632条）。請負は有償双務契約である。

　請負の対象となる仕事の代表例は，ビルを建てる，家を建てる，船を造るという有形のものである。しかし，荷物を運ぶ，水道を修理する，コンピュータのプログラミングをするという無形のものでもよい。

　請負契約では，事業者団体の用意する約款（やっかん）が用いられることがある。この場合には，当事者間の権利義務関係はまずは約款の定めによることになる。

▶▶2 成立

　請負は諾成契約である。建設工事請負の場合，当事者には，工事内容や代金額を記載した書面の作成と交付が義務付けられている（▷建設19条）。もっとも，この書面の作成と交付は契約の成立要件ではない。

▶▶3　請負人の義務

【1】　仕事完成義務

　請負人は，仕事を完成する義務を負う（▷632条）。請負人は，ビルを建てる契約であれば地震に耐えるものを作らねばならず，荷物を運ぶ契約であれば目的地に届けて作業を終了させねばならない。

　仕事完成義務を履行するにあたって，請負人は仕事の一部または全部を第三者に行わせることも許される。債務の履行または不履行の判断が履行の過程ではなくその結果に向けられていることから，請負人の仕事完成義務は結果債務の一例とされる。

【2】　完成物引渡義務

　請負人の仕事内容が水道の修理であるとき，作業を終了すれば仕事は完成する。しかし，仕事内容が造船であるとき，仕事の完成には，完成した船を注文者に引き渡さねばならない。したがって請負人は，仕事完成義務の一部として，完成物を引き渡す義務を負う。

✕トピック10.1＿　仕事の完成と帰属

　注文者が自己の土地に建物を建築するように請負人に依頼する場合，建物の所有権は誰に帰属するか。幾つかの段階と場面に分けて考える必要がある。
　① 建物が完成して注文者に引き渡されたとき
　完成した建物の所有権は，請負契約の当事者間に特約がなければ，注文者に帰属する。
　② 建物が完成して注文者に引き渡されるまで
　完成した建物の帰属について，請負契約の当事者間に特約があればそれによる。特約のないとき，加工の法理（▷246条1項本文）を参考にして，材料提供の形式により判断される。注文者が材料の全部又は主要部分を提供した場合，建物の所有権は注文者に原始的に帰属する（★大判昭7・5・9民集11巻824頁）。請負人が材料の全部又は主要部分を提供した場合，建物の所有権は請負人に原始的に帰属し，引渡しによって注文者に移転する（★大判大正3・12・16民録10輯861頁）。ただし，請負人による材料提供があっても，注文者が建物完成までに請負報酬の多くを支払っていた場合には，建物の所有権は注文者に原始的に帰属するとの合意があったと推認される（★大判昭和18・7・20民集22巻660頁，★最判昭和44・9・12判時572号25頁）。
　③ 建物が完成するまで
　上記のように，土地とは別の不動産として所有権の対象となる「建物」となるには，屋根瓦が葺かれて荒壁も塗られ，雨風をしのげる程度になることを要し（★大判昭和10・10・1民集14巻1671頁），木材を組み立てて屋根が吹かれた程度では足りない（★大判大正15・2・22民集5巻99頁）。この「建物」となるまでの築造物の帰属について，請負契約の当事者間に特約があればそれによる。特約のないときは，土地への付合（▷242条）の排除を前提として，

076　PART_I　契約各論／UNIT❹_役務提供型契約

加工の法理により（★最判昭和54・1・25民集33巻1号26頁），まずは材料所有者に帰属する（▷246条1項本文）が，工作によって生じた価値の大きさに応じて加工者に帰属する（▷同条1項ただし書・同条2項）。

　④　下請負人がいる場合

　下請負人がいる場合において，注文者と元請負人との間に，請負契約が中途で解除されたときは出来形部分（築造物）の所有権は注文者に帰属するとの約定があるときは，「下請負人が自ら材料を提供して出来形部分を築造したとしても，注文者と下請負人との間に格別の合意があるなど特段の事情のない限り，当該出来形部分の所有権は注文者に帰属する」（★最判平成5・10・19民集47巻8号5061頁）。注文者と元請負人との間の契約上の規律が，注文者とは契約関係のない下請負人に及ぶことになる。

【3】　契約不適合責任

　仕事が請負契約の内容に適合しないものであったとき，売買契約に関する民法562条から564条までが準用され（▷559条），請負人は契約不適合を理由とする責任を負う。

✕トピック10.2　契約不適合責任に基づく注文者の法的手段

　注文者Aが甲（1分あたり300個の玉ねぎをスライスできる機械）の製作を請負人Bに依頼し，納期に甲を引き渡したが，部品が故障していて1分あたり200個の玉ねぎしかスライスできなかった場合，請負人Bは契約不適合責任を負う。このとき，注文者Aには，以下のような法的手段が認められる。

　①　追完請求

　Aは履行の追完を請求できる（▷559条→562条1項本文）。甲の修理を求めることも，甲と同等の機械の提供を求めることもできる。Bが修理をするまで，Aは報酬全額の支払を拒むことが可能であり，支払を遅滞したことの責任も負わない（★最判平成9・2・14民集51巻2号337頁）。

　2017年改正前の634条1項ただし書では，仕事の目的物にある瑕疵（かし）が重要でないものの，その修補に過分の費用を要するとき，注文者の修補請求が否定された。2017年改正によりこの規定は削除されたが，その趣旨は履行不能を定める民法412条の2第1項に受け継がれ，請負人は同条に基づいて注文者からの追完請求を拒絶できる。

　②　報酬減額請求

　Aが相当の期間を定めて催告してもBから履行の追完がないとき，Aは報酬の減額を請求できる（▷559条→563条1項）。追完不能の場合には，催告をすることなく，報酬の減額を請求できる（▷559条→563条2項）。

　③　損害賠償

　Aは損害賠償を請求できる（▷559条→564条）。損害賠償は追完に代えて請求しても，追完とともに請求してもよい（▷415条1項）。未払の報酬債務があるとき，Aは損害賠償債権を自働債権とする相殺を主張できる（★最判昭和53・9・21判時907号54頁）。

　④　契約解除

Aは契約を解除することもできる（▷559条→564条）。甲が契約目的を達成できるもので
ない場合，Aは，Bに対して履行の追完を催告することなく，契約を解除することができる
（▷542条1項5号）。甲が契約目的を達成できる場合であっても，Aが相当の期間を定めて催
告しBから履行の追完がなければ，契約を解除することができる（▷541条本文）。
　⑤　請負契約における特則
　契約不適合の原因であった部品をAが提供していたとき，Aは上記①から④の法的手段を
用いることができない（▷636条本文）。

▶▶4　注文者の義務

【1】　報酬支払義務

(a)　意義

注文者は，仕事の結果に対して報酬を支払う義務を負う（▷632条）。

(b)　報酬支払時期

　報酬支払義務は請負契約の成立と同時に発生する。もっとも，契約成立後た
だちに弁済期が到来するのではない。弁済期に関する特別の定めのない限り，
注文者は仕事の完成後に報酬を支払う（▷633条ただし書→624条1項）。請負人が注
文者に報酬の支払を求めるには，仕事の完成が必要となる。

　仕事の目的物の引渡しを要する請負のときは，注文者は，引渡しと同時に報
酬を支払う（▷633条本文）。この場合には，請負人が注文者に報酬の支払を求め
るには，仕事を完成させて，目的物を引き渡す必要がある。

(c)　割合的報酬請求

　請負人が請負契約に基づいて報酬を請求するには，仕事の完成を必要とする。
しかし，仕事が完成に至らないまま履行不能となった場合でも，請負人が既に
した仕事の結果のうち可分な部分の給付によって注文者が利益を受けるときは，
その部分を仕事の完成とみなし，請負人は，注文者が受ける利益の割合に応じ
て報酬を請求できる（▷634条）。

　割合的報酬請求ができるのは，第1に，注文者の責めに帰することができ
ない事由（換言すれば，請負人または当事者以外の第三者の責めに帰することができる事
由）によって仕事の完成が不能となったときである（▷同条1号）。例えば，ビル
3棟を建設する請負契約において，ビル1棟の完成後に請負人が不景気や人手
不足で作業を継続できず，予定の時期に残り2棟を完成させることができない
とき，請負人は完成したビル1棟分についての報酬を請求できる。

　第2に，請負が仕事の完成前に解除されたときである（▷同条2号）。上記の

例において，注文者は民法641条による解除（▶▶5【1】を参照）または542条2項1号による解除が可能であるが，これらの解除権の行使があったときも，請負人は完成したビル1棟分についての報酬を請求できる。

　(d)　注文者に帰責される履行不能と全額報酬請求

　予定された仕事のすべてが完了しなければ，請負人は報酬全額を請求できない。しかし，仕事の完成不能が注文者の責めに帰すべき事由によるとき，請負人は請負契約に基づいて報酬全額を請求できる（▷536条2項，★最判昭和52・2・22民集31巻1号79頁を参照）。

【2】　協力義務

　民法には，請負人による仕事の完成に対して注文者が協力をする義務を定める規定はない。しかし，仕事の完成のためには，注文者による材料または情報の提供，さらには完成した目的物の受領が必要となることもある。したがって，個々の契約の趣旨に基づいて，注文者は請負人の仕事に必要な協力をする義務を負う。

▶▶5　終了

【1】　注文者の任意解除

　注文者は，請負人が仕事を完成しない間は，いつでも損害を賠償して契約を解除できる（▷641条）。請負契約では，注文者の利益のために請負人が仕事を完成させるのであるから，注文者にとって必要ではなくなった仕事を完成させて受領を強いることは無意味である。請負人としても，損害を賠償してもらえるならば，特段の不利益はない。このような理由から，民法は契約の拘束力を緩和し，解除原因を必要としない解除権を注文者に与えている。

　注文者が賠償すべき請負人の損害は，解除時までに支出した費用のほか，仕事が完成すれば得られたであろう報酬を含む。注文者は，解除をするにあたって，損害賠償の提供をする必要はない（★大判明治37・10・1民録10輯1201頁）。

【2】　注文者の破産による解除

　注文者が破産手続開始決定を受けた場合において，請負人の仕事が完成していないうちは，注文者の破産管財人または請負人は契約を解除できる（▷642条1項）。契約が解除された場合，請負人は一定の報酬や費用や損害賠償について破産財団の配当に加入できる（▷同条2項・3項）。

▸§2__ 雇 用

【事例】 Aは，Bの加工野菜工場で働いていたが，工場内の機械に不備があり，指をけがしてしまった。AがBに対して損害賠償を請求するとき，どのような法的根拠に基づくものとなるか。

▶▶1 意義

　雇用とは，当事者の一方（労働者）が相手方に対して労働に従事することを約し，相手方（使用者）がこれに対してその報酬を与えることを約することによって成立し，その効力を生ずる契約である（▷623条）。雇用は有償双務契約である。

　今日の資本主義社会において，一般的な労働関係では，生産手段を持たない労働者は使用者への従属を強いられる。この問題に対応するのが労働法であり，労働法に属する規定は民法に優先して適用される。民法との関係では特に労働基準法と労働契約法が重要であり，以下でも可能なかぎりで言及する。

✕トピック10.3__ 雇用契約と労働契約

　労働法において，民法の雇用契約に相当するのが，労働契約である。労働契約とは「労働者が使用者に使用されて労働し，使用者がこれに対して賃金を支払うことについて，労働者及び使用者が合意することによって成立する」（労契6条）ものであり，一般に民法の雇用契約と同一のものとされる。もっとも，労働契約については，労働者保護や労働政策といった観点から契約内容を規制する様々な規定が存在する。

▶▶2 成立

　雇用契約は諾成契約である。労働法には，労働契約の締結に際し，使用者は労働者に対して賃金，労働時間その他の労働条件を明示しなければならないとの規定（▷労基15条1項前段），労働契約の内容をできる限り書面により確認するとの規定（▷労契4条2項）があるが，条件明示や書面確認が成立要件となるわけではない。労働契約も，雇用契約と同様に，労働者と使用者の合意のみで成立する（▷労契6条）。

▶▶3 労働者の義務

【1】 労働従事義務

労働者は，労働に従事する義務を負う（▷623条）。労働者による労働従事は使用者の指揮監督に服する。債務の履行過程における契約相手方への従属は，雇用契約の重要な特徴である。請負契約における請負人の仕事や委任契約における受任者の事務処理は，契約相手方である注文者または委任者から独立して行われるからである。

労働法では，就業規則（使用者が定める職場規律や労働条件に関する規定類）が重要となる。労働契約の締結において，使用者が就業規則を労働者に周知させていたときは，労働契約の内容は就業規則で定める労働条件によることになる（▷労契7条本文）。労働者および使用者が就業規則の内容と異なる合意をすればそれが労働条件となる（▷同条ただし書）が，就業規則で定める基準に達しない労働条件は無効となる（▷労契12条）。

労働者は，自らが労働従事義務を履行しなければならない。使用者の承諾を得なければ，自己に代わって第三者を労働に従事させることはできない（▷625条2項）。労働者がこれに違反して第三者を労働に従事させたときは，使用者は，契約を解除することができる（▷同条3項）。

【2】 付随的義務

労働に従事するなかで，労働者は様々な義務を負う。職場の規律を維持しなければならず（職場規律維持義務），使用者の経済活動に関する様々な情報をみだりに公開することはできず（秘密保持義務），在職中に他の使用者に雇用されることを禁じられる（職務専念義務）ことも，退職後に同種事業を行う他の使用者に雇用されることを禁じられる（競業避止義務）こともある。

▶▶4 使用者の義務

【1】 報酬支払義務

(a) 意義

使用者は労働の従事に対する報酬を支払う義務を負う（▷623条）。

(b) 報酬支払時期

報酬支払時期に関する特別の定めのない限り，労働者は，約束された労働の終了後に報酬を請求できる（▷624条1項）。報酬が期間によって定められている場合には，期間中に約束された労働を行い，期間経過後にようやく報酬を請求できる（▷同条2項）。いずれの場合であっても報酬は後払である。

(c) 割合的報酬請求

労働者が雇用契約に基づいて報酬を請求するには，約束された労働の終了を必要とする。しかし，一定の場合には，約束された労働の終了に至らなくとも，既にした履行の割合に応じて報酬を請求できる（▷624条の2）。

割合的報酬請求ができるのは，第1に，使用者の責めに帰することができない事由（換言すれば，労働者または当事者以外の第三者の責めに帰することができる事由）によって労働に従事することができなくなったときである（▷同条1号）。例えば，ある工場で2週間の労働をする雇用契約を締結して勤務を始めた労働者が，3日目の勤務時間終了後に自らの不注意で負傷したことで，それ以後は労働ができなくなった場合，使用者に対して3日間分の報酬を請求できる。

第2は，雇用が履行の中途で終了したときである（▷同条2号）。例えば，雇用契約が解除された場合（▷628条前段），雇用が労働者の死亡により終了した場合である。

(d) 使用者に帰責される履行不能と全額報酬請求

報酬は後払が原則であり，労働者は働かねばならない。しかし，使用者の責めに帰すべき事由により労働者が労働従事義務を履行できない場合には，約束された報酬の全額を請求できる（▷536条2項前段を参照）。2週間の労働をする雇用契約を締結して勤務を始めた労働者が，3日目に解雇を言い渡されてそれ以後は勤務しなかったものの解雇は不当であった場合，使用者に対して，労働した3日分のみならず，未労働の残る期間についても報酬を請求できる。

【2】 安全配慮義務

使用者は，労働者が労務提供のため設置する場所，設備もしくは器具等を使用しまたは使用者の指示のもとに労務を提供する過程において，労働者の生命及び身体等を危険から保護するよう配慮すべき義務（安全配慮義務）を負う（★最判昭和59・4・10民集38巻6号557頁）。安全配慮義務は，問題となる法律関係の付随義務として当事者の一方が相手方に対して負担する信義則上の義務である（★最判昭和50・2・25民集29巻2号143頁）。

労働法には，「使用者は，労働契約に伴い，労働者がその生命，身体等の安全を確保しつつ労働することができるよう，必要な配慮をするものとする」と定める規定がある（▷労契5条）。

▶▶5 雇用の終了

【1】 期間の定めのない場合

当事者が雇用期間を定めなかったときは，各当事者は，いつでも解約の申入

れをすることができる。この場合，雇用は，解約の申入れの日から2週間を経過することによって終了する（▷627条1項）。期間によって報酬を定めた場合には，使用者からの解約の申入れは，次期以後についてすることができる（▷同条2項本文）。

　労働法では，使用者側からの解約申入れ（解雇）は少なくともその30日前にその予告をしなければならず，30日前に予告をしない使用者は30日分以上の平均賃金を支払わなければならない（▷労基20条1項本文）。解雇が客観的に合理的な理由を欠き，社会通念上相当であると認められないとき，その解雇は無効となる（▷労契16条）。

【2】 期間の定めのある場合

(a) 期間の満了と更新

　当事者が雇用期間を定めたとき，期間の満了によって雇用契約は終了する。しかし，期間満了後に労働者が引き続きその労働に従事する場合において，使用者がこれを知りながら異議を述べないときは，従前の雇用と同一の条件で更に雇用をしたものと推定される（▷629条1項前段）。更新後は期間の定めのない雇用となり，各当事者は627条の規定により解約の申入れをすることができる（▷629条1項後段）。

　労働法には，複数の有期労働契約の期間を通算して5年を超える労働者が，使用者に対して申込みをすれば，無期労働契約に転換する旨の規定（▷労契18条），有期労働契約の労働者が当該有期労働契約の更新を申し込んだ場合において，使用者がこれを拒絶することを制限する旨の規定（▷労契19条）がある。

(b) 期間満了前の解除

　期間の定めがあるとき，原則として，当事者は期間満了まで契約に拘束される。しかし，やむを得ない事由があるときは，各当事者は直ちに契約を解除することができる（▷628条前段）。

　労働法では，期間の定めのある労働契約について，使用者は，やむを得ない事由がある場合でなければ，期間満了までの間に労働者を解雇することができないとする規定がある（▷労契17条1項）。この規定は，使用者からの解除すなわち解雇のみを定める点で民法628条と異なり，またやむを得ない事由がなくとも解雇できるとの就業規則や個別合意を防ぐ強行規定と解されている。

　雇用期間が5年を超え，またはその終期が不確定であるときは，当事者の一方は，5年を経過した後，いつでも契約を解除することができる（▷626条1項）。使用者からの解除は3か月前に，労働者からの解除は2週間前に予告しなけ

ればならない（▷同条2項）。なお，労働基準法では，3年（一定のものについて5年）を超える期間について労働契約を締結することが禁止されており，以上にのべた民法626条の適用は大きく制限される。

　雇用の解除は将来に向かってのみその効力を生じる（▷630条→620条）。この点を考慮して，雇用の解除は解約告知と呼ばれる。

> ☕ **カフェ・コンシェルジュ10.1__　フリーランスと事業者の法関係**
>
> 　近年，働き方の多様化が進み，いわゆるフリーランスとして働く人が増えている。個人として業務委託を受けるフリーランス（雇用なら労働者，請負なら請負人，委任なら受任者にあたる）と，業務を委託する事業者（雇用なら使用者，請負なら注文者，委任なら委任者にあたる）との間には，交渉力や情報収集力の格差があり，フリーランスは取引上弱い立場に置かれる。この問題に対処するため，令和5（2023）年5月に「特定受託事業者に係る取引の適正化等に関する法律」（いわゆるフリーランス新法）が公布された。本法律は令和6(2024)年秋ごろまでに施行される予定である。
>
> 　本法律では，フリーランスである特定受託事業者（法2条1項）に，物品の製造，情報成果物の作成または役務提供といった業務委託（同条3項）をする場合，特定業務委託事業者（同条6項）は，業務内容や報酬額の書面等による明示（法3条），60日以内の報酬支払日の設定（法4条），業務委託に関する受領拒否や報酬減額などの行為の禁止（法5条），募集情報の的確な表示（法12条），育児介護への配慮（法13条），ハラスメント相談体制の整備（法14条），中途解約における30日前までの予告（法16条）の義務を負い，義務違反があるときは公正取引委員会，中小企業庁長官または厚生労働大臣が助言，指導，立入検査，勧告，公表，命令などの措置をとることができる。

❖Lec **11** 委任・寄託 ┈┈┈┈┈┈┈┈┈┈┈┈┈┈┈

▶ §**1** 委 任

【事例】 Aは試験に合格するため，Bに講師を依頼した。Bは必ず合格させると意気
込んだが，Aは試験に落ちてしまった。BはAに報酬を請求できるか。

▶▶1 意義

委任とは，当事者の一方（委任者）が法律行為をすることを相手方に委託し，
相手方（受任者）がこれを承諾することによって成立し，その効力を生ずる契
約である（▷643条）。受任者は，特約がなければ，委任者に対して報酬を請求で
きない（▷648条1項）。したがって，委任は条文上の原則では無償の片務契約で
あり，報酬支払に関する特約がある場合に有償の双務契約となる。

委任契約の対象は「法律行為をすること」である。しかし，委任の規定は「法
律行為でない事務」を行う契約（準委任）にも準用される（▷656条）。これにより，
委任の規定は人の労務を目的とする契約に広く適用されるものとなる。

▶▶2 成立

委任は諾成契約である。法律行為を委託する契約では，受託者に代理権を付
与し，委任状が交付される。しかし，このような書面の交付は委任契約の成立
要件ではない。

▶▶3 受任者の義務

【1】 事務処理義務

(a) 意義

受任者は，委任の本旨に従い，善良な管理者の注意をもって，委任事務を処
理する義務を負う（▷644条）。Aが自己の所有する不動産の売却をBに委託した

場合，Bが処理する事務は，Aの代理人として売買契約を締結することであることもあれば，単に売却相手を探し出してAに紹介するにとどまることもある。前者は委任であり，後者は準委任となるが，いずれの場合でも委任の規定が適用され，受任者は事務処理義務を負う。

受任者は，委任事務を処理するにあたり，委任者の指示に従う。もっとも，委任者の指揮監督に服するのではなく，受任者は，自らの知識や経験や技能に基づいて，委任者から独立して事務処理を行う。

受任者は，委任事務を処理するにあたり，以下の(b)および(c)の義務を負う。その内容が示すように，受任者による債務の履行または不履行の判断は履行の過程そのものに向けられることから，受任者の事務処理義務は手段債務の一例とされる。

(b) 善管注意義務

受任者は，善良なる管理者の注意をもって委任事務を行わねばならない。有償委任であるか，無償委任であるかで区別されない。注意義務の基準である「善良なる管理者」について，まずは一般的な合理人が基準となる。例えば，患者が医師に診療を依頼するとき，当該医師は通常期待される知識や経験や技能により診療する義務を負う。しかしまた，注意義務の基準は個々の委任契約にも左右される。患者が高度先進医療を求めて大学病院の医師に診察を依頼するとき，当該医師は当該契約の趣旨に応じた注意義務を尽くさねばならず，それは地域の診療所で診察をする医師のそれとは異なる。

(c) 自己執行義務

受任者は，原則として，自ら委任事務を行わねばならない。委任者は，当該受任者の知識や経験や技能を信頼して事務処理を委託したからである。委託された事務処理を第三者に委託することもできるが，それは委任者の許諾またはやむを得ない事由がある場合に限られる（▷644条の2第1項）。

【2】 その他の義務

(a) 報告義務

受任者は，委任者の請求があればいつでも委任事務の処理状況を報告し，委任終了後は遅滞なくその経過および結果を報告しなければならない（▷645条）。

(b) 受取物等引渡しおよび権利移転義務

受任者は，委任事務処理において受け取った金銭その他の物および収取した果実を委任者に引き渡さなければならず（▷646条1項），委任者のために自己の名で取得した権利を委任者に移転しなければならない（▷同条2項）。以上の引

渡しまたは権利移転は委任事務の終了後に行われる。

　(c)　金銭消費の責任

　受任者は，委任者のための金銭を自己のために消費したときは，その消費した日以後の利息を支払わなければならず，なお損害があるときはその賠償をしなければならない (▷647条)。

▶▶4　委任者の義務

【1】　報酬支払義務

　(a)　意義

　委任は無償契約である。特約がなければ，委任者には報酬支払義務はない (▷648条1項)。もっとも，明示的な特約である必要はなく，今日の社会においては報酬について黙示的な合意があったと考えられる場合も多い。商人がその営業の範囲内において他人のために行為をしたときは，相当な報酬を請求することができる (▷商512条)。

　(b)　報酬支払時期

　報酬支払時期に関する特別の定めのない限り，受任者は，委任事務を履行した後でなければ，委任者に対して報酬を請求できない (▷648条2項本文)。報酬が期間によって定められている場合には，期間中に事務処理を行い，期間経過後にようやく報酬を請求できる (▷同項ただし書→624条2項)。いずれの場合であっても報酬は後払であり，受任者は，予定された事務処理の履行後に，委任者に対して報酬の支払を求めることができる。

　委任契約において，報酬の支払が，事務処理の成果と結び付けられることもある (成果報酬型の委任)。この場合において，成果が引渡しを要しないときは，受任者は，委任事務を履行して成果を得た後でなければ，委任者に対して報酬を請求できない (▷648条2項本文)。成果が引渡しを要するときは，受任者は，委任事務の履行で得た成果の引渡しと同時に報酬を請求できる (▷648条の2第1項)。

　(c)　割合的報酬請求

　受任者は，報酬の支払時期にかかわらず，一定の場合には，すでにした履行の割合に応じて報酬を請求できる (▷648条3項)。割合的報酬請求ができるのは，第1に，委任者の責めに帰することができない事由 (換言すれば，受任者または当事者以外の第三者の責めに帰することができる事由) によって委任事務の履行が不能となったときである (▷同項1号)。例えば，2週間のコンサートをする準委任契約を締結して公演を始めたアーティストが3日目終了後に自らの不注意で負

傷し，それ以後は公演ができなくなった場合，委任者に対して3日間分の報酬を請求できる。第2に，委任が履行の中途で終了したときである（▷同項2号）。例えば，委任が解除された場合（▷651条1項），委任者または受任者が死亡した場合（▷653条1号），である。

先の(b)で述べた成果報酬型の委任では，請負における割合的報酬請求の規定が準用される（▷648条の2第2項→643条）。この場合については，請負に関する説明（❖Lec**10**▶§1▶▶4【1】(c)）を参照。

(d)　委任者に帰責される履行不能と全額報酬請求

委任者の責めに帰すべき事由によって委任事務の履行ができなくなった場合（成果報酬型の委任においては，成果を得ることができなくなった場合）には，受任者は報酬全額を請求できる（▷536条2項前段を参照）。

【2】　その他の義務

委任者は受任者の負担または損失を回避する義務を負う。具体的には，委任者は，委任事務処理費用の前払（▷649条），受任者が支出した委任事務処理費用の償還（▷650条1項），委任事務処理のために受任者が負担した債務の代弁済（▷同条2項），委任事務処理のために受任者が過失なく受けた損害の賠償（▷同条3項）に応じねばならない。

▶▶5　委任の終了

【1】　任意解除

委任は，各当事者がいつでもその解除をすることができる（▷651条1項）。契約法の一般原則から離れて解除原因を必要としない解除権を両当事者に与えるこの規定は，委任契約が専ら委任者の利益のために行われるものであること，あるいは委任が当事者双方の信頼を基礎としており，信頼を失った相手との契約関係の維持は困難であることから説明される。

いつでも解除できるとするとき，相手方は不測の事態に陥る。民法はこの問題を，解除権の発生や行使の制限ではなく，損害賠償の許与によって解決する。すなわち，委任を解除した者は，相手方に不利な時期に委任を解除したとき，または委任者が受任者の利益をも目的とする委任を解除したとき，相手方の損害を賠償する（▷651条2項本文）。しかし，委任の解除にやむを得ない事由があるなら，損害を賠償する必要もない（▷同項ただし書）。

【2】　その他の事由

委任は，委任者または受任者の死亡または破産手続開始決定，もしくは受任

者の後見開始の審判によって終了する（▷653条）。いずれの終了事由も，委任が当事者双方の信頼を基礎としていることに由来する。

委任の終了事由を定める民法653条は強行規定ではない。例えば，自らの死後に葬式の実行などを依頼する契約は，委任者の死亡によっても契約を終了させない合意を包含するものであるが，民法653条はこのような合意の効力を否定するものではない（★最判平成4・9・22金法1358号55頁）。

【3】 終了後の権利義務関係

(a) 応急処理義務

委任終了後であっても，急迫の事情があるときは，受任者等は，委任者等が委任事務を処理することができるに至るまで，必要な処分をしなければならない（▷654条）。委任の事務処理は委任者の利益のために行われるところ，委任の終了により委任者が不測の損害を被ることを避けるためである。

(b) 終了の対抗

委任の終了事由は，これを相手方に通知したとき，または相手方がこれを知っていたときでなければ，相手方に対抗することができない（▷655条）。受任者が委任者の死亡を知らずに事務処理を継続して費用を支出した場合，委任は終了しているのであるから，受任者は650条1項による費用償還請求ができなくなる。民法655条はこのような事態を避けるための規定である。

▶ §2_ 寄 託

【事例】 Aは押し入れにある荷物を半年間6万円の報酬でBに預けた。しかしその2か月後，Aは家族の事情から遠方に引っ越すことになったので，Bに荷物の返還を求めた。Aの請求は認められるか。Bは半年分の報酬を請求できるか。

▶▶1 意義

寄託は，当事者の一方（受寄者）がある物を保管することを相手方に委託し，相手方（寄託者）がこれを承諾することによって成立し，その効力を生ずる契約である（▷657条）。受寄者は，特約がなければ，寄託者に対して報酬を請求できない（▷665条→648条1項）。したがって，寄託は条文上の原則では無償の片務契約であり，報酬支払に関する特約がある場合に有償の双務契約となる。商法に

も寄託に関する規定（▷商595条以下）があり，この規定は民法に優先して適用される。

▶▶2 成立

【1】 諾成契約としての寄託

　2017年改正前には，ローマ法以来の伝統に従い，寄託は要物契約であった。しかし今日では合理的な理由はなく，諾成的な寄託契約も広く見られることから，同改正により諾成契約とされた。

　寄託は諾成契約ではあるものの，寄託物を受け取る前に限って，例外的に，寄託者と受寄者の各々に以下のような解除権が認められる。

【2】 寄託物受取前の寄託者の解除権

　寄託者は，受寄者が寄託物を受け取るまでは，受寄者に生じる損害を賠償して，契約を解除できる（▷657条の2第1項）。寄託は専ら寄託者の利益のために行われるから，寄託者が望まない場合にまで契約に拘束する必要はないからである。もちろん，寄託者の解除により受寄者に不測の損害が生じることもあるが，その場合には受寄者が損害賠償を請求できる（▷同項後段）。

【3】 寄託物受取前の受寄者の解除権

　(a) 書面によらない無償寄託における受寄者の解除権

　無報酬の受寄者は，寄託物を受け取るまでは，契約を解除できる（▷657条の2第2項本文）。無償寄託の場合には，受寄者が寄託契約を軽率に締結することが考えられるため，契約による拘束から離脱することを認め，受寄者の保護を図るものである。

　もっとも，無償寄託であってもそれが書面によるときは，受寄者による解除は認められない（▷657条の2第2項ただし書）。無償寄託が書面によるとき，受寄者が契約を軽率に締結するとは考えられないからである。

　(b) 有償寄託および書面による無償寄託における受寄者の解除権

　有償寄託および書面による無償寄託の受寄者は，寄託物を受け取るべき時期を経過したにもかかわらず寄託者が寄託物を引き渡さない場合，相当の期間を定めてその引渡しの催告をし，その期間内に引渡しがなければ，契約を解除することができる（▷657条の2第3項）。受寄者が寄託物の引渡しを受けないまま契約に拘束され続けることを回避するためのものである。

▶▶3 受寄者の義務

【1】 寄託物保管義務

(a) 意義

受寄者は寄託物を保管する義務を負う（▷657条）。保管とは，物を自己の支配内において，現状を保持することである。契約目的が物の単なる保管に止まらず，物を管理するときは委任（準委任）となり，物それ自体の利用または物を保管する場所の利用であるときは使用貸借となり，それが有償であるときは賃貸借となる。

(b) 注意義務

無償寄託の受寄者による保管は自己の財産に対するのと同一の注意をもって（▷659条），有償寄託の受寄者による保管は善良なる管理者の注意をもって（▷400条），商事寄託の受寄者による保管は報酬がなくとも，善良なる管理者の注意をもって（▷商595条），行われる。

(c) 自己執行義務

受寄者は自ら保管しなければならない。寄託物を第三者に保管させることもできるが，それは受寄者の承諾を得た場合またはやむを得ない事由がある場合に限られる（▷658条2項）。

(d) 寄託物を使用しない義務

受寄者は，寄託者の承諾なく，寄託物を使用してはならない（▷658条1項）。

【2】 寄託物の保管に付随する義務

(a) 通知義務

寄託物について権利を主張する第三者が受寄者に対して訴えの提起等をした場合，受寄者は遅滞なくその事実を寄託者に通知しなければならない（▷660条1項本文）。受寄者による通知は，寄託者に適切な対応を促すためのものである。したがって，寄託者が既にその事実を知っているときは，受寄者による通知は不要である（▷同項ただし書）。

(b) その他の義務

受寄者は，受託物の引渡し等の義務（▷665条→646条），および金銭の消費についての責任（▷665条→647条）を負う。

【3】 寄託物返還義務

(a) 意義

受寄者は，寄託契約が終了したときは，寄託物を返還する義務を負う。民法657条において受寄者が承諾するのは物の保管のみであるが，その承諾には保管後の返還も含まれる。返還は保管をすべき場所で行う（▷664条本文）。

(b) 返還時期

返還時期の定めがある場合，寄託者は，期限が到来すれば，寄託物の返還を請求できる。もっとも，期限到来前であっても，寄託者はいつでも寄託物の返還を請求できる（▷662条1項）。寄託は専ら寄託者の利益のために行われるからである。期限到来前の返還請求により損害を受けた受寄者は，寄託者に対し，その賠償を請求できる（▷同条2項）。受寄者も返還期限前に寄託物の返還（寄託者による引取り）を請求できるが，寄託者の場合と異なり，やむを得ない事由を必要とする（▷663条2項）。

返還時期の定めがない場合，寄託者はいつでも寄託物の返還を請求できる（▷662条1項）。受寄者もいつでも寄託物の返還（寄託者による引取り）を請求できる（▷663条1項）。

　(c)　第三者による権利主張

寄託物について第三者が権利を主張する場合でも，受寄者は，寄託者の指図がない限り，寄託者に対しその寄託物を返還しなければならない（▷660条2項本文）。寄託者への返還により第三者に損害が生じたときであっても，受寄者にはそれを賠償する責任はない（▷同条3項）。

▶▶4　寄託者の義務

【1】　報酬支払義務

寄託は無償契約である。特約がなければ，寄託者には報酬支払義務はない（▷665条→648条1項）。特約は黙示のものでもよい。報酬の支払時期，寄託が中途で終了した場合等の報酬については，委任の規定が準用される（▷665条→648条2項および同条3項）。

【2】　その他の義務

寄託者は受寄者の負担または損失を回避する義務を負う。具体的には，寄託者は，寄託物の性質または瑕疵によって生じた損害を受寄者に賠償し（▷661条本文），受寄者からの請求があれば，費用の前払や償還，債務の代弁済等に応じねばならない（▷665条→649条1項・650条1項・同条2項）。

▶▶5　終了

【1】　終了事由

寄託は，期間満了のほか，寄託物の滅失，契約の解除等の一般的な終了原因によって終了する。寄託では委任の規定の多くが準用されるが，当事者の死亡による終了を定める民法653条は準用されておらず，したがって当事者の死亡

によって寄託は終了しない。

【2】　寄託者の損害賠償請求および受寄者の費用償還請求の期間制限

　寄託物の一部滅失または損傷を理由とする寄託者の損害賠償請求は，寄託者が返還を受けた時から1年以内にしなければならず，受寄者が支出した費用の償還請求についても同様である（▷664条の2第1項）。この期間は紛争を早期に解決させるためのものであり，一般に除斥期間とされる。

　上記の損害賠償請求権については，寄託者が返還を受けた時から1年を経過するまでの間は，時効は完成しない（▷664条の2第2項）。寄託物保管中に同請求権が行使可能であることを寄託者が知らないまま時効により消滅することを回避するためのものである。

▶▶6　特別の寄託

【1】　混合寄託

　混合寄託とは，複数の者が寄託した物の種類および品質が同一である場合において，受寄者が各寄託者の承諾を得てこれらを混合して保管し，寄託した物と同じ数量の物を返還することを約することによって成立し，その効力を生ずる契約である（▷665条の2第1項・2項）。例えば，Aのあめ玉10個とBのあめ玉20個をCが1つの袋で保管し，後にAに10個，Bに20個を返還する場合である。

　混合寄託において，寄託物の一部が滅失したときは，寄託者は，総寄託物に対する割合に応じた数量の物の返還を請求できる（▷665条の2第3項前段）。上の例で言えば，Cの保管するあめ玉のうち6個がなくなれば，Aには8個，Bには16個を返還する。

【2】　消費寄託

　消費寄託とは，寄託物（代替物）の消費を許された受寄者が，寄託された物と種類，品質および数量の同じ物を返還することを約することによって成立し，その効力を生ずる契約である（▷666条1項）。消費寄託には，寄託の規定の適用を前提として，消費貸借の規定が準用される。民法が準用を明示する規定は，貸主の引渡義務に関するもの（▷666条2項→590条），借主の価額償還義務に関するもの（▷666条2項→592条），である。

　消費寄託のうち，特に重要であるのは，金銭の消費寄託である預貯金契約である。預貯金契約は寄託者（顧客）から預かった金銭を受寄者（金融機関）が運用することを前提としており，目的物の保管を目的とする寄託の側面と，引き渡された目的物を消費してこれと同量のものを返還する消費貸借の側面とを併

せ持つ。民法が準用を明示する規定は，返還期限の定めの有無にかかわらず借主がいつでも返還できるとするもの（▷666条3項→591条2項），貸主が期限前返還により損害を受けたときは損害賠償を請求できるとするもの（▷666条3項→591条3項），である。

　先に見たように，通常の寄託では，返還時期の定めがあれば受寄者は寄託物をいつでも返還できるわけではなく，やむを得ない事由を必要とする（▷663条2項）。消費寄託である預貯金契約にはこの寄託の規定は適用されず，金融機関は準用される消費貸借の規定（▷591条2項）によりいつでも定期預貯金の期限前払戻しを行うことが可能であり，これにより預金者に対する貸付債権を自働債権とする相殺を行うこともできる。

✕トピック11.1＿　預貯金契約の性質

　消費寄託である預貯金契約には，前述のように，寄託の側面と消費貸借の側面がある。しかしまた，委任の側面もある。相続人が信用金庫に対して預金口座の取引経過の開示を求めた事案において，判例（★最判平成21・1・22民集63巻1号228頁）は「預金契約は，預金者が金融機関に金銭の保管を委託し，金融機関は預金者に同種，同額の金銭を返還する義務を負うことを内容とするものであるから，消費寄託の性質を有する」としつつも，「預金契約に基づいて金融機関の処理すべき事務には，預金の返還だけでなく，振込入金の受入れ，各種料金の自動支払，利息の入金，定期預金の自動継続処理等，委任事務ないし準委任事務……の性質を有するものも多く含まれて」いると述べ，委任ないし準委任における受任者の報告義務（▷645条・656条）の観点から「金融機関は，預金契約に基づき，預金者の求めに応じて預金口座の取引経過を開示すべき義務を負う」とした。判例（★最大決平成28・12・19民集70巻8号2121頁）は貯金契約についても同様の理解を示している。

❖Lec 12　組合・終身定期金・和解 ⋯⋯⋯⋯⋯⋯⋯

▸§1__　組　合

【事例】　①知人A・B・Cはボルダリング・クラブの経営を計画した。Aが自分の
所有する倉庫，Bが資金を拠出し，Cがクラブ運営とコーチを引き受けた。その際，
会社組織とはせず，3名で組合契約を結ぶことにした。
②Aが友人Bに貸していた2千円を返すよう言ったが，Bはもう返したと主張した。
そこで両者で相談し，BがAに1千円を支払うことで決着を付けた。

▶▶1　意義と成立

【1】　組合の意義と法的性質

　【事例①】のように，複数の当事者がそれぞれ出資をして共同の事業を営む契
約を「組合契約」という（▷667条1項）。出資は金銭でも労務でも構わない（▷同
条2項）。たとえば，映画の製作委員会，建設業の共同企業体（ジョイント・ベン
チャー），会社等の設立準備団体（発起人組合）などがある。なお，組合は「契約」
を指す場合と契約から生じる「団体」を指す場合がある。

　現代社会では，様々な組織・団体の活動が重要である。そこで，民法・商法
や特別法で各種の法人が団体として規律されるほか（→コンシェルジュ民法1の「法
人」参照），組合も団体の一種とされる。もっとも民法上の組合は，組合員の個
人としての属性が重視されるため，法人と比べて少人数・短期間の共同事業に
なじむといわれる。ただし，特別法上の組合が法人格を有するときは，団体と
しての性格が強調される（労働組合法，消費生活協同組合法，建物区分所有法など）。

　組合契約は，諾成・有償の契約である。なお，双務契約かどうかは争いがあ
る。双務契約説も有力だが，同一目的に向けた合同行為とみる見解も有力であ
る。もっとも，形式的な性質論より実質面が重視され，具体的にどの範囲で契

約総則等の適用を制限すべきかが議論されてきた。そして従来の解釈論を踏まえて，2017年の民法改正で総則規定の適否・制限が条文で明確化された。

> **✖トピック12.1＿ 組合契約と民法総則・契約総則規定**
>
> 　民法改正によって，組合契約には契約総則規定等の適用排除が明文化された。まず，組合（団体）の財産確保・維持の観点から，①同時履行の抗弁権（▷533条）と②危険負担（▷536条）の規定は適用されない（▷667条の2第1項）。また，団体維持の観点から，③組合員は，他の組合員による債務不履行を理由として組合契約を解除できない（▷667条の2第2項）。他方，総則編規定の効力制限も明文化された。団体維持の観点から，組合員の一人に意思表示の無効・取消し原因があっても，他の組合員との関係で組合契約は効力を妨げられない（▷667条の3）。なお当該組合員との契約は効力を生じないため，当該組合員は出資分の返還を求めうる（▷121条の2）。

【2】 組合の成立（設立）

　組合契約では，①複数（2名以上）の当事者の存在，②各当事者がそれぞれ出資すること，③共同事業を営む目的を有することが必要とされる。

　まず，①複数当事者の存在が必要である。自然人でも法人でも構わない。また，②当事者全員の出資が必要である。「出資」は，金銭や財物に限らず，物の使用権・無体財産権でもよいし，【事例①】のCのように，労務や信用の提供でも構わない。そして，③各当事者が共同で事業を営む目的が必要とされる。「事業」は，営利・公益または中間的な目的のいずれでも構わない。

▶▶2 業務の意思決定と執行方法

　組合では業務上の意思決定と執行の方法を決める必要がある。組合契約に特約があればそれに従い，特約がなければ民法の規定に従うことになる。

【1】 組合内での決定・執行方法

　組合の「業務」は，組合員の過半数で決定し，各組合員が執行する（▷670条1項）。もっとも，組合契約の定めに従って1人か数人の組合員または第三者に委任できる（▷同条2項）。この場合は，その執行者が業務を決定し，執行する（▷同条3項前段）。執行者が複数のときは，執行者の過半数で業務を決定し，各執行者が執行する（▷同条3項後段）。執行者に委任した場合でも，組合業務は総組合員の同意で決定し，または総組合員が執行してもよい（▷同条4項）。

　次に，組合の「常務」は，上記規定にかかわらず，各組合員・各執行者が単独で行える（▷同条5項本文）。ただし，完了前に他の組合員・執行者が異議を述

べれば，各組合員・各執行者は単独で行えない（▷同条5項ただし書）。

　ところで，組合業務を決定・執行する組合員（執行組合員）には委任契約の規定（▷644条～650条）が準用される（▷671条）。ただし，委任の解除規定（▷651条）は準用されず，執行組合員は正当な事由がなければ辞任できない（▷672条1項）。なお，正当な事由があれば，他の組合員の一致で執行組合員を解任できる（▷同条2項）。他方，執行者が第三者の場合には委任の規定が直接適用され，解除の規定（▷651条）も適用があるとみられる。

【2】　外部との法律関係（組合代理）

　法人格を有しない組合が他者と取引をするには，組合員全員で相手方と契約を結ぶ必要がある。ただし，手続が複雑で面倒となるため，一部の組合員が自己の組合員資格と他の組合員の代理資格をもって相手方と契約を締結できる（組合代理）。組合代理は組合員以外の第三者もなしうる。なお，組合代理の顕名（▷99条）は，「組合名」または「組合名と肩書付き代表者名」でもよいとされる（★最判昭和36・7・31民集15巻7号1982頁ほか参照）。

　組合代理は，組合契約のほか，670条の2の規律に従う。「業務」の執行に際し組合員の過半数の同意を得たときは，各組合員は他の組合員を代理できる（▷670条の2第1項）。ただし，業務執行者がいるときは，執行者のみが組合員を代理できる。執行者が複数のときは，執行者の過半数の同意を得たときに限り，各執行者が組合員を代理できる（▷同条2項）。なお「常務」は，各組合員または各執行者が単独で組合員を代理できる（▷同条3項）。

　組合代理の効果は，団体としての「組合」ではなく，組合契約の当事者である「組合員の全員」に帰属するとされる。

▶▶3　財産関係

【1】　組合財産の帰属関係

　組合が業務を行うには，組合員の個人財産とは区分された組合自体の財産（組合財産）が必要となる。民法上の組合は法人格を有しないため，組合財産は総組合員の共有となる（▷668条）。もっとも，組合も団体的な側面を有するため，物権法の共有原則とは扱いが異なる。各組合員は，①持分を処分しても組合および組合の取引相手（第三者）に対抗できず（▷676条1項），②清算前には組合財産の分割を請求できない（▷同条3項）。そのため，組合財産の帰属形態を「共有」と区別して，一般に「合有」と称している。

　以上のように各組合員が持分を処分できないため，個別の組合員に対し債権

を有する「組合員の債権者」は，その組合員の持分を差し押さえるなど，組合財産について権利を行使できない（▷677条）。また，組合員の債権者は自己の有する当該債権と組合に対して負う債務（組合債権）をもって相殺できない。

【2】　組合の有する債権 （組合債権）

　組合債権とは，組合が第三者に対して有する債権のことである。この組合債権も組合財産に含まれ，総組合員の共有（合有）となる（▷668条）。

　民法の原則によれば，分割可能な債権・債務は分割される（▷427条）。しかし組合員ごとに自由に分割行使されると，組合財産の大幅な減少を招きかねない。そこで民法は，各組合員が組合債権を持分ごとに単独行使することを禁止する（▷676条2項）。さらに，各組合員が組合債権の持分を処分しても，組合および組合の取引相手（第三者）に対抗できない（▷同条1項）。

【3】　組合の負う債務 （組合債務）

　組合債務とは，共同事業の遂行に際し組合が債権者に対して負う債務のことである。組合債務にも分割の原則が適用されず，総組合員の合有的な負担になるとみられる。この組合債務の債権者は，組合財産について権利を行使できる（▷675条1項）。なお，組合員の1人が組合債務の債権者となっても，その債権（組合債務）が負担部分の限度で混同によって消滅することはない（★大判昭和11・2・25民集15巻281頁）。

　他方で，組合債務の債権者は，その選択に従って，各組合員に対して損失分担の割合または等しい割合で権利を行使できる（▷同条2項本文）。ただし，組合債務の債権者が債権発生時に各組合員の損失分担の割合を知っていれば，その割合による（▷同条同項ただし書）。このように，各組合員は組合債務について個人責任（分割的な無限責任）を負うことになる。

【4】　組合事業にともなう損益分配

　組合契約では，共同事業から利益が出れば各組合員に分配し，損失が生じれば各組合員で分担するのが通例である。そこで民法は，損益分配に関する組合員の内部的な割合を定めている（▷674条）。まず，当事者が損益分配の割合を定めたときは，それに応じる。また，当事者が利益または損失の一方にしか分配の割合を定めなかったときは，その割合は利益および損失に共通のものと推定される（▷同条2項）。これに対して，当事者が割合を定めなかったときは，各組合員の出資の価額に応じて割合が定められる（▷同条1項）。

▶▶4　組合員の加入と脱退

　組合は当事者全員の組合契約で成立する。しかし，契約法の原則に従って組合員の加入や脱退のつどに契約解除と再契約が必要となっては手続きが面倒になる。さらに，組合としての同一性と財産の確保・維持が求められる。そのため，組合契約では組合員の変動に関する特別の規律が定められている。

　まず，組合員は，全員の同意または組合契約の定めによって，新たに組合員を「加入」させられる（▷677条の2第1項）。その際，新組合員も出資が必要であり（▷667条），組合債務の債権者はその出資にも権利を行使できる（▷675条1項）。ただし新組合員は，加入前に生じた組合の債務を固有の財産によって弁済する責任を負わない（▷677条の2第2項）。

　次に組合員の「脱退」に関する規定がある。まず，組合契約で組合の存続期間を定めなかったとき，またはある組合員の終身の間を組合の存続期間と定めたときは，各組合員はいつでも脱退できる（▷678条1項本文）。ただし，やむを得ない事由がなければ，組合に不利な時期に脱退できない（▷同条同項ただし書）。これに対して組合契約で組合の存続期間を定めたときは，その期間中は各組合員は脱退できない。ただし，やむを得ない事由があれば，各組合員は脱退できる（▷678条2項）。なお，民法678条に反する約定は強行法規違反として無効となる（★最判平成11・2・23民集53巻2号193頁）。

　組合員は，死亡・破産手続開始決定・後見開始の審判・除名によって脱退する（▷679条）。除名は，正当事由がある場合に限って他の組合員の一致で実行され，その通知が除名された組合員への対抗要件となる（▷680条）。

　以上の脱退の効果として，脱退組合員は組合員の地位・資格を失うが，組合は残存組合員の間で同一性をもって存続する。脱退組合員は，持分の払戻しを請求できる（▷681条）。この払戻しは，脱退時の組合財産の状況に応じて計算され（▷同条1項），金銭での払戻しができ（▷同条2項），脱退時に未完了の事項は完了後に計算できる（▷同条3項）。他方で，脱退組合員は，脱退前に生じた組合債務を従前の責任の範囲内で自己固有の財産によって弁済する責任を負う。この場合に，組合債務の債権者が全部の弁済を受けない間は，脱退組合員は，組合に担保を供与させ，または組合に対して自己に免責を得させることを請求できる（▷680条の2第1項）。脱退組合員が脱退前に生じた組合債務を弁済したときは，脱退によって他人となった組合（残存組合員）の債務を弁済したとみて，組合に対する求償権を取得する（▷同条2項）。

　他方で，組合員の交替も全員の同意か契約の定めがあれば可能とされる。

▶▶5　解散と清算

　組合は，存続が不要となれば解散する。組合員の人的な結合関係は将来に向けて消滅し，合有的な財産関係を個人的な財産関係に還元する清算手続が必要となる。解散後も，清算目的の範囲内で組合契約が存続するとみられる。

　組合は，①目的事業の成功か不能，②契約上の存続期間満了，③契約上の解散事由発生，④総組合員の同意によって解散する（▷682条）。⑤やむを得ない事由があるときは，各組合員は解散を請求できる（▷683条）。組合契約の継続性から，将来に向けて解散の効力が生じる（▷684条・620条）。なお，組合員が1名となった場合も解散事由と考えられる。しかし，遅滞なく新加入者が予定される場合もあるため，解散事由とすべきでないとの見解もある。

　組合が解散すれば，総組合員または清算人によって組合の財産関係が清算される（▷685条）。清算人の業務の決定・執行方法は，組合の業務執行者に関する規定（▷670条3項〜5項，▷670条の2第2項・3項）が準用され（▷686条），組合員である清算人の辞任・解任は，業務執行組合員の規定（▷672条）が準用される（▷687条）。清算人の職務は，①現務の結了，②債権の取立て・債務の弁済，③残余財産の引渡しであり（▷688条1項），そのために必要な一切の行為ができる（▷同条2項）。他方で，残余財産は各組合員の出資の価額に応じて分割される（▷同条3項）。

▶ §2＿　終身定期金

▶▶1　意義と特徴

　終身定期金契約とは，当事者の一方（債務者）が，自己・相手方・第三者の死亡に至るまで，定期的に金銭等を相手方（債権者）または第三者（受益者）に給付する契約である（▷689条）。諾成契約であって，双務・有償または片務・無償の場合がある。また，第三者のためにする契約（▷537条）の性質を有する場合もある。この終身定期金契約は，給付の継続性が特定者の死亡という偶然性に依拠する点に法的な特徴がある。たとえば，身寄りのない高齢のAが，隣人Bとの間で，自己の有する土地をBに譲る代わりに，Aが亡くなるまで，BがAに月々5万円を支払うといった場合が想定される。このように受領者の老後の生活保障という意義が指摘されている。

▶▶2　効力

　終身定期金債権の債務者は，特定者の死亡時まで，債権者・受益者に金銭等を定期的に給付する義務を負う（▷689条）。特定者が定められた期間の途中で死亡した場合は，定期金は日割りで計算される（▷690条）。

　債務者が約束の元本を受領したのに，定期金の給付など債務を履行しないときは，催告なく，相手方は元本の返還を請求できる（▷691条1項前段）。この場合に，相手方は受領した終身定期金の中から元本の利息を控除した残額を債務者に返還しなければならない（▷同条同項後段）。この解除の規律は，損害賠償の請求を妨げない（▷同条2項）。また，この場合の両者の返還債務には同時履行の抗弁権（▷533条）が準用される（▷692条）。

　債務者に帰責性があって特定者が死亡したときは，裁判所は，債権者またはその相続人の請求により，終身定期金債権が相当の期間存続することを宣告することができる（▷693条1項）。

▶ §3__　和　解

▶▶1　意義と成立

　和解契約とは，冒頭の【事例②】のように，当事者が互いに譲歩し，その間の争いをやめるとの合意で成立する契約である（▷695条）。諾成・有償契約であり，一般に双務契約とされる。和解契約は，社会の民事的な争いを当事者間で解決する手段として重要であり，裁判費用・時間や心理的負担を避けることにもつながる。なお，日常的にも和解や示談と銘打った合意がなされるが，民法の和解契約は要件が限定的であり，確定効という厳格な法的効力を有する。

　和解契約の要件は，当事者間に争いのあることを前提に，①争いの終結と②

互譲があげられる。まず，当事者が法律関係の存否・範囲・態様に関して反対の主張をして争っていることが前提となる。争いの種類に制限はないが，当事者によって処分可能なものが対象でなければならない。そして要件①「争いの終結」とは，当事者が一定の法律関係の確立を合意し，争いをやめることである。次に要件②「互譲」とは，当事者双方の譲歩であり，一方だけの譲歩では要件を満たさない。ただし互譲の要件を満たさない和解や示談の合意も，社会的な紛争解決に役立つため，いわゆる無名契約として認められている。

　和解の種類には，①民法上の和解，②裁判上の和解（訴え提起前の和解・訴訟上の和解）がある。これら和解のほか，調停や仲裁という紛争解決の制度も重要とされている（ADR：裁判外紛争解決手続を参照）。

　和解契約の効力は，当事者間の争いが終結することと，互譲による合意に従って法律関係が確定すること（確定効）である。争いの終結後は，特段の事情がなければ，当事者は再び争うことはできない。この確定効の範囲は，争いの対象となり，かつ互譲による確定合意のなされた事項に限定される。争いの対象とならず，和解の前提とされたにすぎない相互了解事項には及ばない。他方で，確定効の発生後に当事者の確定合意内容とは異なる確証が得られたとしても，いったん確定した効力が覆ることはない。そのため，当事者の一方が和解によって権利を有するか，または相手方がこれを有しないと認められらた場合に，それとは逆の確証が得られたときは，その権利は和解の効力としてその当事者の一方に移転し，または消滅したものとされる（▷696条）。

　和解も当事者の合意にもとづく契約であるため，基本的には民法総則や契約総則の諸規定が適用される。ただし，和解の確定効との関係で，錯誤の効力（▷95条）を制限すべきとみられている。たとえば，争いの対象となり互譲による確定合意がなされた事項に関する錯誤の場合は，和解の確定効と矛盾が生じるため，当事者は錯誤を原因として和解契約を取り消すことはできない。しかし，互譲による確定合意をした事項そのものではなく，当事者が和解の前提ないし基礎とした事項に関する錯誤の場合であれば，その部分には和解の確定効が及ばないため，当事者は錯誤を理由とし和解契約を取り消すことができる（★最判昭和33・6・14民集12巻9号1492頁）。

　他方で，和解契約の際に解除権が留保されたときや，または和解によって生じた債務の不履行のときには，和解契約の解除が可能であり，和解前の法律関

係が復活するとされる（★大判大正10・6・13民録27輯1155頁ほか）。

> ## ☕カフェ・コンシェルジュ12.1　交通事故の示談と後遺症
>
> 　あなたが「ながらスマホ」の自転車にひかれてしまったとする。こういった交通事故の際に，紛争の早期解決や刑事裁判を有利にするため，加害者が被害者に示談金を支払うと同時に，被害者がこれ以上の請求を放棄すること（権利放棄条項）を当事者間で約束することがある。この合意を一般に示談と呼ぶ。民法上の和解に当たらない示談も，無名契約として有効とみられる。
>
> 　それでは，示談の後に思わぬ後遺症が出たらどうだろうか。たとえば，捻挫だと思って示談金を1万円としたが，その後に骨折が判明し，治療費が10万円もかかったとする。それでも，権利放棄条項によって，原則として被害者は示談金1万円以上の請求はできない。ただし，例外的に追加の請求が認められる場合がある。判例は，示談当時に全損害を把握しがたい状況で早急に少額で満足するという示談がなされた場合に，権利放棄条項は被害者が示談当時に予想していた損害に限定されるべきものと判示した（★最判昭和43・3・15民集22巻3号587頁）。学説も判例の結論をおおむね支持している。もっとも，この追加請求はあくまで例外なので，とくに被害者の立場では示談の合意に慎重を期す必要がある点に注意しなければならない。

❖Lec **13** 非典型契約 ·······························

【事例】 ①Aは，退職金で甲社株式を購入するため，証券会社Bに取次ぎを頼んだ。
②絵本作家Aは，自身の創作した絵本「乙の冒険」を出版社Bに独占的に出版させて，
著作権使用料を得ることにした。

▶ §1 総説——非典型契約とは

　明治期の民法制定から長い年月が経ち，社会状況が大きく変化したため，様々な新しい契約類型が発生してきた。これらの契約を非典型契約（無名契約）または新種の契約と総称して，法的な議論が展開されている。たとえば，経済社会の進展と複層化に応じて，リース，クレジット，投資取引，ファクタリング，フランチャイズ・販売店に関する契約など，様々な契約類型が展開されている。また，文化・芸術や発明・考案等を保護し発展させるため，ライセンス契約やマネジメント契約など，多様な契約類型が生じている。その他，運送・旅行，教育・学習，システム・IT関係の契約等が重要性を増している。
　これらの新種の契約も，基本的には契約自由の原則にもとづいて肯定される。しかしトラブルも頻発しているため，学説・判例の集積ならびに関係法令等やガイドラインによって，各種の規律が検討，実施されてきた。さらに，民法の一般原則との関係や規律ごとの調整も重視されている。本節では，新種の契約の中から事案類型として重要なものをピックアップして紹介する。

✕トピック13.1 典型契約の意義と非典型契約の方向性
　かつては典型契約という枠組みの有用性に懐疑的な時代もあった。しかし近時は典型契約が再評価されている。たとえば，①一定の参照枠組みがあると当事者間の交渉が効率化されること，②標準的かつ合理的な契約規定に準拠すれば，妥当な契約内容の形成が担保されること，③不明瞭な契約内容を補充し，紛争を解決する基準が示されること，などの意義が指摘されている。
　そのため，2017年の民法改正の際も新種の契約を民法典に取り入れることが検討された。

しかし，議論に未成熟な点が多いうえ，契約内容に新規性・暫定性・多様性があり，関連する法分野との均衡・調整の困難性が問題視され，法典化は見送られた。

他方で，契約の全体像を新機軸でとらえる複合契約論が近時は隆盛である。種々の議論があるが，複数当事者間の契約全体を統合して捉える視座を提供する点に研究の意義がある。さらに，保証，債権譲渡などの多当事者関係も含めて，多角的法律関係の法構造を明らかにする総合研究がなされており，今後の進展が期待される。

▶ §2＿ 金融関連取引に関する契約

金融関連の取引も日進月歩であり，実務的に様々な契約形態が出現している。複雑な取引形態も多く，専門家責任や消費者保護の視点が重要となっている。ここでは投資商品取引とファクタリング契約を取り上げる。なお，銀行法，保険法，金融商品取引法など多種の法規制と関連するが，詳細は各解説書に譲る。

▶▶1 投資商品取引契約

投資商品取引とは，株式・債券・為替など投資に関する取引を内容とする契約のことである。冒頭の【事例①】は，株式売買の取次ぎを証券会社に依頼する例である。もともと投資商品の取引自体に投機的な側面があるため，このような契約に自ら参画する者は各自の責任で取引を行うべきである。もっとも，事業者と一般投資家では専門知識や情報力に大きな差がある。そのため，一般投資家を保護する必要性が指摘され，事業者等に金融商品取引法等の特別法上の規制がかかることに加えて，民法上も一定の制約が課されている。

まず，金融商品取引法40条１号に「適合性の原則」が規定され，事業者等は「顧客の知識，経験，財産の状況及び契約目的に照らして不適当と認められる勧誘」を行えない。このような行政法上の規律であっても，事業者が同原則から著しく逸脱すれば不法行為法上も違法となる（★最判平成17・7・14民集59巻６号1323頁）。また，金融サービス提供法（旧金融商品販売法）４条によって，事業者等には勧誘における重要事項の説明義務が課される。民法上も事業者等は信義則によっ

て説明義務・情報提供義務を負うと解され，違反すれば不法行為責任を負うとされる（★最判平成 8・10・28金法1469号49頁など）。さらに，事業者等が専門家として一般投資家等の顧客への指導・助言義務を有するかが議論され，契約内容と状況に応じて肯定する見解が有力である。

▶▶2　ファクタリング契約

　ファクタリング取引（契約）とは，売掛債権等を担保として債権者が資金を調達する手段のことであり，主に「債権買取型」と「債権保証型」がある。

　前者は，民法の債権譲渡の枠組みを利用した資金調達手段であり，売主（債権者）の有する複数の売掛債権等を一括して買い取ったファクタリング会社F（新債権者）が債務者からの債権回収不能のリスクを負う。ただし，債務不履行の場合に，F社が債権の売主に対して回収不能額の償還請求権を有するとの合意が付されることがあり，F社がリスクを負わない買取型もある。これは，債権譲渡の枠組みを利用しつつ，リスク転嫁特約を加えた資金調達手段とみうる。

　後者は，民法上の保証の枠組みを利用した資金調達手段である。たとえば，売主（債権者）Aと取引関係にある複数の買主（債務者）Bらとの間に生じる複数の売掛債権について，Bらの債務不履行の場合に，約定の限度額の範囲内でファクタリング会社Fから債権の保証支払いを受けることを目的として，AとF社との間で締結される契約などである。売主Aは債務者Bらの信用度に応じた保証料率による保証料をF社に支払う。通常はBらの保証委託がなく，AがF社との契約によって売掛債権に関する信用リスクを取引先に知られずに管理できる点に特徴がある。法的性質は，無委託保証とみられる（★最判平成24・5・28民集66巻 7 号3123頁参照）。もっとも，複数債務者を包括的に契約対象に取り込んで保証料を定めるため，民法上の保証とは異なる側面が指摘されており，新しい債権担保手段の設定契約とも位置づけられる。

　基本的には，上記買取型は債権譲渡，保証型は保証債務の規定が適用される。もっとも特約条項も含めて契約形態は多様であり民法上の規律との関係を整理する必要がある。また，いずれも法形式的には金銭消費貸借契約ではなく，貸金業法や利息制限法は適用されないとみられてきた。しかし，債権を担保とした資金調達手段の側面があり，契約実態や手数料ほかの金額計算によっては利息制限法等の規律に服すべき場合があると指摘されている。近時は違法なファクタリングも社会問題化しており（給与ファクタリングに関する刑事事件として，★最判令和 5・2・20刑集77巻 2 号13頁），議論の集積が待たれる。

▶§3__ フランチャイズ・販売店に関する契約

▶▶1 フランチャイズ契約

　フランチャイズ・チェーン（FC）を展開するために，本部機能を営む事業者（本部・フランチャイザー）と他の事業者（加盟店・フランチャイジー）との間で締結される契約である。具体的には，FC事業者本部がフランチャイジーに対して，一定の地域内で，自己の商標，営業の象徴となる標識および経営のノウハウを用いて商品の販売等の事業を行う権利を付与し，フランチャイジーが一定の対価を支払うこととされる。たとえば，コンビニエンスストアー，コーヒーショップ，居酒屋店などと多岐にわたる。なお，同一名称の店舗の中には本部の直営店もあるため，契約形態としては区別が必要となる。

　FC本部のメリットは，フランチャイジーの資金や人材を利用した事業展開が可能なことと，権利金および売上高に応じた対価を得られることである。フランチャイジーのメリットは，FCの名称，ロゴ等を利用することで顧客への信用を得られることと，本部からの経営指導や諸種の援助を受けられることにある。これに対してデメリットも指摘される。たとえば，FC内で均一の商品・サービスを一定価格で販売する義務が生じるため，一般的に商品等の価格が割高になることが指摘されている。他方で，本部とフランチャイジーでは専門知識や各種情報の点で格差が生じがちである。そのため，本部の側に情報提供義務（説明義務）が課されると考えることが一般的である。判例は，フランチャイズ契約（基本契約）の成立後は，商品仕入代金の支払委託（基本契約の一部）が準委任の性質を有するとみて，受任者の報告義務（▷656条・645条）を根拠として本部の報告義務を肯定した（★最判平成20・7・4判時2028号32頁）。そのほか，契約の更新拒絶・解約，契約終了後の競業避止義務の有効性など様々な問題が生じている。

　2017年の民法改正ではフランチャイズ契約の法典化も検討された。しかし，同契約も多種多様であり，中小小売商業振興法・施行規則，独占禁止法など多くの法分野と関連することから，民法典への組み入れは見送られた。

▶▶2 販売店（代理店）契約

　販売店契約とは，販売店が一般消費者や小売業者等に再販売する目的で，製

造業者（メーカー）・商社・卸売業者等の商品供給者（サプライヤー）との間で継続的に商品を購入する契約のことである。その際，供給者は販売店に一定地域内での独占的販売権を付与することが多いとされる。供給者のメリットは，自ら商品を個別に販売する手間が省けて製造業に専念できるし，在庫を抱えるリスクを低減できることにある。他方で販売店も，供給者のブランドイメージを利用し，販売チェーン網に加盟できるなどのメリットが指摘されている。ただし，販売店サイドが在庫リスクを抱えるデメリットも指摘されている。

民法上の売買契約と比べて，販売店契約は継続的契約の側面を有する。継続的な商品販売に関する基本契約にもとづいて，個別の売買契約による商品販売が行われる。他方で，供給者と販売店間の売買契約に加えて，販売店と消費者間の売買契約も一連の流れとして予定されるため，連鎖的な取引関係を前提とする複合契約の要素を有する点にも特徴がある。

これと類似する契約として代理店契約がある。代理店契約とは，商品を供給者から購入するのではなく，代理店が供給者の商品販売について代理・取次等を行う契約である。そこで，販売店契約と代理店契約とは供給者から商品を購入するか否かに法的な相違があるため区別が必要と指摘される。

▶ §4__ ライセンス契約・マネジメント契約

▶▶1　知的財産の保護

現代社会では，文化・芸術，発明・考案など人間の創造的な活動の成果や事業活動上の商標・商号・技術情報などを保護し発展させることが重要である（▷知財法１条）。そのため，知的財産権（無体財産権）の法的な保護が要請され，特許法・著作権法・商標法など各種の法分野が展開されている。知的財産法は，憲法，行政法，商法など多くの法制度と関連するが，とりわけ民法と関係が強いといわれる。知的財産を有体物に近づけて考えることで物権法との近似性が指摘されるし，知的財産権の侵害は不法行為に該当し，損害賠償や差止請求が問題とされている。詳細は知的財産法に譲るが，知的財産の利用に関するライセンス契約について民法の視点からまず説明する。

▶▶2　ライセンス契約

ライセンス契約とは，ライセンサー（権利者）が，自己の有する知的財産権（特

許権，著作権，商標権など）にかかる知的財産をライセンシー（利用者）が利用することを受忍する義務を負い，他方でライセンシーがその知的財産の利用の対価として，ライセンサーに金銭その他の物を給付する義務を負うことを約する契約である。たとえば，研究者の発明特許を利用してメーカーが電化製品を作る場合や，冒頭の【事例②】のように，作家の創作した絵本（著作物）を出版社が出版する場合などに当該契約が利用されることがある。なお，独占的な権利を付与する場合と非独占的な場合がありうる。

ライセンス契約は，知的財産法の各規律に服すると同時に，民法の一般原則が適用される。なお，有体物の有償使用に関する賃貸借契約との類似性を指摘して，民法の賃貸借の規定が一部適用されるとの見解がある。他方で，ライセンス契約は知的財産権の排他性を解除する性質を有するとの指摘がある。

2017年の民法改正では同契約の典型契約化が検討された。しかし，知的財産権にも多様な権利があるため，ライセンス契約の目的，態様，条項の内容などの点で統一的な法典化は難しい面がある。また，民法では知的財産権の権利性が明確化されておらず，契約実務の柔軟な発展と知的財産法による規律に委ねるべきとみられる。そのため同契約の法典化は見送られた。今後は，民法と知的財産法分野の協同による一層の議論の深化が求められる。

▶▶3　タレントのマネジメント契約

スポーツ・音楽・芸能などのタレント（芸能人）がタレント事業者（事務所）のためにタレント活動を行うことを約し，タレント事業者がタレント活動を支援し（マネジメント業務），一定の報酬を支払うことを約する契約のことである。マネジメント業務の内容は多岐に渡るが，たとえばタレントのスケジュール管理，宣伝・営業活動，メディア等の出演交渉・契約締結，肖像権・著作権管理などが一般的とされる。専属的な契約だけでなく，非専属的な契約もありうる。また，歩合制や定額制といった有償の場合だけでなく，タレント活動の支援のみで報酬のない契約も存在する。マネジメント業務に著作権管理が含まれる場合は，著作権法との関係も重要となる。

マネジメント契約も新種の契約の一種であるが，その性質上は（準）委任または請負の要素が強いとされる（いわゆる業務委託契約）。そのため，タレントは基本的には労働法の適用のない独立した個人事業主とみられ，自由度の高いタレント活動を行うことができる。もっとも，雇用契約の側面を有しながら，無報酬・低報酬で長時間のタレント業務が課されることもありうる。そのため契

約の実態に即して，労働法制による保護の必要性が指摘されている。また長期間にわたる専属契約が締結されることもあるため，とりわけタレント側からの期間満了前の契約解除の可否が争われることがある。下級審では，マネジメント契約を委任・雇用・請負の混合した無名契約とみたうえで，信頼関係を破壊するやむを得ない事由があれば契約を有効に解除しうるとした裁判例がある（★東京地判平成13・7・18判時1788号64頁）。タレント個人は事業者よりも情報量や交渉力の点で弱い立場にあることが多いため，契約の内容次第では公序良俗違反（▷90条）を問題とすべきであろう。

> ☕カフェ・コンシェルジュ13.1＿　NHK受信契約
>
> 　テレビを購入すれば，NHK放送を一切見なくても受信料を支払わなければならないのだろうか。一般に受信契約とは，有料放送を受信する目的で，放送局と受信者の間で締結される契約とされる。放送は放送法によって規律され，無線放送（地上波・衛星放送）だけでなく有線放送も規律対象に含まれる。放送主体は，概して公共放送事業者（NHK）と民間放送事業者が主軸となる。
>
> 　NHK放送の受信契約について，放送法64条1項は，受信設備の設置者はNHKと放送受信についての契約を締結しなければならないと規定する。この解釈には争いがあって，契約締結の強制規定とみる見解と，契約自由（締結しない自由）の視点から契約締結に向けた努力義務規定（訓示規定）とみる見解が対立している。判例は，NHKが国民の知る権利に資する公共的性格を有する点を重視し，同条項は設置者に受信契約の締結を強制する旨の規定とする。そのうえで，NHKからの受信契約の申込みに対し設置者が承諾しない場合は，NHKがその者に対して承諾の意思表示を命じる判決を求め，その判決の確定によって受信契約が成立すると判示した（★最大判平成29・12・6民集71巻10号1817頁）。つまり判例によれば，テレビ受信機を自宅等に設置すれば，放送を一切見なくても，NHKに受信料を支払わなければならないことになる。

➢ PART_ Ⅱ
不法行為・事務管理・不当利得
［法定債権関係］

❖Lec 14 序説，権利・法益侵害 ················

> 【事例】 Aは，大学に自転車で向かう途中，スマホを見ていたら，前方の確認がお
> ろそかになり，Bさんに衝突してしかしけがをさせた。Bさんはけがの治療のため2
> 週間通院し，3万円の治療費がかかった。AはBにどんな責任を負うだろうか。

‣§1__ 序 説

▶▶1 不法行為とは

　上の【事例】でのBの支払った治療費は，Aの不注意（過失）によって生じた
損害であり，AにはBの損害に対して賠償する責任がある。

　われわれの社会では，個人の活動は原則として自由である。しかし，他人の
権利を侵害してはならないし，もし，故意または過失により侵害し，損害を発
生してしまったら，損害の賠償をしなければならない責任が発生する。

　この【事例】の賠償責任については709条が適用される。709条による損害賠
償責任が加害者に発生させる成立要件（損害賠償請求する被害者が証明すべき要件）
は，①他人の権利の侵害または法律により保護される利益の侵害，②故意また
は過失，③損害の発生，④行為と損害との相当因果関係である。

　これに対し，免責要件（加害者の方で免責されるために証明すべきもの）には，⑤
違法性阻却事由の存在（▷720条ほか），⑥加害者の責任能力の不在（▷712条・713条）
がある。

▶▶2 709条の責任原則

【1】 自己責任の原則

　この709条は，「故意又は過失によって他人の権利又は法律上保護される利
益を侵害した者」が損害賠償責任を負うと定めている。自分のした不法行為に

責任を負うのであり，他人の不法行為に責任を負うことは原則としてない。これを「自己責任の原則」と呼んでいる。

【2】　過失責任主義

また，他人の権利や利益を侵害したとしても，それが「故意又は過失」によるのでなければ，賠償責任を負うことはない。他人にわざと損害を与えたり，不注意で損害を与えたときにのみ責任を負うが，そうでなければ責任を負わない。このような2つの側面をとらえて，「過失責任主義」と呼んでいる。

> ☕**カフェ・コンシェルジュ14.1__　不法行為の条文の定め方**
>
> 　現代の社会に起こる不法行為は多種多様である。それをどう規定するかはなかなか難しい問題である。成文法を持たず，判例によって法形成してきた英米法では，違法侵害（trespass），過失侵害（negligence），生活侵害（nuisance）といった不法行為の類型を並べてカバーしている。これに対して，フランス民法1240条は，抽象的な一般条項で不法行為の基本規定を定め，これの解釈によってさまざまな不法行為に対応するという考え方をとっている。ドイツ民法は両者の中間的な方法で，不法行為を，故意または過失により違法に他人の生命，身体，健康，自由，所有権，その他の権利を侵害する行為（ドイツ民法823条1項），故意または過失により他人の保護を目的とする法規に違反した行為（同条2項），故意に公序良俗に違反した行為（ドイツ民法826条）の3類型に分けて定める。わが国は一般条項主義を採用したが，英米法でもネグリジェンス（negligence）が，ドイツ法でも「社会生活上の義務の違反」に基づく不法行為が一般条項的な役割を担っているといわれる。

▶▶3　特別の不法行為責任

【1】　民法に定められているもの

(a)　特殊の不法行為

不法行為の714条以下の責任（❖Lec**21～24**）であるが，さらに3つに分類できる。

　(i)　第1は，他人の加害行為に対して別の者が責任を負う，自己責任の原則の修正ともいうべきものである。責任無能力者の監督義務者等の責任（▷714条），使用者等の責任（▷715条），注文者の責任（▷716条）がある。監督義務者や使用者等には過失がないことの免責証明を定めている点で，709条の責任に修正が加えられている。

　(ii)　第2は，物から他人に損害が発生した場合に，その物の占有者や所有者等が責任を負う土地工作物責任（▷717条）や動物占有者責任（▷718条）である。土地工作物や動物の占有者等の責任は過失が免責立証だが，土地工作物の所有

者の責任は無過失責任である。

　(iii)　第3は，他人と共同して不法行為を行った場合に，発生した損害の全部につき連帯債務となることを定める共同不法行為責任（▷719条）である。原則的には，加害者は自己の加害行為によって発生した損害に対してのみ責任を負うが，被害者救済のために，加害者各人が全損害に対して賠償責任を負うことを定めたものである。

　(b)　その他の損害賠償責任規定

　無権代理人の代理行為の相手方に対する無過失の損害賠償責任（▷117条），占有者の占有回復者に対する損害賠償責任（▷191条），悪意の不当利得者の損失者に対する無過失の損害賠償責任（▷704条）がある。

【2】　特別法に定められているもの

　特別法上の不法行為（❖Lec**25**）には，国家賠償法，自動車損害賠償保障法，製造物責任法，環境保護に関して，鉱業法，大気汚染防止法，水質汚濁防止法，原子力損害賠償法がある。そのほか独占禁止法や不正競争防止法，特許法などの経済法や無体財産権に関する法律にも損害賠償の特別規定がある。

▶▶4　不法行為の目的

　不法行為の目的は，被害者に生じた損害の加害者による事後的填補である。不法行為がなかったとすれば，被害者が置かれていたであろう利益状態に戻すことである。賠償金の支払いにより加害者に制裁を加えたり，不法行為を防止することこことは，一般には不法行為の目的とは考えられていない。

▶▶5　他の制度との関係

【1】　契約責任との関係

　(a)　責任が重なり合う場合

　民法上，不法行為と並んで他人に生じた損害の賠償責任を定めるのは契約上の債務不履行責任である（▷415条）。そして，両責任が重なり合う局面も存在する。例えば，学校法人Aが経営するA高校の課外活動でBが熱中症にかかったような学校事故では，学校契約上のAのBに対する安全配慮義務違反と不法行為責任がどちらも成立し得る。労災や医療過誤でも両方が成立し得る。

　(b)　要件と効果の相違

　(i)　要件の相違

　(ア)　安全配慮義務違反と過失

債務不履行のときは，損害賠償請求する債権者は，債務不履行の存在，損害の発生，債務不履行と損害に相当因果関係が存在することを言えばよく，債務者の帰責事由（故意・過失）は債務者の免責立証である（▷415条1項ただし書き）。そうすると，責任要件については，故意・過失も被害者（債権者）に証明責任があるとする709条よりも有利に見える。

　ただし，債務不履行責任でも債務不履行の存在は債権者が証明しなければならない。例えば，学校の課外活動で熱中症になって入院した生徒に対する安全配慮義務違反を立証するケースを考えてみると，結局は，生徒が熱中症となり損害が発生することに予見可能性があり，それに対して学校側に結果回避義務があり，それが順守されなかったことを証明する必要がある。これは，不法行為の709条で損害賠償請求したとすれば，過失の証明に相当するものである。したがって，この限りでは両責任に差はないと指摘されている。

　　(イ)　履行補助者責任と使用者責任

　生徒が学校契約を締結している学校（正確にはその設置主体）の債務不履行を追及するとき，生徒を直接に指導していた教員は，学校の安全配慮義務の履行を補助する履行補助者である。学校は，生徒に安全配慮義務を尽くすために使用した履行補助者の過失について，債務不履行責任では，自己の過失と同様に責任を負うとされている。

　これに対し，不法行為で学校の責任を追及する場合，むしろ直接指導に当たった教員の709条の成立（過失）を前提に，学校に対しては715条で使用者責任を追及することになる。使用者責任では使用者の免責可能性が認められているため（▷715条1項ただし書き），この点で債務不履行とは異なるように見える。しかし，免責が認められることは少なく，この点では両責任に差はないと言える。

　　(ii)　効果の相違
　　(ア)　被害者の近親者の損害賠償請求

　不法行為の場合，被害者が死亡したときには近親者の損害賠償請求が認められている（▷711条）。債務不履行の場合に損害賠償請求できるのは債権者本人だけであり，死亡した債権者の近親者は，相続人として本人の損害賠償請求権を相続することはあり得るが，固有の損害賠償請求権は有しない。

　　(イ)　損害賠償の範囲

　債務不履行の場合には416条による。不法行為責任については明文規定がないため，学説は分かれているが，判例は416条類推適用説をとるため，適用条

文に違いはない。

安全配慮義務違反や医療過誤で，生命，健康への侵害が生じたときには，債務不履行に基づく慰謝料や弁護士費用の請求も認めるので，この点でも不法行為との違いはない。

　㈡　過失相殺（かしつそうさい）

債務不履行で債権者にも過失があったときには，これを考慮して減額しなければならず，文言上は賠償責任の免除も可能である（▷418条）。これに対し，不法行為で被害者に過失があった場合には，全部免責は認められず，減額についても裁判所の裁量にゆだねられているから，全体を考慮し公平の見地から行われることになる（▷722条2項）。文言上は差があるが，両責任の競合事例での実際の運用は変わらないといってよい。

　㈢　履行遅滞の発生時期

債務不履行に基づく損害賠償請求権は履行期限の定めのない債権であるから，請求の翌日から履行遅滞となり（▷412条3項），遅延損害金が発生する。不法行為に基づく損害賠償請求権も履行期限の定めのない債権であるが，不法行為の当日から遅滞に陥るとの取扱いが損害賠償実務では行われている。

　㈣　相殺（そうさい）の可否

不法行為には加害者が被害者に対して有する債権を自働債権とし，被害者の加害者に対する損害賠償請求権を受働債権とする相殺が禁じられている（▷509条）。これは被害者の必要性を考えると，「治療代（損害賠償）は現金で支払うべき」との考え方に基づく。これに対し，債務不履行の損害賠償請求権にはこのような制限はない。

　㈤　消滅時効

債務不履行の損害賠償請求権は，債権者が権利を知ったときから5年（▷166条1項1号）または権利を行使できるときから10年（▷166条1項2号）の消滅時効にかかる。不法行為の損害賠償請求権は損害および加害者を知ったときから3年（▷724条1号）または不法行為のときから20年（▷724条2号）の消滅時効にかかる。両者には相違があるが，生命，身体侵害のケースではその差をなくしている（▷167条・724条の2）。

　(c)　両責任の関係

判例は，債務不履行と不法行為の両方が成立するなら，債権者・被害者はいずれかを選択して行使できるとする（請求権競合説。★最判昭和38・11・5民集17巻11号1510頁）。この考え方でも，契約で定めた免責が不法行為責任に影響を与え

る場合があることは認められている（★最判平成10・4・30判時1646号162頁）。

【2】 保険や他の救済制度との関係

(a) 責任保険

損害賠償責任が認められたとしても，加害者に十分な資力がなければ被害者の救済（損害賠償の実現）にはつながらない。この問題がとりわけ顕在化したのが，自動車の普及による交通事故の急増であった。そこで自動車事故による人身被害の救済のために，自動車損害賠償保障法が制定され，自動車保有者には責任保険への加入が義務付けられ（▷自動車損害賠償保障法5条），さらには被害者から保険会社に対し直接保険金の支払い請求が認められた（▷同法16条1項）。

(b) 保険と損害賠償との関係

責任保険や各種の給付によって被害者の損害が填補された場合には，重複して損害が填補されることはない。しかし，それらの給付があったとしてもなお残る損害があれば，それについて被害者は不法行為に基づいて損害賠償請求できる。そこで，自動車による人身事故では，自賠法の強制保険だけでは賠償金として不十分なときのために，さらに任意保険に加入するのである。

なお，生命保険契約に基づく生命保険金は，損害の填補を目的とするものではないと考えられているため，生命保険金が支払われていたとしても，損害賠償責任には影響しない。

【3】 刑事責任との関係

不法行為が損害の填補を目的とするのに対し，刑事責任の目的は，犯罪に対する制裁や抑止である。犯罪行為が損害を発生させれば不法行為となり得るが，犯罪行為ではないが不法行為責任が問われる場合の方がはるかに多いであろう。

訴訟手続も不法行為事件は民事訴訟法，刑事事件は刑事訴訟法に則って進められる。ただし，刑事事件の判決の後に，損害賠償請求に対する審理が行われる損害賠償命令制度が刑事手続の中に設けられている。

▶ §2 権利・法益侵害

▶▶1 権利侵害から違法性へ

【1】 権利侵害要件の拡大の必要性

2005年4月施行の現代語化以前の709条は，「他人ノ権利ヲ侵害シタル」ことのみを要件としていた。大審院判例は，浪花節レコードの無断複製は正義に

は反するが，当時の著作権法上の著作権侵害には該当せず，権利の侵害はないという理由で損害賠償責任を認めなかった（★大判大正3・7・4刑録20輯1360頁：桃中軒雲右衛門事件）。しかしその後，大審院も，法規違反の行為により他人に損害を与えた場合には，損害賠償責任を生じ，被害者は権利ではなくても，法律上保護される利益を侵害されていればよいという考え方を示した（★大判大正14・11・28民集4巻670頁：大学湯事件）。

　学説でも，不法行為が成立するには権利侵害がなくても，違法性があればよく，「権利ノ侵害」は違法性が認められる場合を代表するものにすぎないとする見解が有力となった。

【2】　相関関係説

　敗戦後は，社会経済の発展とともに709条の適用場面が飛躍的に増え，その中で，違法性の判断方法として，侵害結果と侵害行為の態様を相関的に判断すべきであるとする相関関係説が説かれ，広く支持されるに至った。現在では，侵害の違法性が明確な権利，法益侵害と，侵害態様の総合考量によって違法性が判断される場合を類型化しようとする見解も有力である。

【3】　違法性と違法性阻却事由の関係

　違法性の判断を客観的な権利や利益の侵害だけでなく，侵害行為の態様と相関的に判断するとなると，侵害の目的等も違法性の判断で考慮されるから，違法性阻却事由を違法性判断とは別に検討することは不要なのではないかとも考えられる。この問題については，❖Lec**17**▸§1を参照されたい。

【4】　民法現代語化の際の709条の文言修正と違法性

　民法現代語化の際に，709条の文言は「他人ノ権利ノ侵害」から「他人の権利又は法律上保護される利益」の侵害に改められた。文言上は権利の侵害だけでなく，法律上保護される利益の侵害も不法行為となることが明らかにされる一方，違法性という言葉は避けられている。

　確かに，利益侵害が追加されることによって，ここにあらゆる人格利益，生活利益，財産利益を読み込むことができ，不法行為の成立範囲を拡大するという違法性理論の役割はもはや不要のようにも思える。しかし，その利益は同時に法的に保護されるものでなければならないのであり，そうすると，709条においては，権利侵害の場合と合わせて，法秩序に反する行為が違法な行為として，法的に非難され，禁じられていると見ることもできると思われる。この改正後も，違法性を不法行為成立要件として位置づけるか否か解釈に委ねられていると考えられる。

▶▶2　具体的な権利・法益侵害の例

【1】　人格的利益の侵害

(a)　生命・身体・健康

　生命と身体は条文にも現れる不法行為の人格利益であること（▷711条・710条），これに加えて身体が健康に維持されることが，法的に最も重要な利益であることは疑いの余地がない。これらの侵害は，ただちに違法である。ただし，侵害の目的によっては，違法性がない（阻却される）場合はあり得る。例えば，医者が医療行為として患者の身体にメスを入れたり，副作用を伴う医薬品を投与したとしても，その行為は違法ではない。

(b)　自由

　自由が不法行為によって保護されることは710条から明らかである。自由には身体的自由と精神的自由が含まれる。自由を侵害する行為として，一般的には，監禁や脅迫，強要，集団絶交等があげられる。

　このほか，比較的最近認められているものとしては，信仰などの内心の自由の侵害（最大判昭和63・6・1民集42巻5号277頁：自衛官合祀訴訟）や，宗教上の理由から輸血を拒否したにもかかわらず，緊急時には輸血が必要になることを説明せずに手術した場合に認められた自己決定の権利がある（★最判平成12・2・29民集54巻2号582頁）。

(c)　身分上の利益

　ある者が婚姻関係や家族関係を維持することから得る利益である。夫の不倫行為は妻に対する不法行為となり得る（★最判昭和54・3・30民集33巻2号303頁）。不倫の相手方に対する不法行為に基づく慰謝料請求も判例は原則として認められるとし，例外的に，婚姻関係がすでに破綻しているときには認められないという（★最判平成8・3・26民集50巻4号993頁）。婚姻に準ずる生活実態を伴っている内縁関係も保護に値する（★最判昭和33・4・11民集12巻5号789頁）。子は父親の不倫相手に対しては，害意があるなど特段の事情がない限り損害賠償できない（★最判昭和54・3・30民集33巻2号303頁）。

(d)　生活利益

　健康で文化的な生活を送る利益も不法行為で保護される利益として認められている。特に，大都市とその近郊への人口集中，建物の高層化，産業や交通施設の発達による日照妨害，騒音・振動・悪臭の発生等により，このような生活の利益が侵害されることが増加している。日照や通風は典型的な例であるが（★最判昭和47・6・27民集26巻5号1067頁），より最近では生活地域の景観もこのよう

な利益に入るとされる（★最判平成18・3・30民集60巻3号948頁）。

　日常生活の侵害は，身体や精神の健康をも脅かし，重大な侵害結果につながるものである。他方，生活の環境は様々であるから，当該環境において被害者が受忍すべき範囲においては違法性が否定されると考えられる。斎場で執り行われる葬儀を自宅の2階から目にすることを余儀なくされたとしても，受忍すべき程度を超えて平穏に日常生活を送る利益は侵害されていない（★最判平成22・6・29判時2089号74頁）。

　(e)　名誉・プライバシー

　(i)　はじめに

　名誉はその内容の理解には変遷はあろうが条文にも明記された不法行為の保護利益である（▷710条・723条）。プライバシーはより新しい権利概念である。新聞，雑誌，書籍のような活字メディア，ラジオ，テレビのような電波メディア，さらに最近ではインターネットの普及により，名誉・プライバシー侵害の機会は増えている。

╳トピック14.1_　インターネット上の人格権侵害と発信者の情報開示

　インターネット上に名誉を毀損する内容やプライバシーを侵害するような内容が掲載されたとしても，誰がそれを行ったのかが不明であれば，被害者としては中止（内容の削除）の請求も損害賠償の請求もしようがない。しかし，プロバイダに発信者の氏名等の情報を求めても，回答は得られない。プロバイダには本当に名誉毀損やプライバシーの侵害が成立しているのか判断できないし，もし情報を開示してしまったら，このプロバイダと利用契約を結んでいる発信者から責任を追及されかねないからである。

　このようなプロバイダのジレンマを解決するため，プロバイダ責任制限法（正式名は「特定電気通信役務提供者の損害賠償責任の制限及び発信者の情報開示に関する法律」）が2002年4月1日に施行された。本法4条4項により，情報開示請求者の請求にプロバイダが応じなかったことにより発生した損害に対する損害賠償は，通常の709条よりも制限され，プロバイダに故意または重過失がある場合に限定された。

　(ii)　名誉侵害

　(ア)　名誉侵害の意義

　名誉とは，個人の主観的な名誉感情とは区別され，個人が形成してきた社会的評価のことである。名誉侵害（名誉毀損）とは，この社会的評価を低下させる行為のことである。代表的なものとしては，誤った事実を主張したり，著しく不当な表現で論評することにより，他人の社会的評価を低下させることである。

　なお，法人の社会的信用低下にも，それによって生じる無形の損害に対する

慰謝料請求が認められている（★最判昭和39・1・28民集18巻1号136頁）。

名誉侵害の判断基準は，新聞などの活字メディアでは，一般の読者の普通の注意と読み方（★最判昭和31・7・20民集10巻8号1059頁），テレビのときには一般の視聴者の普通の注意と視聴の仕方（★最判平成15・10・16民集57巻9号1075頁），インターネット上の名誉侵害でも同様の考え方に立ち，一般の閲覧者がサイトの掲載内容を信用性のないものと認識し，評価するかどうかによる（★最判平成24・3・23判時2147号61頁）。

　　(イ)　責任の阻却

メディアの発達が名誉侵害を増大させていることは確かであるが，他方，言論の自由，報道の自由，国民の知る権利は保障されるべきである。そこで，メディアの活動が不当に抑制されないよう，客観的に名誉侵害はあったとしても，侵害者の責任を阻却する理論が発展してきた。

それは，名誉毀損の罪に関する刑法230条ノ2に準じるものである。判例は，真実でない事実を主張して名誉侵害した場合について，その主張が，公共の利害に関する事柄を公益を図る目的で報道する限り違法性はなく，報道した内容を真実と信じる正当な理由があれば過失が否定されて，責任を免れるとする（★最判昭和41・6・23民集20巻5号1118頁）。最も争いのあるのは，主張内容は真実ではなかったが，真実であると信ずる相当の理由があったかどうかである。メディアが情報の「裏をとる」ことがどの程度求められるのかが問われるからである。真実でない事実の主張ではなく，論評の場合には，その主張が公共の利害に関する事柄を，公益を図る目的で報道され，著しく相当性を欠く論評でなければ不法行為とならない（★最判平成9・9・9民集51巻8号3804頁）。

　　(iii)　プライバシー

プライバシーは，当初は「私生活をみだりに公開されないという法的保障ないし権利」として理解された（★東京地判昭和39・9・28下民集15巻9号2317頁）。今日では，個人の情報に関するコントロール権であるとの考え方が加わっている。したがって，ある講演会に出席した者の氏名を本人の承諾を得ることなく警察に提供することはプライバシー侵害となり得る（★最判昭和56・4・14判時1001号3頁，★最判平成6・2・8民輯48巻2号149頁，★最判平成15・9・12民集57巻8号973頁）。

　　(f)　氏名・肖像

氏名自体は公表されているものであり，一定の場合（○○の参加者，入学者，購入者として特定の意味を持つ場合）に，プライバシー侵害の問題を生じる。このほか，氏名について，本人の明示的な意思に反して，または害意をもって誤った呼称

をすることも違法である（★最判昭和63・2・16民集42巻2号27頁）。

　肖像を無承諾で公表することも違法である。新聞や週刊誌への写真掲載は古くからの例であるが，現在では個人の撮影によるブログ，SNSなどへの掲載も問題となる。

　肖像にはもう一つ別の側面がある。いわゆるパブリシティーの権利である（★最判平成24・2・2民集66巻2号89頁）。これは，スポーツ選手や俳優，歌手などが，自分の肖像を無断使用されない権利である。肖像には経済的価値があり，無断で利用することは，パブリシティーの権利を侵害し，相手に生じた逸失利益（正当な使用契約をしていれば得られたであろう利益）等の賠償責任を生じる。

> ### ✕トピック14.2＿　物のパブリシティ権
>
> 　AはゲームソフトにBが所有する競走馬の名称を無断で使った。そこで，BはAに対して損害賠償を請求した。しかし，最高裁は，①競走馬の名称が顧客誘引力を有し，経済的な利益を生むものだとしても，これを排他的に利用する権利は，競走馬の所有者には認められておらず，②不正競争防止法や知的財産法で名称が保護されない以上，法令などの根拠なく名称の排他的利用を認めることもできず，③競走馬の名称が有する顧客吸引力の排他的利用を認める社会的な慣習や慣習法もないとして，Aの行為に違法性を認めなかった（★最判平成16・2・13民集58巻2号311頁：ギャロップレーサー事件）。

【2】　物権

　(a)　所有権

　所有者は所有物を法令の制限内で自由に使用，収益，処分できる（▷206条）から，これの妨害は所有権侵害となる。所有者の意思に反して，その物を毀損したり，使用することは所有権侵害である。

　(b)　用益物権

　地上権（▷265条）や永小作権（えいこさくけん）（▷270条），地役権（ちえきけん）（▷280条），入会権（いりあいけん）（▷294条）に定められる用益物権者の用益の妨害も権利侵害であり，違法である。建物建設を目的とする不動産賃借権（借地権。▷借地借家法2条1号参照）は債権であるが，地上権と同様に保護されると考えてよい。例えば，Aが甲土地を所有し，Bがその土地に借地権に基づく利用権を有していたところ，Cが権限なく甲土地を使用し始めたときには，Aの所有権侵害と同時に，Bの借地権侵害を生じる。

　(c)　担保物権

　担保物権の目的物の侵害は，その物の所有者に対する所有権侵害になるとと

もに，担保物権の侵害ともなり得る。

　比較的よく問題となる抵当権の場合，加害者による目的物への侵害により，交換価値が低下または消滅することにより，目的物の交換価値を把握している抵当権が侵害されたと言える。

　ただし，抵当権者はつまるところ，被担保債権の回収ができればよく，当該目的物への侵害があったとしても，被担保債権が回収不可能となり，損害が発生するかどうかは確定的でない。しかし，判例は通常であれば抵当権が実行される段階（被担保債権の履行遅滞後）であれば，抵当権侵害を理由として賠償請求できるとしている。

　なお，担保目的物への不法行為により所有権者が取得した損害賠償請求権に，抵当権者が物上代位することも可能である（▷372条・304条）。

　(d)　特別法上の物権

　特別法に基づく漁業権，採石権，鉱業権などの物権の侵害も違法である。水利権や温泉権などの慣習法上の権利の侵害についても違法である。

　(e)　占有

　占有の妨害，占有の妨害のおそれ，占有の侵奪のある時は，占有訴権が認められるとともに，損害賠償請求が認められる（▷198条・199条・200条1項）。

【3】　知的財産権

　特許権，実用新案権，意匠権，商標権，著作権は，知的財産に対する一定の排他的支配権を認めており，その侵害は違法である。何が違法な侵害に当たるかは各法の規定による。また，侵害によって生じた損害の賠償責任についても，まずは各法の定めるところによる（▷特許法102条以下，商標法38条以下，著作権法114条以下等）。

【4】　債権

　(a)　債権の帰属の侵害

　第三者が債権者に代わって支払を受けたのに，債務者の支払が有効となったとき（▷478条），債権者は第三者に対して損害賠償請求が可能である。

　しかし，AからBとCへの不動産二重譲渡があった場合に，第二譲受人Cが第一譲受人Bより先に対抗要件を具備したことにより（▷177条），BのAに対する売買契約上の債権が侵害されたときは対抗要件具備までが自由競争であり，Cの行為に違法性はなく，BのAに対する履行不能に基づく債務不履行責任（▷415条1項）が問題となるだけである。

　(b)　債権の目的の侵害

債務者の給付目的物または役務提供契約における役務提供者の侵害により，債権が消滅する場合がある。この場合には，目的物や債務者に結び付く債権関係は多様に考えられるので，侵害者に債権侵害の故意が存在するときにのみ不法行為が認められるとされる。

　第三者が債務者の債務不履行に加担した場合，債権者からこの第三者に不法行為責任を追及することが考えられる。債務者と通謀する等により関連共同性が認められるか（▷719条1項），教唆・幇助に当たる場合（▷同2項）に責任を認めていくことになろう。

　(c)　債務者の責任財産の侵害

　債務者の責任財産を侵害することによって，債権の回収を侵害する場合である。事実行為による場合，債務者は侵害された財産を塡補する損害賠償請求権を取得すると，今度はこれが責任財産を構成することになる。

　契約による債権の侵害，例えば，債務者A唯一の責任財産である土地の贈与をBが受ける契約を締結し，債権者CがAに対して有する債権を害することになった時は，詐害行為取消権（▷424条）の問題として処理されよう。

【5】　財産利益

　詐欺により金銭をだまし取られた被害者は詐欺者に対して損害賠償請求ができる。また，裁判を受ける権利（▷憲法32条）が存在するため，違法性が認められるのは限定されるが，訴えの提起（仮処分や仮差押えも含む）が不当であるとして，相手方に対する損害賠償が認められることもある（★最判昭和44・7・8民集23巻8号1407頁）。もっとも，このケースでは企業や個人の社会的信用の低下が問題になることもある（不当な差押え等により，経営状態が悪化しているとの誤った風評が広がる等）。

【6】　営業

　独占禁止法に反する行為で被害者に損害を与えた者（▷独占禁止法25条），不正競争行為によって競業者に損害を発生させた者（▷不正競争防止法4条）は損害賠償責任を負う。これらの条文の適用されない場合であっても，不正行為によって他人の営業に損害を与えたときには，不法行為による損害賠償責任を負う（★大判昭和15・8・30民集19巻1521頁：台湾バナナ事件）。

❖Lec **15** 故意・過失 ·····························

【事例】 Aは，制限速度を守って自宅付近の車道を自動車で走行していた。児童公園のそばを通るとき，今頃の時間は小学生がよく遊んでいるので気を付けなればと思っていた矢先，小学1年生Bがボールを追いかけてAの自動車の直前数メートルのところに飛び出してきた。急ブレーキを踏んだが間に合わず，Bに衝突してけがを負わせた。Aの運転には過失があったと言えるだろうか。

▶ §1 故意・過失の意義

▶▶1 違法性要件との関係

　伝統的には，❖Lec14で取り上げた違法性（権利侵害など）と有責性（故意・過失）とは，不法行為責任の客観的要件と主観的要件として区別して論じられてきた。しかし，後述のように，違法性が客観的な権利侵害の有無だけではなく，総合的な判断となり，他方，過失の判断も過失の客観化により総合的な義務違反の判断であると考えられるようになると，両者の区分はあいまい化した。

　そこで，学説では，不法行為のこの2つの要件を違法性に一元化しようとする違法性一元説と，過失に一元化しようとする過失一元説も生じた。

▶▶2 過失の高度化

【1】 注意の厳格化

　他人に損害を与えることが予見可能であるほど，またコントロールの難しい活動であるほど，慎重さが求められることは一般的に理解できるだろう。歩行者よりは自動車運転者に高度な注意が求められる。食品や医薬品は，人の生命，健康に直接の影響を与え，重大な損害を生じやすいため，それらの製造にあたっては高度な注意が要求される。高温や高圧，危険物質を取り扱う産業施設の事故は，従業員や近隣の住民に大きな被害を与えるので，高度な安全管理が求められる。医療は，身体を直接侵襲するから，医師にも高度な注意が求められる。こうして見ただけでも，われわれの日常生活を便利で豊かにしてくれているさまざまな活動が，その反面で損害を与える危険性も有しており，活動の際に求められる注意は，専門的で厳格なものになる傾向がある。

【2】 過失の証明責任の転換

709条で被害者が加害者に対して損害賠償請求するとき，損害賠償請求権の成立要件である過失が加害者に存在したことは，被害者が主張・立証しなければならない。上述のように，過失が厳格化することによって，行為者の責任は厳しく問われることになるはずである。

しかし，それは同時に被害者による過失の証明も困難にしている。例えば，化学工場の爆発，薬品の副作用，手術後の後遺症について，工場を経営する会社や製薬会社，医師や病院の過失を証明することは容易ではない。被害者は一般の市民であり，専門的な知識を持ち合わせていないことも多く，また裁判所で証明しようとしても，証拠はもっぱら加害者の支配領域内にあるという問題もある。そこで，「過失の一応の推定」を認めることによって被害者の救済を図ることも行われるようになった。

709条よりも一定の場合に厳しい責任を定める民法上の特殊の不法行為では，過失責任主義に拠りながら，過失の証明責任を逆転させ，加害者の免責立証としたものがある。責任無能力者の監督義務者の責任（▷714条1項ただし書），使用者の責任（▷715条1項ただし書），土地工作物の占有者の責任（▷717条1項ただし書），動物占有者の責任（▷718条1項ただし書）である。

同様の証明責任の転換を図った特別法上の責任には，自動車損害賠償保障法3条ただし書がある。

【3】 709条における無過失責任の一般条項的役割

過失責任主義に対して無過失責任がある。加害者の故意・過失を帰責の原理とせず，加害行為の危険性（危険責任）や，加害者がその行為により利益を得ていること（報償責任）を帰責原理として，責任を負わせる考え方である。民法の不法行為では，土地工作物の所有者の責任がこのような考え方に立っている（▷717条1項ただし書）が，709条や714条以下においても過失を高度化したり証明責任を転換したり，さらには免責立証を認めないという方向に進むことにより，事実上の無過失責任が認められてきた。というのも，わが国では無過失責任は特別法によって極めて限られた不法行為についてのみ認められているに過ぎないため，新たに生じる無過失責任の必要を，過失責任の条文を用いて補う必要があったからである。

特別法の無過失責任規定としては，鉱業法109条，大気汚染防止法25条，水質汚濁防止法25条，原子力損害賠償法3条，そして製造者の過失ではなく製造物の欠陥を責任要件とする製造物責任法3条が挙げられる。公害・環境侵

害や食品，医薬品製造者の責任等については特別法によって対応されるように
なっているが，民法の不法行為規定の解釈・運用による対応は，今後も続くも
のと考えられる。

▶ §2_ 故 意

▶▶1 意義

　故意とは，他人の権利や利益を侵害するという結果を予見しながら，あえて
その行為を行う心理状態のことである。具体的に結果が誰に発生するのかま
で認識している必要はない。Aの物を壊そうと石を投げたがBの物に当たって
壊れた場合でも，Bへの故意の所有権侵害を認めてよい。自宅のベランダから，
下を歩く誰でも良いから当たればよいと植木鉢を投げ落としたところ，通行人
Aにあたってケガをさせたり，通りがかりのBの車が損傷したときにもAやBに
対する故意が認められる（概括的故意）。また，Aの物を壊す可能性を認識して
いたが，その結果を認容していたときにも故意が認められる（未必の故意）。こ
の場所でボールを投げて遊んでいればAの物を壊すのではないかと思っていた
が，それでもかまわないと考えて遊び続けていたら，ボールがAの物に当たっ
て壊れてしまったときである。

▶▶2 違法性の認識の要否

　判例は，故意が認められるには，結果の認容に加えて違法性の認識も必要と
するようである（★大判明治41・7・8民録14輯847頁）。しかし，学説では違法性の
認識までは不要とする見解もある。
　もっとも，不法行為では過失の場合にも責任が認められる。したがって，違
法性の認識がないため故意が認められないとしても，客観的には違法性のある
行為によって損害を発生させたのであるから，過失は認められ，不法行為責任
を免れることにはならない。

▶▶3 過失との区別の意義

　709条は「故意又は過失」で責任の成立を認めるので，その限りでは故意と
過失を区別する意義はない。ただし，債権侵害や営業侵害の不法行為では，侵
害態様が違法性判断の重要な要素となり，結果的に故意がある場合にのみ不法

行為の成立が認められることはある。

　また，慰謝料は諸事情を総合考量して決まるから，加害者に故意が存在することは，過失のときよりも増額事由となり得る。AがBに同じケガをさせたときでも，過失よりは故意の方がBの精神的苦痛も大きいと言えよう。

▶§3＿　過失【1】──過失の客観化

▶▶1　主観的過失から客観的過失へ

　過失とは，かつては意思の緊張の欠如（ぼんやりしている心理状態のこと）であり，それが損害賠償責任を問える帰責の根拠であると考えられてきた（主観的過失）。今日でも，日常生活で生じる単純な不法行為，例えば，友人の持ち物を使わせてもらっていて壊してしまったというような場合には，このような意味での過失が妥当するかもしれない。また，かなり高度な注意が要求されると思われる自動車やバイクの運転であっても，「前方注視をおこたり，漫然と運転していた」というときの「漫然」のように，意思の緊張の欠如が過失の存在の説明に用いられていることもある。

　しかし一般的には，過失とは，予見可能性を前提とした結果回避義務違反であると理解されている。ある行為の際の意思の緊張の欠如ではなく，その行為では法的に期待された結果回避義務を，客観的に見て実行できていないことを過失と評価しているのである（客観的過失）。

▶▶2　予見可能性

　Aがある行為をしたらBに損害を発生させることが予見可能であるときに，はじめて，その結果を回避する義務が認められる。予見可能性は結果回避義務が認められる前提だと考えられる。

　しかし，公害や薬害事件では，生命・健康や環境に重大な侵害結果を引き起こす可能性が高いため，予見義務（結果を発生させる恐れがないかを知るための調査研究義務）まで尽くすことが求められる。例えば，医薬品の製造にあたって，副作用の疑念がある場合には最高の技術水準による調査研究が求められる（★東京地判昭和53・8・3判時899号48頁：東京スモン訴訟）。直接体内に摂取する食品製造についてもこのような高度の注意義務が要求されるが，医薬品や食品は，製造物責任法の適用を受けるため，製造物責任法以前に展開されてきた不法行為に

おける製造会社の過失の議論は，現在では，同法3条の製造物の「欠陥」の解釈論に反映されている。

▶▶3 結果回避義務

結果発生の予見可能性があっても，その結果を回避する義務が課され，それに違反することがなければ過失は認められない。例えば，児童公園の近くを自転車で通り過ぎるときには，小さな子供が道路に飛び出してくることは予見可能である。案の定，飛び出してきた子供に衝突しても，その状況で自転車運転者に求められている結果回避義務をつくしていれば（前方を十分注視し，妥当な速度を保ち，飛び出しに対する回避操縦も適切であった等），過失は認められず，賠償責任は負わない。

過失とは結果回避義務違反のことであるとしたリーディングケースは公害事件であった（★大判大正5・12・22民録22輯2474頁：大阪アルカリ事件）。この判決では，工場の排煙が周辺地域に甚大な被害を生じさせていたにもかかわらず，結果回避のために「相当な設備」を設けていれば結果回避義務を尽くしているから過失はないとしたため，批判もされた。究極の結果回避は，結果発生の予見可能性があれば，その行為を中止することであるが，それでは，他人に損害を発生させる可能性が少しでもある工場の操業はできないし，自動車の運転もできず，社会生活が成り立たない。しかし活動自体の中止が求められる場合も存在する（★新潟地判昭和46・9・29下民集22巻9・10号別冊1頁：新潟水俣病事件，★福岡地判昭和52・10・5判時866号21頁：カネミ油症事件）。

▶▶4 重過失

「重過失」とは，結果回避義務への違反の程度（期待された行為からのずれの大きさ）が重大な過失のことである。例えば，失火責任法は，失火に重過失の場合にのみ責任を認めるので，重過失と過失とを区別する意義がある。

▶ §4　過失【2】——過失の判断基準

▶▶1 結果回避義務の判断基準

結果回避義務違反があるかどうかについては，アメリカのハンド判事の定式をもとに，①行為による危険発生の程度，②侵害される利益の重大さ，③行為

義務を課することによって犠牲となる利益の比較衡量によって決められる。

このうち特に問題指摘のあるのは③である。「大阪アルカリ事件」でも公害防止の「相当の設備」があれば過失がないとされたが，「相当」の判断に，③の工場操業による企業の利益や公害防止設備に要する費用が重視されてしまう可能性があるからである。しかし，すでに見たように，②が生命・身体のように重要で，①の可能性が高い場合には，活動の全面中止による結果回避が求められることもある。

▶▶2　抽象的過失

【1】　序

どのような結果回避義務が課されるべきかを考えるとき，義務の水準は通常人の知識・能力・経験をベースとして設定される（抽象的過失）。当該加害者本人が有する能力を基準に設定される過失（具体的過失）は一般的には妥当ではない。本人は精いっぱい頑張っているにしても，下手な自動車運転や勉強不足の医者に過失なしとはできない。もっとも，近隣や友人等の親しい人間関係で生じる日常生活上の不法行為では，具体的過失が妥当することもあり得る。

【2】　取締法規との関係

事故発生の危険がある行為については，行政上の目的を達成するために，取締法規が設けられ，一定の行為を禁止したり制限したりしていることがある。例えば，道路交通法，労働安全衛生法，食品衛生法，医薬品医療機器法である。しかし，これらの法規を順守しているから過失がないというわけではない。例えば，自動車が法定速度を守って走行していたからと言って，子どもの飛び出し事故を回避する義務を尽くしていたとは言えない。

【3】　具体的な問題

抽象的過失にいう通常人は一元的ではなく，専門領域や社会領域に応じて，類型化して考えられるべきものである。過失の存否が問われるいくつかの事案類型を以下に挙げておきたい。

　(a)　自動車など交通機関

自動車の運行供用者および運転者の過失は，自賠法の下では同法3条の免責事由として問題になるに過ぎない。判例によると，自動車運転者は他の自動車運転者も同様に交通法規を遵守した行動をとることを信頼してよい（信頼の原則）。したがって，自動車は道路左側を進行する二輪車が急に右側に走路を変更することを予見する必要はなく（★最判昭和43・9・24判時539号40頁），青信号で

交差点を直進する自動車は右折待ちの自動車が右折し始めることを予見して徐行する必要はない（★最判昭和45・1・27民集24巻1号56頁）。

バス，航空機，船舶，鉄道の旅客に事故による損害が発生したときには，運送契約上の債務不履行のほか不法行為責任が問題となる。ホームドアや踏切などの鉄道施設による事故の場合の不法行為責任では717条の問題になろう。

(b) 公害

「四日市ぜんそく」「水俣病」「新潟水俣病」「イタイイタイ病」の四大公害事件をはじめ，水質汚濁，大気汚染，空港騒音，道路の騒音・振動・排気ガスなど，産業化の急速な進展により，わが国でも公害が激化した。水質汚濁防止法，大気汚染防止法では無過失責任の規定があるが，特定の有害物質に限られているので，そのほかの原因によるときは，709条の過失責任による。

なお，公害や薬害の事件では，従業員の709条の責任を使用者である企業（株式会社という法人）が代位して被害者に対して責任を負いうるほか（▷715条），企業自体に結果回避義務を尽くせていないことを問い709条責任が追及されることが多い。

(c) 労災

労働災害では，労働契約上の安全配慮義務違反として債務不履行責任が追及されることが多いが，過労自殺した労働者の直接の上司の注意義務違反（▷709条）の成立を認め，会社の責任を使用者責任（▷715条）で認めた例もある（★最判平成12・3・24民集54巻3号1155頁）。

(d) 学校事故

学校の教員は教育活動から生じる危険から児童・生徒・学生を守る義務を負っている（★最判昭和62・2・13民集41巻1号95頁）。教員の児童らに対する民法709条が成立するときには，学校（の設置主体）は，使用者責任（▷715条）を負う。

児童らの間で生じた事故についても学校の監督義務違反が問題となる。例えば，柔道の乱取り練習中に上級生が下級生を負傷させた事故で，学校の監督義務違反が認められている（★最判平成9・9・4判時1619号60頁）。他方，児童がほこりを払うためにベストを振り回していて，他の児童の目を負傷させた事件では学級担任の過失を否定した（★最判平成20・4・18判時2006号74頁）。

(e) 医師

(i) 医療過誤訴訟ではしばしば医師の過失が争点となるため，判例が積み重ねられている。

まず，人の生命・身体・健康に直接の影響を伴う高度の専門職に従事する医

師には，「その業務の性質に照らし，危険防止のために実験上必要とされる最善の注意義務が要求される」（★最判昭和36・2・16民集15巻2号244頁「輸血梅毒事件」）。ここにいう最善の注意義務の基準は「医療水準」である。医師は「臨床医学の実践における医療水準」（★最判昭和57・7・20判タ478号65頁）に則って医療を行うことが求められる。

医療水準は全国一律なものではなく，当該医療機関の性格（開業医か地域の基幹的な総合病院か，大学付属病院か等），所在地域の医療環境の特性などの事情を考慮して考えるべきものである（★最判平成7・6・9民集49巻6号1499頁：未熟児網膜症事件）。

ただし，諸事情を考慮するといっても，医薬品の説明書通り血圧測定をしないことが，どの医師も行っている医療慣行であるとしても，説明書通り血圧測定すべきであるならば過失が認められる（★最判平成8・1・23民集50巻1号1頁）。

患者が現在かかっている病院では治療できなくとも，他の病院では治療可能なときには転医により結果回避する義務（転医義務）も認められることがある（★最判平成15・11・11民集57巻10号1466頁）。

(ⅱ) 医師の過失については，技術的な過誤だけではなく，説明の過誤（説明義務違反）が問題となることも多い。治療の後遺症の説明，より高度な治療を受けることができる医療機関を紹介したり，医療水準としては未確立であっても，治療方法選択のために患者への説明義務が認められるケースである（★最判平成13・11・27民集55巻6号1154頁）。

☕カフェ・コンシェルジュ15.1__　未熟児網膜症と医療水準論

　未熟児は生存できれば幸いという時代がかつてはあった。医療技術の進歩によって，生存率は高まった。未熟児は呼吸器官などが未発達であったりするため，特別な保育器に入れられ，酸素濃度を高めた環境に置かれることがある。ところが，この高い酸素濃度が，眼の発達には悪影響を及ぼし，失明や視力の低下を招くのである。これが未熟児網膜症である。網膜症に対しては光凝固法という新しい治療方法が生まれていたため，この治療が行われなかった医療過誤があるとして多くの訴訟が提起された。これに対し，厚生省特別研究班が「未熟児網膜症の診断および治療基準に関する研究報告」を1975年8月に公表し，その結果，これ以前に出生した子については医療水準に達する前であったとして，病院の責任を認めないという画一的な態度を裁判所はとるようになった。このような判断は厳しい批判にさらされ，前出の判例（★最判平成7・6・9）によって医療水準に対する考え方が改めて示されることになったのである。

(f) 一級建築士

　一級建築士が，工事管理者として名義だけ提供し，その結果重大な欠陥のある建物が完成したときに，その建物購入者に対する不法行為責任が認められている（★最判平成15・11・14民集57巻10号1561頁）。

　建物の設計者，施行者，工事管理者について，建物の欠陥が契約関係にない居住者等の建物利用者，隣人や通行人に損害を与えたときにも，「建物の基本的な安全性」を損なうことの内容にする注意義務の違反があるとして不法行為を認める（★最判平成19・7・6民集61巻5号1769頁）。「建物の基本的な安全性」損なう瑕疵とは，居住者等の生命，身体，財産を危険にさらすような瑕疵である（★最判平成23・7・21判時2129号36頁）。

(g) 司法書士

　司法書士が，依頼人である不動産売主の当該不動産取得の経緯に疑義があるとして突然嘱託を断ったのが原因で当該不動産の売買契約が解除されたため，売主に生じた損害につき過失が認められている（★最判平成16・6・8判時1867号50頁）。

✕トピック15.1＿　法人の過失行為

　公害・環境侵害や薬害，食品公害事件では，企業（株式会社という法人）自体の709条責任が問われることがある。法人も契約責任の主体となることは疑いようがないから，不法行為責任についても，責任の帰属については疑問の余地はない。問題は，不法行為要件の充足をどのように判断するのか。企業の不法「行為」とは，「故意や過失」とは何なのかである。この点については，多くの人と物的施設を組織して事業を行う法人について，個々の構成員があるいは複数の行為が関係しあって行われた他人への加害を，法人の行為とみなし，その行為の欠陥を過失として捉えられるようになっている。

❖Lec **16** 損害・因果関係 ·····························

> **【事例】** Aが製造した弁当甲を食べた50人中Bら40人が食中毒菌乙による食中毒症状を発症した。Aが保管していた甲のサンプルを調査したところ，甲のおかずの一品として入っていたポテトサラダから乙が検出され，Aのポテトサラダの保管方法に過失があったことが判明した。Bは，Aの過失により食中毒になったと言えるだろうか。

▶§1__ 本講で取り扱う範囲

　通説・判例は，差額説による損害の理解の下，不法行為法には賠償範囲に関する規定がないため，416条を類推適用して，不法行為と相当因果関係にある損害が賠償範囲であるとし，不法行為と損害とに相当因果関係が存在することを成立要件としてきた。

　しかし，この相当性の判断には，不法行為がなければ損害が発生しなかったという事実的因果関係の有無のレベル，事実的因果関係のある損害のうちのどこまでが賠償対象となるのかという賠償範囲の確定のレベル，最後に賠償範囲となる損害の金銭評価のレベルがある。最初は不法行為成立要件に関わり，後二者は不法行為法の効果に関わるものである（▶§2▶▶2参照）。

　本書でも成立要件に関る因果関係は❖Lec**16**で，損害賠償の範囲は❖Lec**19**で分けて説明する。

▶§2__ 損　害

▶▶1　損害の意義
【1】　差額説
　判例によれば，損害とは，不法行為がなければ被害者に存在したであろう利益状態と，不法行為によって生じた利益状態の差額のことである（差額説）。

損害は，財産的損害と非財産的損害に区別される。前者はさらに，不法行為を原因として被害者が支出して生じた不利益（積極的損害）と，不法行為を原因として被害者が得られなかった利益（消極的損害。逸失利益ともいう）に分けて考えられる。非財産的損害に対する損害賠償は慰謝料とも呼ばれる。自然人が被る精神的損害のほか，法人の社会的信用毀損の場合にも無形の損害を生じているとして，慰謝料を認めている（前述119頁の▷710条の解説を参照）。

【2】 個別損害項目積上げ算定方式

例えば，Aが自動車でBの自転車に衝突してケガをさせ，自転車も壊れたときの損害としては，積極的損害としてケガの治療費，自転車の修理費，消極的損害として，かりにケガによってBが勤務できず減収になったとすると，その減収額，この事故によってBが被った精神的苦痛に対する慰謝料を全部足した金額となる。

このように損害の全額は，これらの損害項目に入るものを合算することにより算定される（個別損害項目積上げ〔算定〕方式）。損害の発生は不法行為責任の積極的要件であるから被害者が具体的に立証すべきであるが，慰謝料については裁判所の裁量によって決められる。

【3】 民訴法248条

民訴法248条は，損害が生じたとは認められるが，損害の性質上その額を立証することが極めて困難であるときには，裁判所は相当な損害額を認定することができるとし，損害額の証明の軽減が図られている。

【4】 権利侵害と損害の関係

侵害される権利や利益の種類が人格的なものであっても，死亡事故の場合の逸失利益のように財産的損害を生じることもある。人格権に数えられる名誉毀損やプライバシー侵害ではもっぱら慰謝料が問題となるが，有名人の肖像権（その経済的価値を中心に捉えたいわゆるパブリシティー権）の侵害の場合のようにもっぱら財産損害の賠償が問題となることもある。

物損の場合に慰謝料請求がされることは少ないかもしれない。しかし，故意により，家族同様に大事されているペットを死亡させたり，記念の品を毀損した場合に，慰謝料も考えられなくない。近時は，取引過程における説明義務違反が不法行為となる場合に慰謝料支払を認めた判例も現れている（★最判平成16・11・18民集58巻8号2225頁）。

▶▶2 事実的損害論

差額説は，損害賠償実務で定着している損害論である。損害賠償につき，金銭賠償主義（▷722条1項）を採用する以上は，賠償されるべき損害は金額で示される必要がある。

これに対して，学説では事実的損害論が主張され，これを前提とする後述の因果関係の理解の仕方と共に，有力となっている。事実的損害論によると，文字通り損害とは損害事実である。すなわち，先のAがBに自動車で衝突した事故では，Bのケガ，自転車の故障，Bの減収といった事実自体が損害である。

そして，判例が，加害行為から相当因果関係の範囲にある損害（額）を賠償すべきであるとして，不法行為成立要件における因果関係は相当因果関係であると見るのに対し，事実的損害論は，判例が相当因果関係の有無の判断で行っている法的作業を三段階に分ける。すなわち，①加害行為と事実的損害との間の事実的因果関係の存否の判断，②事実的因果関係のある損害のうち，どの範囲までが賠償されるべきかという賠償範囲確定の判断，最後に，③賠償されるべき損害がいくらに金銭評価されるのかという判断の三段階である。

今日では，①の事実的因果関係を，損害とともに不法行為成立要件で論じ，②と③は不法行為の効果，損害賠償の内容として説明するのが一般的である。

▶▶3 人身侵害の損害論

【1】 差額説批判

生命・身体侵害の不法行為における差額説の不当性から，差額説を批判して，新たな損害論が展開されてきた。例えば生命侵害の場合の消極的損害であるが，差額説によるとその金額は被害者の収入の有無，多寡によって大きく異なってしまうことになる。それで妥当なのかどうかが問題提起され，以下のような見解が主張された。

【2】 死傷損害説

死傷損害説は，生命，身体への侵害（死傷）という事実そのものを損害と捉える考え方である。性別や職業，年齢などによって生命，身体の価値に違いはないから，損害賠償額は定額化して，非財産的損害として認めるべきであると主張する。

【3】 労働能力喪失説

労働能力喪失説は，生命，身体侵害により人が潜在的，顕在的に有する労働することによって収入を得る能力が失われた事実そのものを損害と見る見解で

ある。労働能力喪失説は，逸失利益の部分の理解が差額説とは異なっている。

【4】　包括損害説

　包括損害説は，生命，身体への侵害によって発生した被害者の社会的，経済的，精神的損害事実を総体的に把握すべきであると主張する。従来のような損害項目の合算方式では，社会的・経済的・精神的損害のすべてをトータルに把握でないとの理解に立っている。

▶ §3__ 事実的因果関係

▶▶1　事実的因果関係の判断

【1】　「事実的」の意味

　加害行為と事実的損害との間の因果関係の判断と，賠償範囲の確定の判断はひとまず区別できるように見えるが，実は後者の事実的因果関係といっても，自然科学的な意味での因果関係ではない。あくまで不法行為成立要件としての事実的因果関係であり，そこには法的な評価が入り込まざるを得ない。

【2】　事実的因果関係の判断方法

　(a)　条件式による判断

　事実的因果関係の有無は，「加害者の故意または過失による行為がなければこの損害がなかった」という関係（条件式）が成立すればよい。

　「Aの自転車運転に過失がなければ，Bの損害はなかった」というような単純な不法行為では，事実的因果関係が争点になることはまずない。むしろここで問題になるとすれば，賠償範囲や賠償額であろう。

　これに対し，公害や薬害で，「この化学物質の摂取がなければ，この生命・身体損害が生じなかった」といえるのかどうかの判断は訴訟でもたびたび争点となる。

　交通事故被害者が，一般に考えられるのと異なり，軽微な後遺症であるにもかかわらず，事故後うつ病に陥り，最後は自殺したときに，「交通事故がなければ生命損害はなかった」といえるかも問題となる。確かに，被害者は，この交通事故にあうまでは，快活な性格で，何の問題もなく社会生活を送っていた。この事件で人生が変わったのは確かだが，同じような境遇の被害者が必ずしも自殺に至るわけではないからである（★最判平成5・9・9判時1477号42頁）。過労により従業員が自殺したような場合，会社の過失と従業員の死亡損害との事実的

因果関係にも同様の問題を生じうる（★最判平成12・3・24民集54巻3号1155頁）。

　以下では，条件式によっては事実的因果関係の判断が難しいいくつかの問題について触れておきたい。

> ### ✂トピック16.1__ 被害者の自殺との因果関係
>
> 　近時問題となっている因果関係の認定に対して慎重な法的評価が必要なものとして，A社の労務管理の問題があったため，Bが過労に陥り，さらにうつ状態に陥って自殺した場合（★最判平成12・3・24民集54巻3号1155頁）や，Cの過失ある運転でDが負傷したが，受傷や後遺症は比較的軽微であったにもかかわらず被害者が日常生活を取り戻すことができず，自殺したような場合（★最判平成5・9・9判時1477号42頁）に，加害行為と死亡による損害との間に因果関係を認めるか否かがある。判例は，これを通常損害と特別損害のどちらに理解するのか判然とはしないものの，死亡による損害に対して相当因果関係を肯定している。ただしその上で，被害者の自殺という結果には被害者自身の心因も関係していることを考慮し，過失相殺（▷722条2項）の類推適用による減額を行っている。

(b)　例外的判断

(i)　Aの不法行為によって損害は発生せず，Bの不法行為によっても損害は発生しないが，両者が合わさると損害が発生する場合である。例えば，Aの廃液とBの廃液が合わさって初めてCに損害が発生する場合である。この場合，条件式を単純に当てはめると，AともBとも事実的因果関係はなく，Cはいずれにも損害賠償請求できないことになる。しかし，この結論は妥当でないと考えられ，AB両者にCの損害との事実的因果関係を肯定すべきである（AとBは連帯してCに対し賠償債務を負う）。

(ii)　また，Aの不法行為でもCに損害を発生させ，Bの不法行為でもCに損害を発生させる場合に，両者が同時に行われCに損害を発生させたたきにも条件式は成立しない。Aの不法行為がなくても，Bの不法行為によって損害が発生し，Bについても同様のことが言えるから，結局，ABともに事実的因果関係が認められないことになる。これも妥当でないので，(i)と同様にABともに事実的因果関係が肯定される。

(iii)　逆に条件式が成り立つが事実的因果関係を否定すべきとされるのは，きわめて偶然的な事象が途中に介在する場合である。例えば，AがBを殺害しようと思い，海外旅行をプレゼントしたら，望みどおりに飛行機が墜落してBが死亡した場合である。「Aが海外旅行をプレゼントしなければ，Bは死亡しなかった」といえるが，Aに不法行為責任が認められるのは妥当でなく，事実的因果

関係は認められない。

　(vi)　Aが何も行動しなかったので（Aの不作為），目前でおぼれていたBが助からずに死亡した場合，「Aの不作為がなければ，Bの生命損害は発生しなかった」とは言えない。Aは不作為なので，損害発生には何ら影響を与えていないからである。Aの責任が問題になるのは，AにはおぼれているBを助ける義務（作為義務）があったのに，それを尽くしていない過失があるときのみである。

【3】　割合的因果関係論

　事実的因果関係の判断は，その行為が損害を発生させたか否か，判断結果はオール・オア・ナッシングである。これに対し，複数の不法行為者が関与したときに，損害との因果関係を割合的に認める見解がある。これを割合的因果関係論と言い，下級審ではこのような考え方を採った判決も見られる。例えば，AとBの不法行為が競合してCに損害を発生させたとき，Aの行為とCの損害には60％の割合で因果関係があり，Bの行為とCの損害との間には40％の割合で因果関係があるとか，Aは70％，Bは50％であり，重なる20％については連帯して責任を負うなどと説明する。しかし，最高裁は割合的因果関係論を採用していない。

▶▶2　事実的因果関係の証明

【1】　高度の蓋然性

　訴訟上の因果関係の立証は，一般的には，一点の疑義も許されない自然科学的証明ではなく，経験則に照らして全証拠を総合検討し，特定の原因が特定の結果を招来した「高度の蓋然性」があればよいとされている（★最判昭和50・10・24民集29巻9号1417頁：ルンバールショック事件）。

　事実的な因果関係は，Aの暴力によってBが負傷したケースのように，単純な不法行為の場合には比較的明瞭で，裁判で争われることもあまり考えられない。しかし，過失と同様，排水，大気汚染などの公害や薬害，食品事故，医療過誤などの不法行為では，被害者にとって事実的因果関係の証明が大きな負担となることが多い。これらの不法行為訴訟では，因果関係の証明に高度な専門知識が必要であり，加えて，証拠が偏在（加害者の支配領域に存在）していることが普通だからである。

【2】　蓋然性説

　そこで，過失の証明と同様に，因果関係の証明を緩和する議論が続けられてきた。その一つは，「高度の蓋然性」から「かなりの程度の蓋然性」の証明に

程度を下げる見解である。公害事件などで有力に支持する学説があるが，裁判では採用されていない。

【3】 疫学的因果関係論

高度の蓋然性の証明方法として，コンビナートによる大気汚染公害と地域住民の罹患したぜんそくとの因果関係を判断するために，疫学的手法によって因果関係を認定することも肯定されている（★津地裁四日市支判昭和47・7・24判時672号30頁：四日市大気汚染公害事件）。

疫学的因果関係論によれば，当該患者が加害工場からのばい煙によってぜんそくに罹患したことは，次のように証明される。すなわち，疾病の原因として特定されている因子が，①疾病発生の一定期間前に被害者に作用しており，②因子と結果の間に量と効果の相関関係が存在し，③因子の分布消長と効果発生の特性が矛盾なく説明でき，④因子と結果の関係が生物学的にも矛盾なく説明できるならば，事実的因果関係が認定される。冒頭の食中毒事例でも，このような方法でポテトサラダの乙が原因であることが認められるだろう。

【4】 事実上の推定

経験則により，事実Aが存在するときには事実Bが存在するということができるならば，Aを証明することによってBの存在を推定し，事実的因果関係を否定するために，Bの不存在を加害者に反証させるという方法である。

医療過誤ケースで，注射したところが化膿したが，注射器具，施術者の手指，患者の注射部位などの何らかの消毒不完全等の医師の過失がなければ化膿という結果は考えられないから，消毒不完全を具体的には特定することなく，医者の過失と化膿との事実的因果関係を推定した例がある（★最判昭和39・7・28民集18巻6号1241頁）。

また公害訴訟では，因果関係の証明には，①被害疾患の特性とその原因物質，②原因物質が被害者に到達する経路，③加害企業における原因物質の精製から排出に至るまでの経路が明らかにされねばならないが，①②が証明されれば，③は推定されるから，③については加害者に免責立証が求められるとして判決がある（★新潟地判昭和46・9・29下民集22巻9=10号別冊1：新潟水俣病判決）。

❖Lec **17** 違法性阻却事由・責任無能力 ………

【事例】 小学3年生のAは，小学校の砂場で同じクラスのBと，ふざけて遊んでいるうち，砂をBの顔をめがけて投げたため，砂がBの眼に入ってしまい，Bは眼を負傷した。AはBに対して，損害賠償責任を負うのだろうか。

▶§1__ 不法行為成立要件との関係

▶▶1 違法性と違法性阻却事由

❖Lec**14**で取り上げた権利侵害や違法な利益侵害があれば，不法行為の要件のうち客観的要件である違法性の要件を満たし，しかし違法性阻却事由がある場合には，違法性が阻却されることにより不法行為責任は成立しない，というのが古典的な違法性と違法性阻却事由の関係であった。そして，違法性阻却事由は責任を阻却する要件であるから，加害者側の免責立証であると考えられてきた。

このような考え方に立つと，例えば，消防士が延焼を防ぐために火元の隣家に放水して建物を壊すのは，所有権侵害で違法であるが，正当業務行為として違法性が阻却されると考えることになる。医者が手術のために患者の身体にメスを入れるのも同様に考えられる。しかし，これらの行為にそもそも違法性があるのか。違法性の判断が総合的なものになり，疑問を生じるようになっている。

▶▶2 過失と責任能力

他方，不法行為要件としての過失が主観的なものであった時には，責任能力の存在が過失の有無を判断できる論理的前提であると考えられてきた。しかし，すでに見たように，過失の客観化により，過失の判断は違法性の判断と重なる部分を生じる一方，責任無能力であることは，過失判断の論理的前提ではなくなり，政策的な免責理由となってきている。

‣§2__ 違法性阻却事由

‣‣1　正当防衛

【1】　意義

　正当防衛とは，他人の不法行為に対し，自己または第三者の権利または法律上保護される利益を防衛するため，やむを得ずした加害行為である（▷720条1項本文）。例えば，AがBに襲い掛かってきたのでBが近くに落ちていた棒切れで応戦した（反撃型）のほか，AがBに襲い掛かってきたのでCの敷地に逃げ込んでCの所有物を壊してしまったようなケース（転嫁型）でも，Bの行為は正当防衛であると認められる。

【2】　要件

　(a)　他人の不法行為であること。

　客観的にみて「他人の権利または法律上保護される利益を侵害する行為」（▷709条）であればよく，故意・過失や責任能力が存在しているかは問われない。

　「他人の権利または法律上保護される利益を侵害する行為」が行われていると勘違いして，他人を加害したときには，誤想防衛と呼ばれ，正当防衛は認められない。例えば，AがBを介護しようとしているところを，AがBに暴行を加えていると勘違いし，Aに加害するような場合である。

　(b)　自己または第三者の権利または法律上保護される利益を防衛するためであること。

　709条の文言改正に合わせる形で「法律上保護される利益」も明文で規定された。現に権利侵害等が生じている場合だけではなく，権利侵害等が行われるおそれがある場合に対しても，防衛が認められる。

　(c)　やむを得ずした加害行為であること

　やむを得ないと認められるには，他人の不法行為に対する急迫の加害行為であり，そして，加害行為が他に選択の余地のないものでなければならない。

　加えて，たとえその加害行為を選択せざるを得ない状況であったとしても，その行為によって守られる権利または法律上保護される利益と，その行為によって相手方に発生する不利益との衡量が必要である。後者が勝るときには，過剰防衛となり，正当防衛とは認められない。逆に，Aの挑発行為に対してBが暴力をふるったような例で，Bに過剰防衛が認められると，AのBに対する

損害賠償請求が認められることもあり得る。もっとも，Aの挑発行為について，過失相殺が適用されて，賠償額が減額されることは考えられる。

【3】 効果

正当防衛が成立すると，加害行為によって生じた損害に対して損害賠償の責任を負わない（▷720条1項本文）。条文上の効果として，違法性を阻却するとはされておらず，解釈の余地を残している。

ただし，被害者から不法行為をした者に対する損害賠償請求は妨げない（▷同条ただし書き）。Aの不法行為に対して，BがCの家の庭に逃げ込み，器物を損壊したが，Bに正当防衛が認められるときに，CからAへの損害賠償請求が認められる。

▶▶2 緊急避難

【1】 意義

他人の物から生じた急迫の危難を避けるため，その物を損壊した場合（▷720条2項）には，正当防衛の規定が準用され，物を損壊した者は損害賠償責任を負わない。これを緊急避難と呼んでいる。例えば，Aが所有する飼い犬がBに襲いかかったので，Bが棒きれではたいて犬にけがをさせた場合，Bに緊急避難が成立し得る。

【2】 要件

(a) 他人の物から生じた急迫の危難であること

他人の物から生じた危難である必要がある。Aが自分の飼い犬を使ってBにけがを負わせようとしたときには，Bが犬にけがをさせても，犬はAの不法行為の手段にすぎず，Aの不法行為の問題になるので，Bの加害行為は緊急避難ではなく正当防衛となる。ただ，効果は同じであり，両者を厳格に区別する意義はない。

(b) それを避けるためその物を損傷したこと

危難の原因となるその物を損壊したことが要件である。したがって，Aの飼い犬に襲いかかられたので，Cの家に逃げ込んでCの所有物を損壊しても，BはCに対する損害賠償責任を免れない。緊急避難では，正当防衛と異なり，転嫁型は認められていないのである。

(c) それ以外に適当な防衛手段がないこと

条文にはない要件だが，一般にこの要件を補って考えられている。正当防衛で「やむことを得ない」ことが求められたのと同様である。したがって，Aの

飼い犬に襲われても，逃げ切れるのであれば，Bの反撃は緊急避難として違法性阻却されない。

【3】 効果

緊急避難の要件を満たせば，他人の物に損害が発生しても損害賠償責任を負わない。

☕カフェ・コンシェルジュ17.1＿ 刑法上の正当防衛・緊急避難との違い

刑法にも正当防衛（▷刑法36条1項），緊急避難（▷同条2項）があるが，民法とは少し異なる概念である。刑法の正当防衛は，侵害者に対する反撃だけであり，第三者に対する侵害となったときは，緊急避難として扱われる。

そして，刑法では，人の行為によると物によるとにかかわらず，危険から自己または第三者の利益を守るために他人の利益を侵害したときが緊急避難となる。民法の緊急避難は物による危難に限定し，しかも他人への侵害の場合に緊急避難の成立を認めない。緊急避難について，刑法では広く他の人，他人の物への危険の転嫁を免責するのに民法ではそうでないため，危険を転嫁された人に対する刑事責任は免れても，民事責任は残り得るのである。

もっとも，720条に該当しない場合でも，次の ▷§3で見るように，明文規定にはない違法性阻却事由を認めている。720条のみを取り上げて，違法性阻却の範囲の広狭を論じることはできない。

▶▶3 さまざまな違法性阻却事由

【1】 自力救済

(a) 意義

自力救済は，相隣関係において境界樹根の除去（▷233条4項）のように明文規定で認められる以外，原則禁止である。しかし，法律に定める手続によったのでは，権利に対する違法な侵害に対抗して現状を維持することが不可能または著しく困難であると認められる緊急やむを得ない特別の事情が存する場合にのみ，その必要の限度を超えない範囲内で，例外的に許される（★最判昭和40・12・7民集19巻9号2101頁）。

(b) 要件

自力救済は，次のような要件を満たすときに，適法と認められる。

（i） 自力救済によって回復または保全しようとする権利が，自力救済を行う者に属しており，法的手続によって実現可能なものであること。

例えば，借家契約に違反して賃貸人が部屋を施錠し，借家人を追い出す行為はこの要件を欠いている（賃貸人には明渡請求権がそもそも不在である）。

(ii)　自力救済行為が，(i)の権利の回復または保全の目的でなされたこと。

(iii)　法律に定める手続によったのでは，権利の回復または保全が不可能または著しく困難であると認められる緊急やむを得ない特別の事情が存在すること。

①　債権者が債務者の意思に反して店舗の商品を持ち出したり，所有権留保者や譲渡担保権者が目的物を担保権設定者の意思に反して搬出するようなときである。違法性は阻却されず不法行為になるとした判例もある（★最判昭和53・6・23判時897号59頁）。

②　他人に物の占有が奪われれば，1年間の間，占有回収の訴えが認められている（▷200条2項）。占有を奪われそうなときに，元の占有者は侵奪者を自力で排除できるか。このような占有の混乱状況では，元の占有者に自力救済を認めるべきであるとされている。

(iv)　自力救済に用いられた手段が，権利の回復または保全の方法として相当であること。

正当防衛や緊急避難で論じられているのと同様であり，過剰な手段は認められない。

(c)　効果

自力救済が認められる場合は極めて限られるが，認められれば，それによって相手方に損害が発生しても賠償責任を免れる。

【2】　正当業務行為など

(a)　法令に基づく行為

刑法では，正当防衛，緊急避難のほか，法令による行為や正当な業務による行為も違法性阻却事由とされている（▷刑35条）。不法行為でも，刑法35条に相当する法令による行為，正当業務行為のほか違法性が阻却されるべき行為類型を認めている。

ただし，法令に根拠のある行為類型に該当したり，ある種の業務行為に該当すれば，ただちに違法性が阻却されるのではなく，当該の具体的行為に正当性がなければならない。例えば，医者の治療行為が一般的には許容されている治療方法だとしても，具体的に行われた治療に正当性がなければ違法となることがあり得る。

(b)　名誉毀損やプライバシー侵害行為の違法性阻却，責任阻却事由

名誉，プライバシー侵害（▶§2▶▶2【1】(e)）を参照。

(c)　被害者の同意

(i)　被害者が同意する能力を有し，その同意が公序良俗に反しないときに

は，加害者の不法行為責任は免責されると考えられる。有効な同意であるためには，具体的な不法行為，損害に対する同意である必要がある。

　(ii)　医療現場では，医的侵襲行為を行う際に，十分な説明をした上での患者の同意（インフォームド・コンセント）が求められる。患者の同意があった医療行為でも，治療のプロセスにおいて具体的な行為に責任が問われうることは言うまでもない。

　医療では，意識不明で患者に同意を求められない場合や，緊急性から同意を求める時間的余裕がない場合なども多々生じる（本人の同意に代わる推定的同意の問題）。このような場合でも，客観的に適切な治療が行われれば，その行為自体に責任を生じることはないが，患者への自己決定権侵害となる可能性は残ると思われる。

　(d)　危険の引受

　「危険の引受」のほか「自己の危険に基づく行為」，公害事件では「危険への接近」という言葉が用いられることがある。被害者が危険を引受けたために不法行為による損害が発生したとして，免責する考え方である。

　かつて，最高裁は，空港の騒音公害で，空港付近に入居してきた住民について，入居後に侵害が格段に増大したなどでない限り，入居者において被害を忍受しなければならないとした（★最大判昭和56・12・16民集35巻10号1369頁：大阪空港事件）。

　しかし，その後の空港騒音訴訟では，婚姻による転居などやむを得ぬ事情による入居では減免責せず，そのほかの事情でも全部免責ではなく，過失相殺で処理されるようになっている（★横浜地判昭和57・10・20下民集33巻5＝8号1185頁：厚木基地公害第1次訴訟，★最判平成5・2・25裁判集民167号下359頁：横田基地騒音公害訴訟，最判平成6・1・20訟務月報41巻4号523頁：福岡空港騒音公害訴訟，等）。さらには，公平の観点から，被害者の危険の引受を考慮しない判決も現れている（★東京高判平成7・12・26訟務月報43巻12号3193頁：厚木基地公害第1次訴訟差戻控訴審，等）。

　(e)　好意同乗

　自動車運転者が酩酊しているのを承知で助手席に乗り込んだ者の損害賠償請求について，この場合にも被害者の同意や危険の引受により全部免責するのではなく，損害賠償責任は認めた上，乗車の経緯から50％の過失相殺をした原審に違法はないとした判例がある（★最判昭和42・9・29判時497号41頁）。

　(f)　スポーツなど

　スポーツによる負傷についても，損害を発生させた者の免責を，被害者の同意や危険の引受で説明されることがある。しかし，具体的な損害発生の局面で，

スポーツのルール順守はもちろん，適切な行動がとられていたかという，正当業務行為性が客観的に問われるべきであろう。正当業務行為として免責されない時でも，被害者側でも適切な対応ができていないときには，過失相殺の問題を生じ得る（★最判平成 7・3・10判時1526号99頁）。

　そのほか子どもの遊びでは，鬼ごっこ中に小学校 2 年生が 1 年生に背負ってもらって逃げようとし転倒させたことに違法性がないとした例（★最判昭和37・2・27民集16巻 2 号407頁），小学 2 年生が手製の弓矢を打ち合う「インディアンごっこ」で相手を失明させたことは社会的に許容されないとして違法性を認めた例（★最判昭和43・2・9 判時510号38頁）がある。

▸§3__ 責任無能力

▸▸1　未成年者の責任無能力

【1】　意義

　712条は，不法行為のときに自己の行為の責任を弁識するに足りる知能（責任能力）を備えていなかった未成年者は，不法行為責任を負わない。条文の体裁から明らかなように，損害賠償を請求する被害者が加害者の責任能力を主張立証する必要はない。被害者が709条の要件を証明したとき，加害者が自らの責任無能力を証明できれば責任を免れることになる。

【2】　責任無能力の判断

　「責任を弁識するに足りる知能」にいう責任とは，道徳的または社会的責任ではなく，法的な損害賠償責任のことであり，それを認識する能力が必要だとされる。したがって，722条 2 項の過失相殺の前提となる過失相殺能力（事理弁識能力）とは異なるものである。

　責任能力を備えているか否かは個別事例ごとに判断されることになるが，小学校を卒業する12歳前後が責任能力を備える年齢的な目安とされている。この判断は不法行為の種類によっても異なりうるであろう。たとえば，手で殴る，物を壊すなどの単純な行為よりも，他人の著作権を侵害するような行為の場合の方が，法的責任を弁識する能力としてはより高度なものが要求されるからである。

　なお，未成年者に責任能力がないときには，被害者はその監督義務者の責任が問うことになる（▷714条）。未成年者に責任能力が認められるときには，本人自身の709条責任が成立する。しかし，未成年者には賠償資力がないため，親

権者などにも709条による責任を認めるケースがある（→❖Lec**21**）。

▶▶2　精神的障害による責任無能力

【1】　意義

　713条は，精神上の障害により責任能力がない状態で加害行為を行った者は，不法行為責任を負わないと定める。713条本文は712条と同じく加害者の免責立証である。

　ただし，故意または過失によってそのような状態を招いた場合には責任を免れない。これは，加害者が不法行為時の責任無能力を主張立証したときに，被害者が主張立証すべきである。

　712条と同じく，加害者本人が責任無能力であるときには，その監督義務者に714条の適用がある。超高齢化社会の到来により，成人であっても責任能力のない状態で他人に損害を与えてしまうケースは増加すると考えられ，不法行為の新たな課題となっている。

【2】　責任無能力の判断

　本条本文にいう「自己の行為の責任」も712条の場合と同様に法的責任のことを指す。精神上の障害は，疾病のほか飲酒や薬物の服用など，その種類は問われない。加害行為がそのような責任弁識能力を欠く最中に行われたことが要件である。したがって，ある種の疾病により断続的に責任弁識能力を欠く状態になる者が，たまたま弁識能力を有している間に行った加害行為については本条により免責されることはない。

【3】　713条ただし書の意義

　713条ただし書によると，たとえ加害行為時に責任弁識能力がない状態であっても，その状態を加害者の故意または過失によって招いた時には免責されない（いわゆる「原因において自由な行為」）。

　通説によると，故意または過失とは，責任弁識能力がない状態を招くことについての故意または過失であると解されている。例えば，他人への加害行為をためらいなく行えるようにある種の薬物を服用し，責任能力を失った状態で加害行為をなし遂げたようなケースである。なお，一時的にその状態を招いたときに限られているから，故意または過失によって恒常的に責任弁識能力がない状態を招来してしまい，その間に加害行為を行ったときには，ただし書の適用はなく，責任能力の不在を理由に免責されることになる。

❖Lec **18** 損害賠償の方法と 損害賠償請求権の主体 ⋯⋯⋯⋯⋯⋯

▸§**1**__ 損害賠償の方法

▸▸1　金銭賠償の原則

　709条その他の規定に基づき不法行為の要件が満たされると，損害賠償請求権と呼ばれる債権が発生する。したがって，不法行為の効果は，損害賠償だということになる。

　損害賠償とは，損害を塡補（てんぽ）することを意味するが，これには，次の2つの方法がある。第1は，損害を金銭に見積もり，これを支払うことによって損害を塡補するという方法である。これを，金銭賠償という。第2は，金銭賠償以外の方法によって損害を塡補するという方法である。これを，原状回復という。たとえば，Yが運転するオートバイが，Xが所有する自動車甲に衝突し，甲のバンパーが損傷したところ，Yは，自動車修理工であったため，自分で甲のバンパーを修理したという場合，原状回復が行われたことになる。わが国の民法は，損害賠償の方法につき，金銭賠償の原則をとっている（▷722条1項による▷417条の準用）。これは，貨幣経済が高度に発達した今日の社会において，損害事故が発生した場合の解決は金銭の支払をもってするのが便利であるとの考えに基づくものである。

　ところで，金銭賠償における賠償金の支払方法に関しては，これを一括で支払う一時金賠償と，一定期間（月，年など）ごとに支払う定期金賠償がある。定期金賠償は，将来における状況の変化に対応できるため，とりわけ人身損害の賠償において優れた方法であるといわれている。しかし，その一方で，定期金賠償による場合，被害者は，事故後，相当長期にわたって，賠償金の請求や取立てを行わなければならず，加害者側との関わりをもち続けなければならない。そうしたことから，現在のところ，損害賠償を求める圧倒的多数の訴訟に

おいて，一時金賠償が請求されている。なお，最高裁は，損害賠償請求権者が一時金賠償を請求している場合，定期金賠償を命じることはできないとの見解を示している（★最判昭和62・2・6判時1232号100頁）。

▶▶2　原状回復

　金銭賠償の原則をとるわが国の民法において，原状回復は，あくまで例外的な方法として位置づけられている。具体的には，次の2つの場合において，原状回復によることが認められている。

　第1は，原状回復によるとの特約が当事者間にある場合である。これは，722条1項によって準用される417条が，「別段の意思表示」がある場合に金銭賠償以外の方法によることができるとしていることから，明らかである。なお，債務不履行とは異なり，不法行為においては，損害事故が発生する前の段階で当事者間に連絡関係がある場合は，それほど多くはない。したがって，ここでは，主として事故後に特約がなされた場合が念頭に置かれている。

　第2は，特則によって原状回復によることが認められている場合である。たとえば，名誉毀損においては，加害者が被害者に賠償金を支払ったとしても，それだけでは，侵害状態からの回復を実現することはできない。そこで，723条は，名誉毀損において，「裁判所は，被害者の請求により，損害賠償に代えて，又は損害賠償とともに，名誉を回復するのに適当な処分を命ずることができる」と定めている（なお，同条の「損害賠償」は，金銭賠償を意味する）。

　この「適当な処分」としては，新聞や雑誌への謝罪広告の掲載が，多くの裁判例において命じられている。これに対しては，裁判所が被告に対して謝罪という倫理的判断を含んだ行為を強制することは，良心の自由を保障する憲法19条に違反するのではないかとの指摘がある。それによると，裁判所が被告に命じるべき「適当な処分」は，記事についての謝罪ではなく，その内容の訂正や取消しにとどめるべきだということになる。しかし，判例は，「単に事態の真相を告白し陳謝の意を表明するに止まる程度のもの」であれば，良心の自由を侵害するものにはあたらないとしている（★最大判昭和31・7・4民集10巻7号785頁）。したがって，たとえば，「右記事は真実に相違しており，貴下の名誉を傷つけ御迷惑をおかけいたしました。ここに陳謝の意を表します」といった内容の謝罪文であれば，憲法上問題はない。

　このほか，723条の「適当な処分」として，報道によって名誉を毀損された者に，同一のメディアにおいて反論文を掲載する権利を与えることができるか

どうかが問題となる。この権利を反論権という。反論権は，フランスなどにおいて認められているが，わが国においては，反論文の掲載を強制されるメディアの側の表現の自由の確保などについて十分に議論が尽くされておらず，定着するには至っていない。

✕トピック18.1__ 差止め

　交通事故や暴行事件などのように，一回的な行為によって加害が終了する事例においては，発生した損害を填補することによって，被害者救済が達成される。これに対し，工場による騒音の排出や，他人の人格を傷つける内容の出版物の発行などのように，加害行為が継続して行われる事例や，行為は一回的でも加害状態が継続する事例においては，発生した損害を填補したとしても，それだけでは被害者救済を十分に達成することができない。そこで，これらの事例においては，加害状態を除去することによって，現在および将来における損害の発生を防止することが必要となる。これを，差止めという。わが国の民法は，差止めについての規定を置いていないが，一定の要件のもとで差止めが認められることについては，争いはない。

　差止請求権をどのような根拠によって導くのか——差止めの法的構成——に関しては，学説上，次の2つの見解が対立している（なお，これらの見解以外にもいくつかの有力な学説が存在する）。

　第1に，権利の侵害ないしそのおそれがある場合に，その権利の効力として差止請求権が発生すると考える見解がある。これを，権利説という。この見解においては，差止請求権を発生させる権利として，どのようなものを認めるかが問題となる。まず，所有権をはじめとする物権をそのような権利として考えた場合，差止請求権は，物権的請求権の一種として，明確な位置づけを与えられる。しかし，これでは，公害のように，主として生命，身体，健康の侵害が問題となる事例において，物権の侵害ないしそのおそれが認められないかぎり，差止請求権を発生させることができない。そこで，物権とは別の排他的支配権を観念し，これに基づいて差止請求権の発生を認める見解が主張されている。このような見解として，人格権に基づく差止めを主張する見解（人格権説）と，環境権——良き環境を享受し，これを支配しうる権利——に基づく差止めを主張する見解（環境権説）がある。

　第2に，公害のように，加害行為が継続して行われる事例においては，差止めと原状回復とを明確に区別することが困難であるとの認識に基づき，差止めを，損害賠償とならぶ不法行為の効果として位置づける見解がある。これを，不法行為説という。この見解においては，差止請求権を発生させる不法行為規範として，どのようなものを想定するかが問題となる。たとえば，そのような規範として709条を想定する場合，原告は，被告の故意または過失を立証できないかぎり，差止めを請求することができない。そこで，学説においては，不法行為の要件を，受忍限度を超える侵害に一本化し，個々の事案ごとに利益衡量を行ったうえで，侵害が受忍限度を超えるものであると判断された場合にかぎり，差止請求権の発生を認めるという見解が主張されている。これを，受忍限度論という。

　以上のように，差止めの法的構成に関しては，学説上，権利説と不法行為説が対立しているが，裁判実務においては，これらを折衷した立場がとられている。すなわち，まず，最高裁は，名誉毀損の事案において，「人格権としての名誉権」に基づき差止請求権が発生する

ことを認めている（★最大判昭和61・6・11民集40巻4号872頁）。また，公害の事案においては，「個人の生命，身体，精神および生活に関する利益」の総体を人格権と捉え，これに基づく差止めを認めた裁判例がある（★大阪高判昭和50・11・27判時797号36頁）。したがって，これらをみるかぎり，裁判実務においては，権利説——とりわけ人格権説——がとられていることになる。しかし，その一方で，裁判所は，公害の事案において，権利の侵害ないしそのおそれがあることのみをもって差止めを認めるのではなく，そのうえに，侵害が受忍限度を超えるのかどうかについての利益衡量を行うのが一般的である。そして，そこでは，侵害行為の態様・程度や被侵害利益の性質・内容のほか，侵害行為の公共性や被害防止のための対策の有無などが，考慮要素として挙げられている（★名古屋高判昭和60・4・12判時1150号30頁）。

　なお，侵害が受忍限度を超えるのかどうかの判断は，損害賠償の場合にも行われることがあるが，差止めの場合，被告の行為を止めるという重大な結果をもたらすため，受忍限度を超えるとの判断は，損害賠償の場合と比べ，慎重に行われる傾向にある（★最判平成7・7・7民集49巻7号1870頁，★最判平成7・7・7民集49巻7号2599頁）。

　このほか，プライバシー侵害においては，対立する利益に対し，「当該事実を公表されない法的利益が優越することが明らかな場合」に差止めが認められる（★最決平成29・1・31民集71巻1号63頁）。

▶§2 　損害賠償請求権の主体

▶▶1　自然人および法人の損害賠償請求権

　709条その他の不法行為の規定は，一定の要件を満たした者が，生じた損害につき賠償責任を負うことを定めており，損害賠償請求権を有するのが誰であるのかを明示していない。しかし，その文理からして，不法行為の被害者が損害賠償請求権の主体となることに疑いはない。

　ところで，ここでの被害者には，自然人のほか，法人が含まれる。ただし，法人に関しては，自然人とは異なり，肉体的・精神的苦痛を受けることがないため，非財産的損害（▷710条）の賠償を請求することができるかどうかが問題となる。たとえば，Yが発行する新聞の記事によって法人Xの社会的評価が低下したものの，これによって財産上の損害は生じなかったという場合を考えてみよう。この場合，Xは，精神的苦痛を受けることがないため，名誉毀損による損害賠償請求権を行使することはできないと考えることもできないわけではない。しかし，判例は，このような場合においても，「財産以外の損害」（▷710条）として「無形の損害」が発生することはありうるとし，そのかぎりにおいて，

法人に損害賠償請求権があることを認めている（★最判昭和39・1・28民集18巻1号136頁）。

　胎児は，損害賠償請求権については，すでに生まれたものとみなされる（▷721条）。したがって，たとえば，Xが胎児である間に，父親Aが交通事故で死亡した場合，Xは，生きて生まれてきたならば，加害者Yに対し，近親者固有の慰謝料請求権（▷711条）を行使することができる。

　では，この事例において，Xが胎児である間に，母親Bが，Yとの間で示談交渉を行い，その結果，示談金の支払と引換えに，今後いっさい賠償請求を行わないという内容の合意がなされた場合はどうだろうか。721条を，胎児は権利能力を有しないが，生きて生まれてきた場合，さかのぼってこれを取得するという趣旨の規定だとすると（停止条件説），Xの出生前に成立した示談において，法定代理人BがXの権利を代理して処分することは，理論上ありえないことになる。したがって，同条の趣旨をこのように解するかぎり，Xは，出生後に，Yに対して近親者固有の慰謝料請求権を行使できることになる（★大判昭和7・10・6民集11巻2023頁）。しかし，これに対しては，721条が胎児に権利能力を認めている以上，子がすでに出生している場合と同様，親権者による代理を認めるべきだとする見解も有力である。

　不法行為によって被害者の生命が侵害された場合，被害者はすでに死亡しているため，損害賠償請求権の主体が誰であるかが，とくに問題となる。

【1】　判例の立場──相続説

　この問題に関して，判例は，生命侵害の場合，被害者に発生した損害賠償請求権が，その死亡によって，相続人に相続されると考えている。したがって，この見解によれば，生命侵害の場合，損害賠償請求権の主体となるのは，被害者の相続人だということになる。この見解を，相続説という。

　相続説によれば，被害者の相続人は，被害者の損害賠償請求権を相続して行使することになる。具体的には，加害行為によって生じた財産的損害として，積極的損害と消極的損害（死亡逸失利益）の賠償を請求することができるほか，加害行為によって生じた精神的損害として，被害者が死に際して受けた肉体的・精神的苦痛に対する慰謝料を請求することができる。また，被害者の相続人の

うち，被害者の父母，配偶者，子に関しては，被害者の損害賠償請求権を相続して行使するのとは別に，近親者固有の慰謝料請求権（▷711条）を行使することができる。

　以上のうち，被害者が死に際して受けた肉体的・精神的苦痛に対する慰謝料の請求権に関しては，かつては，原則として，相続の対象にならないと考えられていた。それによると，慰謝料請求権は，被害者の一身に専属する権利であるため，被害者が生前に請求の意思を表明していないかぎり，相続の対象にはならないとされていた（意思表明説。★大判大正8・6・5民録25輯962頁，★大判昭和2・5・30新聞2702号5頁など）。しかし，この立場によると，被害者が生前に請求の意思を表示していたかどうかによって，相続人が被害者の慰謝料請求権を行使できるかどうかが変わってくる。これは，事案の処理のあり方としては，均衡のとれたものとは言いがたい。

　こうしたなか，最高裁は，昭和42（1967）年に大法廷を開き，慰謝料請求権について，被害者が生前に請求の意思を表明していたかどうかに関わりなく，当然に相続の対象になるとの見解を打ち出した（当然相続説。★最大判昭和42・11・1民集21巻9号2249頁）。その理由として，最高裁は，慰謝料請求権が発生する場合の被害法益は，被害者の一身に専属するものであるが，その侵害によって生じる慰謝料請求権そのものは，財産上の損害賠償請求権と同様，単純な金銭債権であることを挙げている。

【2】　相続説の問題点と相続否定説の台頭

　判例の立場である相続説は，生命侵害の場合の損害賠償請求権者を，民法の相続に関するルールによって一義的に確定するものであり，理論的に明快なものである。しかし，その一方で，この立場には，次のような問題があることが指摘されている。

　①　第1に，相続説は，生命侵害の場合，被害者に発生した損害賠償請求権が，その死亡によって相続人に相続されると考えるが，これは，論理的に成り立たない。というのも，生命侵害についての損害賠償請求権は，被害者の死亡によって発生するが，被害者に損害賠償請求権が帰属するためには，被害者が生きていなければならないからである。つまり，この見解は，生命侵害による損害賠償請求権の発生要件としての被害者の死亡と，相続開始の要件としての被害者の死亡とを別個に観念しているところに，根本的な問題がある。この論理矛盾を，「死前に死あり，死後に死あり」という。

　②　第2に，相続説によると，たとえば，40歳のAが不法行為によって死亡

し，その唯一の相続人である75歳の父親Xが，加害者Yに対して損害賠償を請求した場合，Xは，Aが不法行為によって死亡しなかった場合よりも高額の金銭を手に入れることになる。なぜなら，XがAの相続人として受け取ることのできる死亡逸失利益の金額は，Xが残りの人生においてAから受け取ることができた扶養料の金額よりも，格段に高くなると考えられるからである。このような不合理は，不法行為がなかった場合の被害者の余命に比べ，相続人の余命が短い場合に生じる。この不合理を，逆相続の不合理という。

　③　第3に，相続説によれば，たとえば，死亡した被害者Aに，内縁の妻X₁と，20年以上連絡関係の途絶えた兄X₂がいるとした場合，Aの死亡によって経済的にも精神的にも大きな痛手を負っているX₁ではなく，何らの痛手も負っていないX₂が，Aの損害賠償請求権を相続して行使できることになる。このX₂のように，被害者の死亡によって何らの痛手も負っていないにもかかわらず，その相続人であるというだけで損害賠償請求権を取得できてしまう者のことを，「笑う相続人」という。

　以上の問題を受け，学説においては，生命侵害の場合の損害賠償請求権者を，被害者の相続人ではなく，被害者の死亡によって固有の損害を被った者だとする見解が示されている。これを，相続否定説（固有損害説）という。この見解は，被害者の死亡によってどのような権利・法益を侵害され，損害を被った者を損害賠償請求権者とするのかによって，さらに，いくつかの見解に分かれる。このうち，これまで比較的有力に主張されてきたものとして，被害者の死亡によって扶養を受けられなくなった者を，損害賠償請求権者とする見解がある。これを，扶養侵害説という。

　扶養侵害説をとる場合，相続を問題にしないため，上記①～③の問題は生じなくなる。しかし，それにもかかわらず，判例は，依然として相続説を維持している。その最大の理由は，扶養侵害説をとる場合に比べ，相続説をとる場合のほうが，遺族が請求できる金額が高くなる点にあると考えられる。人は，労働によって得た収入の一部を使って家族を扶養する。したがって，扶養侵害説のもとで認められる失われた扶養料よりも，相続説のもとで認められる死亡逸失利益のほうが高額になる。こうしたことから，扶養侵害説においては，賠償額を高額化することが課題となる。

【3】　固有の慰謝料請求権を行使できる者の範囲の拡大

　すでに述べたように，生命侵害の場合において，死亡した被害者の父母，配偶者，子は，711条により近親者固有の慰謝料請求権を行使することができる。

しかし，判例は，被害者の父母，配偶者，子でなくても，これらの者と実質的
に同視できる身分関係があり，被害者の死亡によって甚大な精神的苦痛を受け
た者については，同条の類推適用により，固有の慰謝料請求権を取得するとし
ている（★最判昭和49・12・17民集28巻10号2040頁）。これによると，たとえば，被
害者の内縁配偶者や，親代わりの兄弟姉妹も，被害者の死亡によって甚大な精
神的苦痛を受けた場合には，同条の類推適用により，固有の慰謝料請求権を行
使できることになる。

▶▶4　被害者の負傷と近親者固有の損害賠償請求権

　不法行為によって被害者が負傷した場合，被害者自身が損害賠償を請求でき
ることは言うまでもない。これに対し，負傷した被害者の近親者が，不法行為
によって固有の損害を被った場合，その者が，加害者に対して損害賠償を請求
できるかどうかが問題となる。

　まず，財産的損害については，たとえば，被害者が負傷したため，近親者が
被害者に代わって治療費を支出した場合が問題となる。判例は，こうした費用
につき，被害者が自らの損害として賠償を請求することも，また，近親者が直
接加害者に対して賠償を請求することも，ともに可能であるとしている（被害
者の賠償請求権につき，★大判昭和18・4・9民集22巻255頁，近親者の賠償請求権につき，★
大判昭和12・2・12民集16巻46頁）。

　つぎに，精神的損害については，生命侵害の場合の近親者固有の慰謝料請
求権について定めた711条との関係が問題となる。生命侵害の場合とは異なり，
身体侵害の場合においては，被害者自身による慰謝料請求が可能であり，これ
が認められると，近親者の精神的苦痛も慰謝されることが少なくない。した
がって，身体侵害の場合において，近親者固有の慰謝料請求権を認めるとして
も，それは，あくまで例外的な場合に限られるべきである。この点と関わって，
最高裁は，10歳の女児が交通事故で顔面を負傷し，容貌に著しい影響を与える
ほどの瘢痕（はんこん）が残ったという事案において，「子の死亡したときにも
比肩しうべき精神上の苦痛を受けた」として，女児の母親の慰謝料請求権を認
めている（★最判昭和33・8・5民集12巻12号1901頁）。なお，このような結論を導く
ための法律構成としては，生命侵害に関する711条を身体侵害の場合に類推適
用することも考えられるが，最高裁は，709条および710条を根拠条文として
挙げている。

▶▶5　間接被害者の損害賠償請求権

　たとえば，加害者Yの不法行為によって，X1が生命や身体などの権利・法益を侵害され，損害を被ったところ，そのことによって，さらにX2が損害を被ったとしよう。ここでのX1を直接被害者といい，X2を間接被害者という。この事例において，X1がYに対し，損害賠償を請求できることは言うまでもない。問題となるのは，X2がYに対し，損害賠償を請求できるのかどうかである。これは，Yの不法行為によってX1が負傷し，それによって近親者X2が精神的損害を被ったという事例（▶▶4）など，さまざまな事例において問題となりうる。こうしたなか，これまで，この問題がもっとも活発に議論されてきたのは，X2が企業であり，X1がその取締役や従業員であるという事例である。この事例を，企業損害の事例という。

　企業損害の事例において，間接被害者である企業X2が，加害者Yに対し，損害賠償を請求できるかどうかに関しては，次の2つの事例に分けて考える必要がある。

　第1は，X1が被った損害の全部または一部をX2が填補したため，これによって，X2が損害を被ったという事例である。ここでのX2の損害は，X1の損害がX2に反射したものといえるため，この損害を，反射損害という。反射損害の事例においては，X2がX1に対して損害を填補する義務を負っていた場合と，負っていなかった場合とに分けて考える必要がある。まず，前者の場合に関しては，損害賠償による代位に関する422条を類推適用し，X2のYに対する損害賠償請求権を認めることが考えられる（使用者が労働基準法79条に基づき被用者の遺族に対して遺族補償を行った事案につき，★最判昭和36・1・24民集15巻1号35頁）。これに対し，後者の場合に関しては，弁済による代位に関する499条に基づき，X2のYに対する損害賠償請求権を認めることが考えられる。

　第2は，Yの不法行為によってX1が死亡し，または負傷したため，X2が，収益の減少など，反射損害とは異なる企業独自の損害を被ったという事例である。このような事例に関しては，薬剤師X1が，節税目的のため経営する薬局につき会社X2を設立していたところ，X1が交通事故で負傷したため，X2の売り上げが減少したという事案が，よく知られている。この事案において，最高裁は，「X2は法人とは名ばかりの，俗にいう個人会社であり，……X1にはX2の機関としての代替性がなく，経済的にX1とX2とは一体をなす関係にある」として，X2の損害賠償請求権を認めている（★最判昭和43・11・15民集22巻12号2614頁）。もっとも，この事案は，X1とX2が，事実上，同一の主体として捉えられ

る場合を扱うものであり，企業損害の事例としては，やや特殊なものだといえる。したがって，むしろ問題とすべきは，X1とX2が，それぞれ独立した主体として捉えられる場合である。

　たとえば，株式会社X2の従業員であるX1が，Yの不法行為によって負傷し，長期の入院を余儀なくされたため，X2が，重要な取引を成立させることができず，営業上の損害を被ったとしよう。この場合，X2は，Yに対し，この営業上の損害について，賠償を求めることができるだろうか。一般に，一定規模以上の会社においては，従業員のうちの1人が休職を余儀なくされたとしても，代わりの人員を配置することによって業務に支障が生じないようにすることが求められる。したがって，この事例において，X2がYに対し，損害賠償を請求できるのは，X1が，従業員として代替性のない人員である場合に限られるべきである。もっとも，X1が代替性のない人員であれば，それだけで，ただちにYの責任が認められるわけではない。709条の要件をふまえるならば，Yの責任が認められるためには，X2の営業利益の侵害につき，Yに故意または過失があること，または，X2に生じた損害が，Yの行為と相当因果関係（後述❖Lec**19**§2▸▸2）のある結果であることが必要となろう。

☕カフェ・コンシェルジュ18.1＿　「原状回復」について

　民法の学習をしていると，しばしば「原状回復」という用語に出くわす。一般に，原状回復とは，元の状態にすることを意味する用語であるが（「現状」ではなく「原状」と書くことに注意されたい），そうした共通の意味のもとで，それぞれ異なった意味をもつ「原状回復」が複数存在する。以下では，そのうちの3つを取り上げる（なお，以下で取り上げるもののほか，原状回復は，賃貸借契約など，物の使用を内容とする契約において，契約の終了時に目的物を元の状態にすることを意味することもある。▸599条・621条など）。

　第1に，原状回復は，金銭賠償以外の方法による損害賠償を意味する。この意味での原状回復は，▸§**1**▸▸**2**において取り上げたものである。以下では，この原状回復を，「原状回復①」と呼ぶ。

　第2に，原状回復は，不法行為によって生じた損害を塡補し，被害者を不法行為がなかった状態にすることを意味する。この意味での原状回復は，金銭賠償と原状回復①の両方を含んでおり，差止めと対置される。以下では，この原状回復を，「原状回復②」と呼ぶ。

　第3に，原状回復は，契約が問題となる場面において，相手方を契約がなかった状態にすることを意味する。たとえば，契約が解除されたり無効になったりすると，各当事者は，相手方に対し，原状回復義務を負うことになるが（▸545条1項本文・121条の2第1項），そこでの原状回復が，これにあたる。以下では，この原状回復を，「原状回復③」と呼ぶ。

　以上のうち，原状回復①と原状回復②は，いずれも，被害者に生じた損害を塡補することを意味する。両者の違いは，前者が金銭賠償を含まないのに対し，後者がこれを含む上位の

概念であるという点にある。不法行為法の目的について語られるとき、その第1の目的は原状回復にあると言われることがあるが、そこでの原状回復は、原状回復②である。なお、原状回復①を狭義の原状回復と呼び、原状回復②を広義の原状回復と呼ぶことがある。

　つぎに、金銭賠償、原状回復①、差止めの3つは、いずれも被害者救済のための手段であるという点において、共通している。そして、このうち、原状回復①と差止めは、金銭賠償以外の救済手段として、一括して取り上げられることがある。この場合、原状回復①と差止めを合わせて、特定的救済という。

　最後に、原状回復③は、契約に関する用語であり、一見すると、不法行為法とは関係がないもののようにみえる。しかし、この意味での原状回復が、不法行為法と接点をもつことがある。たとえば、詐欺的な取引の被害にあった者は、多くの場合、法律行為法上の規定（▷96条など）に基づき、契約の効力を否定することによって、権利の回復を図る。一方、このような場面において、被害者は、自己決定権の侵害を理由として、相手方に対し、不法行為責任を追及することもできる。この場合、被害者は、損害賠償をつうじて自らの利益状態を契約締結前のものに復元することを求めることになる。つまり、ここでは、契約の効力が否定され、不当利得の返還がなされた場合と同様の状態を、損害賠償（金銭賠償）によって作り出すことが、試みられているのである（ただし、被害者が不法行為責任を追及した場合、過失相殺規定（▷722条2項）の適用が考えられる）。このような損害賠償を、講学上、原状回復的損害賠償というが、ここでの原状回復は、もちろん、原状回復③である。

❖Lec **19** 損害額の算定と賠償範囲の画定 ……

▸ §1__ 損害額の算定

　金銭賠償の原則をとるわが国では，被告に損害賠償を命じる圧倒的多数の判決において，金銭賠償が命じられている。金銭賠償においては，損害を金銭に見積もることが必要となる。この作業を，損害額の算定という。

▶▶1　具体的損害計算と抽象的損害計算

　損害額の算定は，次の2つの方法によって行われる。第1は，個々の事案における具体的な被害者を基準にして，金額を決定するという方法である。これを，具体的損害計算という。第2は，個々の事案における具体的な被害者ではなく，その被害者が属する集団における平均的な人を基準にして，金額を決定するという方法である。これを，抽象的損害計算という。具体的損害計算は，被害者が被った損害の金額を正確に把握できる点において優れている。しかし，この方法のみによって損害額の算定を行うと，原告の立証負担が過度に重くなり，迅速な被害者救済の実現に悪影響が及ぶ。そこで，裁判実務においては，具体的損害計算を原則としつつ，これに抽象的損害計算を組み合わせることによって，公平かつ迅速な事案の解決が追求されている。

▶▶2　人損の算定

　以下では，まず，生命侵害や身体侵害によって生じる損害である人損（人身損害）の算定について，その概要を述べる。

【1】　個別損害項目積上げ方式

　(a)　はじめに

　人損の算定に関しては，交通事故訴訟をはじめ，数多くの訴訟において，損害を積極的損害，消極的損害，精神的損害という3つの損害項目に分け，それぞれについて金額を決定し，これらを合算するという算定方式が採用されてい

る。これを，個別損害項目積上げ方式という。以下では，この算定方式における損害項目ごとの金額の決定について，その概要を述べる。

(b) 積極的損害

まず，積極的損害に関しては，これをさらにいくつかの費用項目に分け，それぞれについて金額を決定することになる。代表的な費用項目は，以下のとおりである。

① 生命侵害と身体侵害に共通するもの：治療費，入院費，付添看護費
② 生命侵害のみに関係するもの：葬儀費
③ 身体侵害のみに関係するもの：介護費（後遺障害が残った場合）

このうち，付添看護費は，被害者ではなく，その近親者が付添看護のために要した費用であるが，これも，被害者自身の損害として賠償請求することが認められている（★最判昭和46・6・29民集25巻4号650頁）。また，人はいつかかならず死ぬということをふまえると，葬儀費の支出は，不法行為と事実的因果関係──「あれなければこれなし」の関係──のある損害とはいえないことになる（不法行為と事実的因果関係があるのは，葬儀費を支出したことではなく，葬儀費を支出する時期が早まったことである）。しかし，判例は，葬儀費も，不相当なものでないかぎり，「死亡事故によって生じた必要的出費」であるとしている（★最判昭和43・10・3判時540号38頁）。

ところで，上記①〜③に挙げた各費用項目につき，その金額を立証させることは，しばしば，原告にとって重い負担となるだけでなく，裁判所が迅速な事案の処理を行うのを困難にする。そこで，裁判実務においては，入院費や葬儀費などの費用項目において，抽象的損害計算を行うことが認められている。たとえば，入院費に関しては，入院1日についての基準額を設定したうえで，これに日数を乗じることにより，金額が決定される。

(c) 消極的損害

つぎに，消極的損害については，生命侵害の場合と身体侵害の場合とに分けて考える必要がある。

(i) 生命侵害の場合　　まず，生命侵害の場合については，被害者が不法行為によって死亡しなければ得ることができた利益である，死亡逸失利益（いっしつりえき）が問題となる。これは，次の公式によって表される。

死亡逸失利益 = 収入 × 残りの就労可能期間 − 生活費 − 中間利息

このうち，収入は，原則として，死亡当時のものを基礎にして算出される。また，将来の昇給等による収入の増加については，それが「相当の確かさ」を

もって推定できる場合，昇給等の回数や金額等を予測できる範囲で控えめに見積もったうえで，これを考慮することが認められている（★最判昭和43・8・27民集22巻8号1704頁）。また，企業主が死亡した場合については，それによって企業が廃業に至った場合などを除き，企業収益の全部ではなく，その企業主が寄与した収益部分が，逸失利益の算定の基礎となる（★最判昭和43・8・2民集22巻8号1525頁）。このほか，年金を受給していた者が死亡した場合については，その年金を基礎にして逸失利益を算定することになる。ただし，厚生年金保険法58条以下に定める遺族厚生年金に関しては，もっぱら受給権者自身の生計の維持を目的として給付されるものであることなどから，受給権者が不法行為によって死亡した場合，将来受給できたであろう年金は，相続人が賠償を求めることのできる死亡逸失利益にはあたらないと解されている（★最判平成12・11・14民集54巻9号2683頁）。

　つぎに，残りの就労可能期間については，裁判実務上，18歳〜67歳までの期間のうち，死亡した被害者に残されていた期間——たとえば，被害者が40歳で死亡した場合，27年間——とするのが一般的である。また，死亡した被害者がすでに67歳以上であった場合については，平均余命期間の半分程度とするのが一般的である。

　つぎに，生活費の控除は，残りの就労可能期間において生活費を支出する必要がなくなったことを被害者が受けた利益とみて，これを損害から差し引くというものであり，損益相殺（後述❖Lec**20**▶§**1** ▶▶**2**）の1つとして行われるものである。控除率は，おおむね30％〜50％となっており，死亡した被害者が独身男性である場合，とくに控除率が高くなる。

　最後に，死亡逸失利益は，本来的には，被害者が，将来，一定期間ごとに取得するはずであった利益である。したがって，被害者の遺族が，このような利益を一時金賠償のかたちで請求する場合，利益を取得するはずであった時点までの期間に生じる利息を差し引いておく必要がある。このような処理を，中間利息の控除という。なお，ここでの中間利息は，損害賠償請求権が発生した時点における法定利率（▷404条）によって計算される（▷722条1項による▷417条の2第1項の準用）。

　（ⅱ）身体侵害の場合　　つぎに，身体侵害の場合については，治療のため休業を余儀なくされた場合の消極的損害である休業損害と，不法行為によって負傷し，治療を受けたものの，症状が固定して後遺障害が残った場合の消極的損害である後遺障害逸失利益が問題となる。

まず，休業損害については，具体的損害計算の方法により，不法行為当時の収入に休業日数を乗じて金額を決定するのが一般的である。

　つぎに，後遺障害逸失利益については，症状固定後の減収分が明らかである場合，具体的損害計算の方法により，この減収分に基づいて金額を決定することになる。問題は，症状が固定して後遺障害が残ったものの，収入の減少は生じていないという場合である。損害概念に関する差額説の考え方を徹底すると，このような場合，後遺障害逸失利益は発生していないことになる。しかし，裁判実務では，このような場合においても，被害者の収入に労働能力喪失率（下記✕トピック19.1を参照）を乗じることによって後遺障害逸失利益を算定することが認められている。この点と関わって，最高裁は，「事故の前後を通じて収入に変更がないことが本人において労働能力低下による収入の減少を回復すべく特別の努力をしているなど事故以外の要因に基づくものであって，かかる要因がなければ収入の減少を来たしているものと認められる場合」や，「本人が現に従事し又は将来従事すべき職業の性質に照らし，特に昇給，昇任，転職等に際して不利益な取扱を受けるおそれがあるものと認められる場合」などにおいて，労働能力の低下による財産上の損害が発生することを認めている（★最判昭和56・12・22民集35巻9号1350頁）。

　なお，後遺障害逸失利益は，不法行為による減収額，または収入に労働能力喪失率を乗じた金額に，残りの就労可能期間を乗じることによって算定されるが，ここでの残りの就労可能期間は，18歳〜67歳までの期間のうち，症状が固定した被害者に残された期間となる。また，一時金賠償として請求するかぎり，後遺障害逸失利益においても，死亡逸失利益の場合と同様，中間利息の控除が行われる（▷722条1項による▷417条の2第1項の準用）。

✕トピック19.1＿　労働能力喪失率

　後遺障害によって労働能力が失われた割合を障害等級ごとに数値化したものを，労働能力喪失率という。労働能力喪失率は，昭和32（1957）年7月2日の労働省（当時）労働基準局長通牒（基発第551号）別表の労働能力喪失率表に示されている。この表によると，障害等級ごとの労働能力喪失率は，第1級〜第3級が100%，第4級が92%，第5級が79%，第6級が67%，第7級が56%，第8級が45%，第9級が35%，第10級が27%，第11級が20%，第12級が14%，第13級が9%，第14級が5%となっている。

✕トピック19.2＿　有職者以外の者の逸失利益

　逸失利益とは，被害者が不法行為によって死亡し，または負傷しなければ得ることができた利益のことである。したがって，収入を得ていない者が死亡し，または負傷した場合，逸失利益はないということになりそうである。しかし，実際には，現実に収入を得ていない者のなかにも，逸失利益が認められる者がいる。

　まず，いわゆる専業主婦については，かつては，逸失利益を認めない裁判例もあったが，昭和49（1974）年の最高裁判決を契機として，これを認める実務が定着することとなった。この判決において，最高裁は，まず，「結婚して家事に専念する妻は，その従事する家事労働によって現実に金銭収入を得ることはないが，家事労働に属する多くの労働は，労働社会において金銭的に評価されうるものであ」るとして，専業主婦につき死亡逸失利益が発生することを認めた。そのうえで，最高裁は，この死亡逸失利益の算定が困難である場合について触れ，専業主婦は，平均的労働不能年齢に達するまで，女子労働者の平均賃金に相当する収益を上げるものと推定するのが適当であるとした（★最判昭和49・7・19民集28巻5号872頁）。

　つぎに，18歳に満たない年少者については，かつては，性別ごとの平均賃金を基礎にして逸失利益を算定するのが一般的であった。しかし，これでは，たとえば，交通事故によって複数の幼児が死亡した場合，現在のわが国における労働の実態を反映して，男児の逸失利益の額のほうが，女児の逸失利益の額よりも高くなってしまうという問題が生じる。こうした逸失利益の男女間格差の問題に対しては，これまで，格差是正のためのさまざまな方策が，法学者や実務家によって提案されてきた。そうしたなか，平成期の中ごろに，年少女子の逸失利益を，女子労働者ではなく，全労働者の平均賃金を基礎にして算定する裁判例が登場し，これが徐々に実務に浸透していった。たとえば，東京高裁は，「就労可能年齢にいまだ達しない年少者の場合，現に就労可能年齢に達している者とは異なり，多様な就労可能性を有している」として，交通事故で死亡した11歳の女児の死亡逸失利益を，全労働者の平均賃金を基礎にして算定している（★東京高判平成13・8・20判時1757号38頁。また，後遺障害逸失利益につき，★大阪高判平成19・4・26判時1988号16頁）。この裁判例に関しては，次の2点に注意が必要である。

　第1に，この判決は，「多様な就労可能性」を有する年少女子の逸失利益につき，全労働者の平均賃金を基礎にして算定するのが妥当であるとする。したがって，この論理を前提とするかぎり，専業主婦の逸失利益を全労働者の平均賃金を基礎にして算定するという考えを導くのは，困難である。

　第2に，年少男子の逸失利益を，これまでと同様，男子労働者の平均賃金を基礎にして算定するかぎり，この判決の論理をもってしても，逸失利益の男女間格差は完全にはなくならない。現在のわが国における労働の実態をふまえると，全労働者の平均賃金よりも，男子労働者の平均賃金のほうが高くなるからである。

✕トピック19.3＿　一時的にわが国に滞在する外国人の逸失利益

　仕事や観光などで一時的にわが国に滞在する外国人が，不法行為によって死亡し，または負傷した場合，どのようにして逸失利益を算定すべきかが問題となる。この問題につき，

最高裁は，就労する意図のもと，短期滞在（観光目的）の在留資格でわが国に入国し，在留期間経過後も不法就労を続けていた外国人が，労働災害によって負傷し，後遺障害を負ったという事案において，「予測される我が国での就労可能期間ないし滞在可能期間内は我が国での収入等を基礎とし，その後は想定される出国先（多くは母国）での収入等を基礎として逸失利益を算定するのが合理的」であるとしている。そして，最高裁は，この「我が国での就労可能期間」につき，「来日目的，事故の時点における本人の意思，在留資格の有無，在留資格の内容，在留期間……等の事実的及び規範的な諸要素を考慮して，これを認定するのが相当である」としている（★最判平成9・1・28民集51巻1号78頁）。

(d) 精神的損害

　最後に，精神的損害については，口頭弁論に現れた諸般の事情を考慮し，裁判官の裁量によってその金額が決定される。その際，被害者が受けた肉体的・精神的苦痛の大きさなどの被害者側の事情のほか，加害者側の事情——行為の動機，故意・過失の別，行為後の態度など——も考慮の対象となる。このようにして算定された精神的損害の賠償金を，慰謝料という。ところで，慰謝料は，被害者に生じた精神的損害の填補をその本来的な機能とするものであるが，そこには，さらに次の2つの機能があることが指摘されている。

　第1に，慰謝料は，裁判官の裁量によって金額を決定できることから，財産的損害（積極的損害，消極的損害）の算定において算出された金額が妥当でない場合に，これを補完することで，損害賠償額を全体として妥当なものにするという機能を有する。これを，慰謝料の補完的機能という。

✕トピック19.4　原告が請求する慰謝料額と裁判所が認容する慰謝料額の関係

　判例は，同一の事故によって生じた同一の身体侵害を理由として財産的損害と精神的損害の賠償を請求する場合，損害賠償請求権は1個であり，訴訟物（裁判所の審判の対象となる権利関係）も1個であるとする（★最判昭和48・4・5民集27巻3号419頁）。これに，民事訴訟法上の原則である処分権主義（民訴246条）——この原則によると，裁判所は，原告が主張する権利関係の範囲を超えた内容の判決を言い渡すことはできない——を重ね合わせると，次のことが導かれる。すなわち，全体として，裁判所による認容額が，原告による請求額を超えていないのであれば，認容額のなかの慰謝料の額が，請求額のなかの慰謝料の額を超えていてもよい。慰謝料の補完的機能は，この枠内において発揮されるのである。

　第2に，慰謝料は，その算定において加害者側の事情も考慮の対象となることから，加害者に対して制裁を加える機能があることが指摘されている。これを，慰謝料の制裁的機能という。もっとも，ここで注意を要するのは，慰謝料

に事実上制裁の機能があることを認めることと，それを越えて，慰謝料の制裁的機能を積極的に主張することとは，区別されるべきだということである。そうした観点からわが国の状況をみると，慰謝料の制裁的機能を積極的に主張する見解は，かならずしも多いとはいえない。

【2】 包括一律請求の場合の損害額の算定

　公害や薬害などのように，同一の加害行為によって多数の者が被害を受ける事例では，被害者1人ひとりにつき個別損害項目積上げ方式による損害額の算定を行っていると，迅速な被害者救済を図ることができない。また，このような事例において，被害者は，健康被害を受けることにより，生活全般にわたって多種多様な不利益を被ることになる。そうしたなか，個別損害項目積上げ方式は，被害者が被った不利益の全体像を十分に捉えることができないといわれている。さらに，このような事例において個別損害項目積上げ方式を採用すると，被害者の性別や収入などによって賠償額にばらつきが生じることになる。これは，人間の価値の平等の観点から問題であるといえる。

　そこで，これらの点をふまえ，公害や薬害などの事例においては，被害者に発生した損害を，個別の損害項目に解体することなく，一括して捉え，同様の被害を受けた者につき，一律の金額による賠償を請求することが認められている。このような請求方式を，包括一律請求という。包括一律請求において，損害賠償の請求は，名目上，慰謝料請求のかたちをとる。そこで，この請求方式がとられた場合の慰謝料を，通常の慰謝料と区別するため，包括慰謝料と呼ぶ（★大阪地判平成3・3・29判時1383号22頁など）。

　包括一律請求がなされた場合，裁判所は，被害の種類や程度に応じて基準となる慰謝料額を設定したうえで，個々の被害者やその相続人につき，この基準慰謝料額に基づいた認容額を決定するのが一般的である。

▶▶3　物損の算定

　つぎに，所有権侵害によって生じる損害である物損の算定について，その概要を述べる。

【1】 物損の算定方法

　物損の算定は，被害を受けた物につき，具体的損害計算の方法によって金額を決定することを基本とする。したがって，不法行為によって被害者が所有する複数の物が滅失・損傷した場合，被害を受けた個々の物につき，具体的損害計算の方法によって金額を決定し，これを合算することによって全体としての

損害額が算定される。

　もっとも，たとえば，大規模な災害によって被災者が家屋や家財を失い，その生活を破壊されたというような場合，上記の算定方法では，迅速かつ十分な被害者救済を図ることができない。したがって，このような場合においては，抽象的損害計算の方法を取り入れるなど，通常の物損の場合とは異なった算定方法をとることが考えられてよい。

【2】　賠償の対象となる費用ないし価値

　物損が発生した場合，どのような費用ないし価値が賠償の対象となるのかが問題となる。

　(a)　物の損傷の場合

　まず，物の損傷の場合については，次の費用ないし価値が賠償の対象となる。

　①　被害物が物理的にも経済的にも修理可能である場合，修理費用が賠償の対象となる。また，被害物の所有者は，被害物を修理に出している間は，これを利用することができないため，この期間における利用価値も賠償の対象となる。たとえば，被害車両の所有者が，被害車両を修理に出している間，レンタカー業者から代車を借りて営業活動を行っていた場合，レンタカー業者に支払った賃料の額が，ここでの利用価値に相当する。

　②　被害物が物理的または経済的に修理不能である場合，被害物の交換価値が賠償の対象となる。なお，ここでの被害物の交換価値は，被害物と同種・同等の物を調達するために要する費用，すなわち，中古市場における同種・同等の物の購入価格から，被害物の損傷後の残存価値を差し引いた金額として表すことができる（★最判昭和49・4・15民集28巻3号385頁）。

　③　物の本質的構造部分に重大な損傷が生じたことが客観的に認められ，被害物の所有者において買替えをすることが社会通念上相当と認められる場合においても，②の場合と同様，被害物の交換価値が賠償の対象となる（前掲★最判昭和49・4・15）。

　(b)　物の滅失の場合

　つぎに，物の滅失の場合については，被害物が物理的または経済的に修理不能である場合と同様，被害物の交換価値が賠償の対象となる。

　(c)　物の占有が奪われた場合

　最後に，物の占有が奪われた場合については，占有が奪われた期間における被害物の利用価値が賠償の対象となる。たとえば，ある土地が一定期間，不法占拠されたという不法行為の場合，その期間におけるその土地の賃料に相当す

る額が，ここでの利用価値に相当する。

▶▶4　その他の損害

　人損が発生した場合であれ，物損が発生した場合であれ，原告は，これらの損害に加え，次の2つの損害につき賠償を求めることができる。

【1】　弁護士費用

　原告が損害賠償を請求するにあたって負担した弁護士費用は，敗訴者が負担すべき訴訟費用（▷民訴61条）には含まれない。そこで，判例は，弁護士費用を不法行為によって生じた損害の1つとして捉え，その賠償を加害者側に請求することを認めている（★最判昭和44・2・27民集23巻2号441頁）。なお，弁護士費用として認められる金額は，弁護士費用および遅延損害金（下記【2】）を除いた損害の認容額の1割程度とするのが一般的である。

【2】　遅延損害金

　不法行為損害賠償債務が履行遅滞に陥った場合，遅滞の期間に応じた金額の損害が発生する（▷419条1項）。これを，遅延損害金という。遅延損害金に関しては，それがいつの時点から発生するのかが問題となる。これに関しては，不法行為損害賠償債務が履行期の定めのない債務であることからすれば，債務者が請求を受けた時点から発生するのではないかとも考えられる（▷412条3項）。しかしながら，判例は，不法行為損害賠償債務については，「損害の発生と同時に，なんらの催告を要することなく，遅滞に陥る」としている（★最判昭和37・9・4民集16巻9号1834頁）。

▶ §2＿　賠償範囲の画定

▶▶1　賠償範囲の画定の意義

　加害行為と事実的因果関係――「あれなければこれなし」の関係――のある結果のなかから賠償の対象となる結果を取り出す作業を，賠償範囲の画定という。賠償範囲の画定は，たとえば，次のような事例において問題となる（なお，いずれの事例においても，Yの側に過失があったものとする）。

【事例①】　Xが所有する船甲が，Yが所有する船乙と衝突し，沈没した。この事故

からしばらくして，戦争の影響により船の需要が急増した。このため，甲と同種・同等の中古船の価格は，一時，事故当時の価格の約20倍にまで跳ね上がった。Xは，Yに対し，事故がなければ中古船の価格が最高額をつけた時に甲を売却することができたとして，最高額での賠償を求めている。Xの主張は認められるか。

【事例②】　Xが運転する自動車が，Yが運転する自動車と衝突し，Xは，負傷した。そこで，Xの子Aは，Xを看護するため，留学先のパリから一時帰国をし，ふたたびパリに戻った。Xは，Yに対し，Aの一時帰国にかかった費用の賠償を求めている。Xの主張は認められるか。

【事例③】　Aが運転する自動車が，Yが運転する自動車と衝突し，Aは，負傷した。Aは，この事故の影響により災害神経症状態に陥り，それからしばらくして，うつ病に罹患（りかん）した。そしてこれにより，Aは，事故から約3年半後に自殺した。Aの相続人Xは，Yに対し，Aの死亡による損害の賠償を求めている。Xの主張は認められるか。

▶▶2　判例の立場

【1】　「富喜丸事件」判決

　不法行為に関する709条以下において，賠償範囲の画定に関する規定は置かれていない。そうしたなか，大審院は，大正15年に，【事例①】とよく似た事案において，次のような見解を示している（★大連判大正15・5・22民集5巻386頁：富喜丸事件）。

　①　加害者は，一般的に観察して相当と認めうる範囲においてのみ責任を負うべきである。

　②　416条は，行為と結果との間の相当因果関係の範囲を明らかにしたものである。したがって，同条は，債務不履行の場合に適用されるほか，不法行為の場合に類推適用される。

　この判例の立場を，民法416条類推適用説という。この説によると，賠償範囲の画定は，次の基準によって行われることになる。まず，原則として，不法行為によって通常生ずべき損害（通常損害）が，賠償範囲に含まれる（▷416条1項）。つぎに，特別の事情によって生じた損害（特別損害）については，その事情につき，当事者（加害者）に予見可能性が認められる場合にかぎり，賠償範囲に含まれる（同条2項）。

　なお，大審院は，上記①および②の一般論を受け，具体的事案の解決と関わって，次の判断を行っている。

　すなわち，物の滅失の場合においては，まずもって，滅失当時の物の価格が

賠償されるべきである。これに対し，被害者が，滅失後の騰貴した価格により損害の賠償を求めるためには，騰貴した価格でその物を処分したことにより確実に利益を取得していたという事情が，不法行為の当時，予見可能なものでなければならない（前掲★大連判大正15・5・22）。

　ここでは，滅失当時の物の価格が通常損害として捉えられ，滅失後の価格騰貴と，これによる利益の取得が「特別の事情」として捉えられている。

【2】　その後の動向

　民法416条類推適用説は，その後，今日に至るまで，判例法理としての地位を保持している。

　たとえば，最高裁は，【事例②】とよく似た事案において，次のように述べて，被害者の娘が被害者の看護のため外国の滞在先から一時帰国したことによる損害を，通常損害にあたるとしている。すなわち，「国際交流が発達した今日，家族の一員が外国に赴いていることはしばしば見られる事態であり，また，日本にいるその家族の他の構成員が傷病のため看護を要する状態となった場合，外国に滞在する者が，右の者の看護等のために一時帰国し，再び外国に赴くことも容易である」（★最判昭和49・4・25民集28巻3号447頁）。また，最高裁は，【事例③】とよく似た事案において，原審が，被害者の自殺につき「被告らのみならず，通常人においても予見することが可能な事態」であるとして，死亡による損害の賠償を認めたのに対し，その判断を支持している（★最判平成5・9・9判時1477号42頁）。

　なお，416条2項の予見可能性を表す文言は，平成29年改正により，「予見し，又は予見することができたとき」から「予見すべきであったとき」に改められた。同項の予見可能性に関しては，改正前から，規範的判断によってその有無が明らかにされることが指摘されてきたが，改正後は，条文がこのことを正面から認めることとなった。

▶▶3　賠償範囲の画定の多様性

　ところで，ひとくちに賠償範囲の画定といっても，そこには，いくつかの異なったタイプのものが存在する。

　たとえば，【事例①】においては，甲の交換価値につき，これを，滅失当時の価格ではなく，滅失後，最高額をつけた時点での価格で算定することができるのかが問題となっている。これは，理論的には，次のように言い換えることができる。すなわち，Yは，甲の滅失当時の価値が失われたという積極的損害に

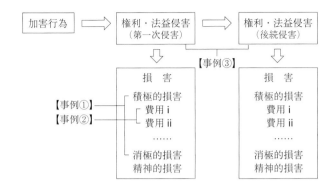

▶図表19-1　賠償範囲の画定の多様性

ついてのみ責任を負うのか，それとも，これに加え，甲の滅失がなければXが取得していた利益の喪失という消極的損害についてまで責任を負うのかが，ここでは問題となっている。つまり，【事例①】においては，権利・法益侵害（所有権侵害）によって生じる損害項目のレベルで，賠償範囲の画定が問題となっていることになる（▶図表19-1を参照）。

　つぎに，【事例②】においては，Xが負傷したことによって生じた積極的損害として，Yは，治療費のほか，外国にいるXの子Aが付添看護をするのにかかった費用についてまで賠償する責任を負うのかが問題となっている。つまり，【事例②】においては，権利・法益侵害（身体侵害）によって生じる損害項目のうち，積極的損害を構成する費用項目のレベルで，賠償範囲の画定が問題となっていることになる（▶図表19-1を参照）。

　最後に，【事例③】においては，Yの行為によってXの身体が侵害され，その後，これを契機として，Xの生命が失われている。一般に，加害者によって最初に引き起こされる権利・法益侵害を第一次侵害といい，これに後続する権利・法益侵害を後続侵害という。したがって，ここでは，第一次侵害を引き起こしたYが，これによって生じた損害にとどまらず，後続侵害によって生じた損害についても責任を負うのかが問題となっている。つまり，【事例③】においては，権利・法益侵害（損害事実）のレベルで，賠償範囲の画定が問題となっていることになる（▶図表19-1を参照）。

　このように，賠償範囲の画定と呼ばれるもののなかには，理論上，多様な問題が含まれるが，判例は，いずれの問題においても，416条が定める相当因果関係の基準によって判断するという姿勢を貫いている。

✕トピック19.5__ 被害者の交通事故後の別原因による死亡と後遺障害逸失利益

たとえば，Yが運転する自動車に轢かれて負傷し，症状が固定して後遺障害を負ったA（症状固定時40歳）が，リハビリテーションの一環としてプールのなかで運動をしていたところ，心臓麻痺を起こして死亡したとしよう。

ここでは，まず，Yが，Aの死亡について責任を負うのか，それともAの負傷についてのみ責任を負うのかが問題となる。これは，賠償範囲の画定の問題である。そして，もしかりに，プールでの事故につき予見可能性（▷416条2項）がないなどの理由によって，YがAの負傷についてのみ責任を負うとされた場合，Yは，Aの後遺障害逸失利益を賠償することになる。ところで，この後遺障害逸失利益を算定するにあたって，Aがすでに死亡しているという事実は考慮されるのだろうか。

この問題に関しては，Aはすでにプールでの事故によって死亡している以上，Aの残りの就労可能期間は，死亡時までだとするのが合理的ではないかとも考えられる。実際，積極的損害の1つである介護費については，被害者の死亡によって介護が不要になった場合，死亡時以降は発生しないというのが判例の立場である（★最判平成11・12・20民集53巻9号2038頁）。しかしながら，判例は，労働能力の一部喪失による後遺障害逸失利益の算定に関しては，「交通事故の時点で，その死亡の原因となる具体的事由が存在し，近い将来における死亡が客観的に予測されていたなどの特段の事情」がないかぎり，被害者の死亡は就労可能期間の認定上考慮すべきではないとの見解をとっている。「労働能力の一部喪失による損害は，交通事故の時に一定の内容のものとして発生しているのであるから，交通事故の後に生じた事由によってその内容に消長を来すものではな」いというのが，その理由である（★最判平成8・4・25民集50巻5号1221頁）。したがって，これによると，Aの労働能力の一部喪失による後遺障害逸失利益において，残りの就労可能期間は，上記「特段の事情」がないかぎり，症状固定時から67歳（▶§1▶▶2【1】(c)(ii)）までの27年間だということになる。

なお，判例は，交通事故と被害者の死亡との間に相当因果関係がないかぎり，後遺障害逸失利益について，死亡後の生活費を控除することはできないとの見解をとっている（★最判平成8・5・31民集50巻6号1323頁）。

✕トピック19.6__ 後遺障害逸失利益の定期金賠償

交通事故によって後遺障害を負った場合，被害者は，加害者に対し，後遺障害逸失利益の賠償を一時金賠償として請求するのが一般的である。しかしこれでは，損害額の算定において，法定利率——年3%（変動前。▷404条2項）——に基づく中間利息が控除されるため（▶§1▶▶2【1】(c)(ii)），昨今の異常な低金利をふまえると，被害者は，十分なかたちで損害の填補を受けることができない（一時金賠償によって受け取った金銭を運用したとしても，将来において本来受け取るはずであった収入に相当する金額を確保することは極めて困難である）。そこで，後遺障害逸失利益の賠償を定期金賠償として請求することができるのかが問題となる。この問題につき，判例は，次のような見解をとっている（★最判令和2・7・9民集74巻4号1204頁）。

① 被害者が後遺障害逸失利益について定期金賠償を求めている場合において，不法行為損害賠償制度の目的および理念に照らして相当と認められるときは，同逸失利益は，定期金賠償の対象となる。

②　後遺障害逸失利益につき定期金賠償を命ずるにあたっては，「交通事故の時点で，被害者が死亡する原因となる具体的事由が存在し，近い将来における死亡が客観的に予測されていたなどの特段の事情」がないかぎり，就労可能期間の終期より前の被害者の死亡時を定期金賠償の終期とすることを要しない。

このうち，②に関しては，被害者が就労可能期間の終期（67歳）より前に死亡した場合に，加害者が就労可能期間の終期までの期間につき賠償義務を負うことに対して，違和感を覚える者もいるだろう。しかし，一時金賠償であれ定期金賠償であれ，損害賠償請求権は，交通事故の時点で1個のものとして発生しているのであり，賠償金の支払方法こそ異なるものの，賠償の対象となる損害は同一のはずである。したがって，このような場合において，上記「特段の事情」がないにもかかわらず，加害者が死亡時以降の損害について賠償義務を免れるとするのは，むしろ問題である（一時金賠償につき，上記「特段の事情」がないかぎり，被害者の死亡時以降も就労可能期間が継続することについて，★最判平成8・4・25民集50巻5号1221頁，★最判平成8・5・31民集50巻6号1323頁。✕トピック19.5を参照）。

▸ §1 賠償額の減額

▶▶1 過失相殺

【1】 はじめに

　被害者に過失があった場合，裁判所は，これを考慮して損害賠償額を定める
ことができる。これを，過失相殺という（▷722条 2 項）。過失相殺は，被害者の
過失——ここでの「過失」は，故意と過失の両方を含む——をもって，被害者
に損害の一部を負担させる制度であり，その基礎には，損害の公平な分担の理
念があるとされている。

　なお，ここでの被害者の過失は，不法行為についてのもの，損害の発生に
ついてのもの，損害の拡大についてのものの 3 つに分かれる。たとえば，Xが
挑発したため，YがXに対して暴行を行ったという場合，そこでのXの過失は，
第 1 のものにあたる。次に，たとえば，Yが，携帯電話を見ながら自動車を運
転していたところ，赤信号で道路を横断していたX と接触してしまったという
場合，そこでのXの過失は，第 2 のものにあたる。最後に，たとえば，交通事
故で負傷したXが，医師の指示に従わず，安静にしていなかったため，怪我の
快復が遅れてしまったという場合，そこでのXの過失は，第 3 のものにあたる。
いずれの場合においても，被害者の過失を考慮するのかどうか，および，どの
程度考慮するのかは，裁判官の裁量に委ねられている。

【2】 過失相殺の要件

　(a) 被害者の能力

　過失相殺が行われるためには，被害者に過失がなければならない。ここで
は，被害者の過失を認定するため，被害者にどの程度の能力が必要とされるか
が問題となる。この問題に関しては，かつては，被害者に責任能力が必要であ
るとの考え方もあったが，現在では，そこまでの能力は必要ではなく，事理弁
識能力があればよいとされている（★最大判昭和39・6・24民集18巻 5 号854頁）。なお，
ここにいう事理弁識能力とは，たとえば，道路交通に内在する危険を認識でき

るといった程度の能力であり，6歳程度で備わるものとされている。

(b) 被害者側の過失

判例は，一定の要件が満たされる場合，被害者自身の過失ではなく，被害者側にいる第三者の過失を考慮して賠償額の減額を行うことを認めている。この減額のルールを，被害者側の過失の法理という。この法理は，理論上，次の2つのものに分類される。

① 第1は，加害者の側に適用される責任規範を被害者の側に適用し，被害者による損害の一部負担を導くというルールである。たとえば，加害者Yの行為に対し，被害者Xの被用者Aの過失が競合したことによって，損害が発生し，または拡大した場合，XがYに対して請求できる損害賠償額は，Aの過失を考慮することによって減額することができる（★大判大正9・6・15民録26輯884頁）。これは，被害者の側において，715条（使用者責任）の責任規範が適用されたものとみることができる。

② 第2は，被害者と身分上，生活関係上一体をなすとみられる関係にある者の過失を考慮して減額を行うというルールである（★最判昭和42・6・27民集21巻6号1507頁）。これによると，被害者の父母，父母の被用者である家事使用人（以上，前掲★最判昭和42・6・27），配偶者（★最判昭和51・3・25民集30巻2号160頁），内縁配偶者（★最判平成19・4・24判時1970号54頁）の過失は考慮の対象となるが，保育士（前掲★最判昭和42・6・27），職場の同僚（★最判昭和56・2・17判時996号65頁），交際相手（★最判平成9・9・9判時1618号63頁）の過失は考慮の対象とならない。被害者は，自己と経済的一体性のある者の過失によって発生ないし拡大した損害部分については，直接その者に対して賠償を求めるべきであり，その者が無資力に陥るリスクは，加害者ではなく，被害者が負担するべきである。このルールは，このような考え方によって正当化することができる。

ところで，最高裁は，深夜に暴走行為を行っていたオートバイがパトカーに衝突し，オートバイの同乗者が死亡したという事案において，オートバイの運転者の過失を同乗者の過失として考慮している（★最判平成20・7・4判時2018号16頁）。この事案において，オートバイの運転者と同乗者は，中学校時代の先輩と後輩であり，両者の間に身分上，生活関係上一体をなすとみられる関係はない。したがって，ここでは，上記②のルールが適用される余地はない。こうしたなか，最高裁は，この事案につき，運転者が単独で行為を行ったのではなく，運転者と同乗者が「共同暴走行為」を行ったとの見方を示している（前掲★最判平成20・7・4）。したがって，ここでは，被害者の側において，719条1項（共同

不法行為）の責任規範が適用されたとみる余地がある（つまり，上記①のルールが適用されたとみる余地がある）。

【3】 加害者が複数いる場合の過失相殺の方法

　たとえば，加害者Y1，加害者Y2，被害者Xの三者がいる不法行為の事例において，過失相殺はどのようにして行われるべきであろうか。ここでは，Y1とX，Y2とXといったように，事例を二当事者関係に分解し，それぞれについて過失割合（相対的過失割合）を定め，過失相殺を行うという方法と，Y1，Y2，Xの三者の過失割合（絶対的過失割合）を定め，これに基づいて過失相殺を行うという方法が考えられる。前者の方法を相対的過失相殺といい，後者の方法を絶対的過失相殺という。

　まず，判例は，交通事故の後に医療事故が発生し，被害者が死亡したという事案において，相対的過失相殺の方法がとられるべきだとしている（★最判平成13・3・13民集55巻2号328頁）。一方，判例は，「複数の加害者の過失及び被害者の過失が競合する1つの交通事故」においては，その交通事故の原因となったすべての過失の割合を認定することができるかぎり，絶対的過失相殺の方法がとられるべきだとしている（★最判平成15・7・11民集57巻7号815頁）。これによると，たとえば，ある1つの交通事故において，Y1，Y2，Xの絶対的過失割合が4：3：3であり，Xに生じた損害の額が3000万円である場合，当事者間の損害の分配は，次のようにして行われる。まず，Y1とY2は，Xに対し，生じた損害のうち，Xの過失割合を除いた割合に対応する2100万円（3000万円 × 7／10）について，連帯責任（▷719条1項）を負う。そして，Y1がXに対して2100万円の賠償を行った場合，Y1は，この2100万円のうち，Y2の過失割合に対応する900万円（2100万円 × 3／7）について，Y2に求償することができる。

【4】 素因減額

　加害行為に被害者の素因が競合して損害が発生ないし拡大した場合において，被害者の素因を斟酌（しんしゃく）して賠償額の減額を行うことを，素因減額という。素因減額に関して，最高裁は，次のような見解をとっている。

　①　まず，最高裁は，被害者の心因的要因が損害の拡大に寄与したという事案において，過失相殺規定（▷722条2項）の類推適用により，被害者の心因的要因を斟酌して賠償額の減額を行うことを認めている（★最判昭和63・4・21民集42巻4号243頁）。

　②　つぎに，最高裁は，加害行為と被害者の疾患（一酸化炭素中毒）とがともに原因となって損害が発生したという事案において，過失相殺規定（▷722条2項）

の類推適用により，被害者の疾患を斟酌して賠償額の減額を行うことを認めている（★最判平成4・6・25民集46巻4号400頁）。

　③　最後に，最高裁は，被害者の首が長いという身体的特徴が損害の発生ないし拡大に寄与したという事案において，「被害者が平均的な体格ないし通常の体質と異なる身体的特徴を有していたとしても，それが疾患に当たらない場合には，特段の事情の存しない限り，被害者の右身体的特徴を損害賠償の額を定めるに当たり斟酌することはできない」としている（★最判平成8・10・29民集50巻9号2474頁）。

　ところで，最高裁は，上記③の理由として，「通常人の平均値から著しくかけ離れた身体的特徴を有する者が，……日常生活において通常人に比べてより慎重な行動をとることが求められるような場合は格別，その程度に至らない身体的特徴は，個々人の個体差の範囲として当然にその存在が予定されている」としている（前掲★最判平成8・10・29）。したがって，これによると，身体的特徴のうち「個々人の個体差の範囲」を超えるもののみが，斟酌の対象になるということになる。また，最高裁は，長時間にわたる残業を恒常的に行っていた労働者が，うつ病に罹患し，自殺したという事案において，労働者の性格が「同種の業務に従事する労働者の個性の多様さとして通常想定される範囲」を外れるものでないかぎり，その性格を心因的要因として斟酌することはできないとしている（★最判平成12・3・24民集54巻3号1155頁）。したがって，心因的素因（上記①）についても，身体的素因（上記②・③）の場合と同様の基準によって，斟酌の可否が判断されるべきことになる。

　なお，素因減額に関しては，加害者は被害者のあるがままを受け入れなければならないとの理由から，これに反対する見解（裁判例として，★東京地判平成元・9・7判時1342号83頁）や，素因を保持する者の行為に着目し，過失相殺規定（▷722条2項）の本来的な適用が可能である場合にかぎり，減額を認めるべきだとする見解も主張されている。

▶▶2　損益相殺

【1】　はじめに

　不法行為の被害者やその相続人が不法行為によって利益を受けた場合に，その利益を損害額から控除することを，損益相殺という。不法行為の被害者やその相続人は，損害賠償によって損害を填補されることはあっても，それを超えて利益を取得することがあってはならない。損益相殺の基礎には，このような

考え方がある。

損益相殺の要件は，不法行為を原因として利益が発生したこと，および，その利益が損害と同質性を有すること，の2点である。具体的には，次の利益について，控除の可否が問題となる。

【2】 各利益の控除の可否

(a) 生活費支出の不発生

不法行為によって被害者が死亡した場合，被害者は，生活費を支出する必要がなくなる。そこで，死亡逸失利益の算定において，この支出する必要がなくなった生活費に相当する額が控除される（❖Lec**19**▶§1▶▶**2**【1】(c)(i)）。

(b) 養育費支出の不発生

不法行為によって年少者が死亡した場合，その相続人である父母は，年少者のために養育費を支出する必要がなくなる。しかし，この利益は，死亡逸失利益と同質性を有するものではないため，控除の対象とはならない（★最判昭和53・10・20民集32巻7号1500頁）。

(c) 保険金

不法行為の被害者またはその相続人が保険金を受け取ったとしても，その利益は，控除の対象とはならない。これは，保険金は，すでに払い込んだ保険料の対価としての性質を有しており，保険事故の発生を原因として支払われるものだと考えられているためである（生命保険金につき，★最判昭和39・9・25民集18巻7号1528頁，損害保険金につき，★最判昭和50・1・31民集29巻1号68頁）。ただし，損害保険に関しては，保険者が保険金を支払うと，その限度で被保険者の損害賠償請求権が保険者に移転するため（保険法25条），これにより，実質的に損益相殺を行ったのと同様の結果がもたらされる。

(d) 香典，見舞金

不法行為によって被害者が死亡し，その遺族が香典や見舞金を受け取ったとしても，その利益は，控除の対象とはならない（★最判昭和43・10・3判時540号38頁など）。香典も見舞金も，損害を填補するものではなく，損害との同質性が認められないからである。

(e) 所得税の非課税

税法上，損害賠償金のうち「心身に加えられた損害又は突発的な事故により資産に加えられた損害に基因して取得するもの」は，非課税所得となる（▷所得税法9条1項18号）。そこで，これによって徴収を免れた金額を，消極的損害の算定において控除すべきかどうかが問題となる。この問題について，判例は，

控除を否定する（★最判昭和45・7・24民集24巻7号1177頁）。

　(f)　社会保険給付

　判例は，地方公務員等共済組合法に基づく退職年金の受給権者が不法行為によって死亡した事案において，退職年金を基礎にして死亡逸失利益を算定するにあたり，相続人が受給する遺族年金を控除することを認める。そして，その範囲は，すでに支給を受けた額のほか，「支給を受けることが確定した」額にも及ぶとする（★最大判平成5・3・24民集47巻4号3039頁）。また同様に，判例は，障害基礎年金および障害厚生年金の受給権者が不法行為によって死亡した事案において，障害年金を基礎にして死亡逸失利益を算定するにあたり，「支給を受けることが確定した」額の限度で，相続人が受給する遺族年金を控除することを認める（★最判平成11・10・22民集53巻7号1211頁）。さらに，判例は，年金の受給権者ではない者が不法行為によって死亡した事案において，給与収入等を含めた逸失利益全般との関係で，支給を受けることが確定した遺族厚生年金を控除すべきであるとする（★最判平成16・12・20判時1886号46頁）。

　なお，被害者やその相続人が受ける社会保険給付は，あくまで，これと同質性のある損害との関係においてのみ，控除の対象となる。したがって，たとえば，被害者が，労災保険法による休業補償給付や，厚生年金保険法による障害年金を受けた場合，その利益は，消極的損害から控除されるのであって，積極的損害や精神的損害から控除されることはない（★最判昭和62・7・10民集41巻5号1202頁）。また，被害者やその相続人が社会保険給付の支給を受け，または支給を受けることが確定した場合，その利益は，これによって塡補される特定の損害と同性質であり，かつ，相互補完性を有する損害の元本から控除されるのであって，損害賠償債務の履行遅滞による損害である遅延損害金から控除されることはない（不法行為によって負傷し，後遺障害を負った被害者が，労災保険法に基づく保険給付や公的年金制度に基づく年金給付を受けた事案につき，★最判平成22・9・13民集64巻6号1626頁，不法行為によって死亡した被害者の相続人が，労災保険法に基づく遺族補償年金を受けた事案につき，★最大判平成27・3・4民集69巻2号178頁。なお，これらの判決において，最高裁は，特段の事情のないかぎり，社会保険給付の支給を受け，または支給を受けることが確定することによって，その塡補の対象となる損害が不法行為の時に塡補されたものと法的に評価する）。

　(g)　新築建物に重大な瑕疵がある場合の買主の居住利益

　新築建物の買主が，購入した建物に重大な瑕疵があるため建替えを余儀なくされたとして，工事施工者等に対し，建替費用相当額の損害賠償を求めるこ

とがある。この場合において，判例は，「当該瑕疵が構造耐力上の安全性にかかわるものであるため建物が倒壊する具体的なおそれがあるなど，社会通念上，建物自体が社会経済的な価値を有しないと評価すべきものであるときには」，買主がこれに居住していたという利益（居住利益）を，損害額から控除することはできないとしている（★最判平成22・6・17民集64巻4号1197頁）。

✕トピック20.1__ 過失相殺と損益相殺の順序

たとえば，ある事案において，損害額が1000万円，被害者の過失割合が2割，不法行為によって被害者が受けた利益が700万円であったとしよう。この場合，過失相殺と損益相殺のいずれを先に行うのかによって，被害者が請求できる賠償額が異なってくる。まず，過失相殺を先に行う場合，1000万円の損害額が800万円に減額され，この800万円について，700万円の利益が控除される。したがって，被害者が請求できる賠償額は，100万円となる。つぎに，損益相殺を先に行う場合，1000万円の損害額について，700万円の利益が控除され，残りの300万円について，2割の減額が行われる。したがって，被害者が請求できる賠償額は，240万円となる。この問題について，判例は，過失相殺を先に行うべきだとしている（相殺後控除説。★最判平成元・4・11民集43巻4号209頁）。この見解によると，1000万円の損害額のうち，被害者の過失によって発生ないし拡大した200万円の部分は，被害者が負担することとなる。そして，残りの800万円の部分については，加害者が100万円を負担し，被害者に利益を与えた第三者が700万円を負担することとなる。

▸§2__ 損害賠償請求権の行使期間

▸▸1 短期消滅時効

724条1号によれば，不法行為損害賠償請求権は，「被害者又はその法定代理人が損害及び加害者を知った時」から3年間行使しない場合，時効によって消滅する。不法行為損害賠償請求権について，このような短期の消滅時効期間が設けられた趣旨としては，時間の経過によって証拠が散逸し，立証が困難になることや，時間の経過とともに被害者の感情が沈静化していくことなどが挙げられている。

724条1号にいう「損害……を知った時」とは，「被害者が損害の発生を現実に認識した時」をいう（★最判平成14・1・29民集56巻1号218頁）。したがって，被害者は，自己に対する不法行為が存在する可能性のあることを知った時点において，自己の権利を消滅させないために，損害の発生の有無を調査することを

求められるわけではない。なお，弁護士費用（❖Lec**19**▶§1▶▶4【1】）に関しては，弁護士との間の委任契約の時が「損害……を知った時」となる（★最判昭和45・6・19民集24巻6号560頁）。

　次に，「加害者を知った時」とは，「加害者に対する賠償請求が事実上可能な状況のもとに，その可能な程度にこれを知った時」を意味する（★最判昭和48・11・16民集27巻10号1374頁）。したがって，たとえば，被害者が，加害者の姓と容貌を記憶していたとしても，賠償請求権を行使することが事実上不可能な状況に置かれており，加害者に関するその他の情報を知ることができない場合においては，時効が進行を開始することはない。

　ところで，724条の2によれば，「人の生命又は身体を害する不法行為」の場合においては，724条1号に定める3年の期間は，5年に伸長される。これにより，生命または身体が侵害されたことによる損害の賠償請求権に関しては，債務不履行責任の場合であれ，不法行為責任の場合であれ，主観的起算点から5年間行使しないでいると，時効によって消滅することになる（債務不履行責任の場合につき，▷166条1項1号）。

▶▶2　長期消滅時効

　724条2号によれば，不法行為損害賠償請求権は，「不法行為の時」から20年間行使しない場合，時効によって消滅する。ただし，身体に蓄積した場合に人の健康を害することとなる物質による損害や，一定の潜伏期間が経過した後に症状が現れる損害のように，「不法行為により発生する損害の性質上，加害行為が終了してから相当の期間が経過した後に損害が発生する場合」については，「不法行為の時」ではなく，「損害の全部又は一部が発生した時」が起算点となる（★最判平成16・4・27民集58巻4号1032頁。同様の趣旨の規定として，▷PL法5条3項）。

> ☕**カフェ・コンシェルジュ20.1＿　724条2号における「不法行為の時」の意味**
>
> 　724条2号は，消滅時効の起算点につき，「不法行為の時」と定める。したがってそこから，損害が発生していなくても加害行為が行われてさえいれば，その時点で時効が進行を開始するとの理解を導くことができる（行為時説）。一方，同号が定める「不法行為の時」に関しては，次のように考えることもできる。166条1項2号は，債権一般の消滅時効の起算点につき，「権利を行使することができる時」と定める。724条2号が定める「不法行為の時」がこれを具体化したものだとするならば，そこでの「不法行為の時」とは，損害賠償請求権を行使することができる時だということになる。そしてその時とは，加害行為によって損害が発生した時

だということになる（損害発生時説。すでに述べたように、判例は、「加害行為が終了してから相当の期間が経過した後に損害が発生する場合」において、この見解をとる。前掲★最判平成16・4・27）。このように、同号が定める「不法行為の時」に関しては、2つの理解がありうる。

　なお、製造物責任法5条1項2号は、消滅時効の起算点につき、「製造業者等が当該製造物を引き渡した時」——製造業者等が当該製造物を流通に置いた時——と定める。ここでは、損害の発生へと至る経過を切り離した行為の時点をもって消滅時効の起算点とすることが条文で明確に規定されており、注意が必要である。

❖Lec **21** 監督義務者責任 ·························

【事例】 ① 小学校4年のA（10歳）が，クラスメイトのXとモデルガンで射撃の腕を競い合っていたところ，Aが発射した弾丸がXの左眼に命中し，Xは失明した。Aの母親Yは日頃から，「絶対に人に向けて撃ってはいけません」ときつく言っていた。
② 重度の認知症を患い，妻Y（70歳）と二人暮らしのA（73歳）が，夜間に自宅を抜け出して徘徊しているうちに幹線道路へ迷い込み，Aを避けようと急ハンドルを切ったトラックが横転して，歩行者Xが負傷した。

▶§**1**__ 監督義務者責任（714条）の意義

709条の責任は，損害を発生させた直接の加害行為者が負う責任であるのに対して，714条から719条では，①他人の加害行為について別の者が負う責任（▷714条・715条・716条），②物から他人に損害が発生した場合に，その物の占有者や所有者が負う責任（▷717条・718条），③他人と共同して不法行為を行った行為者の連帯責任（▷719条）について規定されている。これらは，特殊の不法行為と呼ばれる（本書❖Lec**14**▶§1▶▶3【1】（a）参照）。

この章では，①のうち714条の監督義務者責任についてみていくが，通説的理解によると，この責任には次の3つの特徴がある。

第1に，文言上明らかなように，直接の加害者が責任無能力（▷712条・713条）で免責される場合にはじめて問題になる責任である（補充的責任）。

第2に，監督義務違反がない場合，または監督義務違反と損害発生に因果関係がない場合は，責任は成立しない（▷714条1項ただし書）。これは，監督義務者は加害行為者ではないが，それでも，監督義務違反という監督義務者固有の過失に基づく責任であることを意味している。

第三に，責任の根拠（監督義務違反および因果関係）は，ほんらい，責任成立を

主張する原告が証明すべきものである。しかし本条では，それらが，被告が責任を免れるために被告が証明すべき要件に位置付けられている（▷714条1項ただし書。過失の立証責任の転換）。このような責任は，原告が過失を立証しなくて良いぶんだけ厳格な責任であり，しかし無過失責任ほど重い責任ではないという意味で，中間責任と呼ばれることがある。

▶ §2＿ 714条1項本文に基づく請求の要件

▶▶1 責任無能力者の行為が709条の要件を充たすこと

補充的責任なので，まずは，①加害行為当時に加害者が責任無能力（本書❖Lec**17**▶§3）だったこと，および②責任無能力者の加害行為が709条の要件（本書❖Lec14〜16）を満たすことが必要である。

なお，責任無能力者の加害行為に正当防衛・緊急避難その他の責任を阻却する事由（本書❖Lec**17**▶§2）があるときは，被告がそのことを証明できれば，714条の責任は生じない（★最判昭和37・2・27民集16巻2号407頁：鬼ごっこ事件）。

▶▶2 被告が監督義務者だったこと

【1】 法定監督義務者（1項の責任主体）

上記①②に加えて，③被告が，加害行為時点で「責任無能力者を監督する法定の義務を負う者」（法定監督義務者）だったことが必要である。法定監督義務は，民法上の義務に限られないが，本人の世話にとどまらず，第三者に対する加害の防止に向けた監督をも委ねる趣旨の義務でなければならない。

（a） 未成年者　未成年者（▷712条）については，従来，包括的な監護教育義務を負う親権者（▷820条）や未成年後見人（▷857条），それらが存在しないときに親権代行者となる児童相談所等の長（▷児童福祉法33条の2・47条を参照）が，法定監督義務者に当たるとされている。

親権者と監護者が異なる場合（例えば，離婚に伴い，父を親権者とし，母の監護のもとで育てるとされた場合）や，未成年の親権者につき親権代行者がいる場合（▷833条・866条）があり得るが，日常の監護教育への関与が薄い親権者といえども法定監督義務者に当たるというべきか，それとも，当たるとしたうえで監督義務違反の有無（後述▶§3）を考えれば足りるかは争いがある。

（b） 精神障害がある者　精神障害による責任無能力者（▷713条）について

は，まず，加害行為時点で一時的に責任無能力だった場合は，法定監督義務者がいない場合が多い。

　常時責任能力を欠く精神障害者に関しては，成年後見が開始していれば（▷7条・8条・838条2号・843条1項），成年後見人が法定監督義務者に当たると解する余地があり，従来そのように解されてきた（📖カフェコンシェルジュ21.1を参照）。しかし，成年後見人の身上配慮義務（生活，療養看護および財産の管理に関する事務にあたって被後見人の心身状態や生活状況に配慮する義務——858条）は，例えば介護に関する契約の締結など法律行為に際して被後見人の身上に配慮すべき義務であり，日常生活全般にわたって身上を監護する義務ではない。したがって，成年後見人であるというだけで法定監督義務者に当たるものではない（後掲★最判平成28・3・1）。

　他には，身分関係に基づく一定の義務を負う配偶者や子が候補になりうる。しかし，配偶者間の同居・協力・扶助義務（▷752条）も，親族間の扶助義務（▷730条）も，第三者に対する加害の防止に向けて監督する義務ではないから，法定監督義務者とみるべき根拠にならない（後掲★最判平成28・3・1）。

　そうすると，精神障害による責任無能力者に関しては，成年後見が開始していない場合はもとより，開始している場合も，714条1項の法定監督義務者は不在であるのが普通ということになる。この点は，比較的最近の判例（後掲★最判平成28・3・1）で明らかにされた点である。

【2】　準監督義務者（1項の類推適用）

　法定監督義務者が不在でも，判例は，法定監督義務者に準ずべき者（準監督義務者）がいるときは，その者に714条1項が類推適用されるとする。すなわち，「責任無能力者との身分関係や日常生活における接触状況に照らし，第三者に対する加害行為の防止に向けてその者が当該責任無能力者の監督を現に行いその態様が単なる事実上の監督を超えているなどその監督義務を引き受けたとみるべき特段の事情がある場合」は，当該現に監督を行う者は準監督義務者であり，714条1項が類推適用される（★最判平成28・3・1民集70巻3号681頁：JR東海事件）。

　上記の「特段の事情」ありというためには，たんに同居しているとか在宅介護をしているというだけでは足りない。仮に同居の事実だけで監督義務者責任を問われ得るとすれば，責任回避のために精神障害者を自宅に閉じ込めるなど，かえって本人の行動や自由が大きく制約されて，障害者自立支援に関する現行法の理念（ノーマライゼーション）に反する結果にもなりかねない。それゆえ，第三者に対する危害の可能性まで含めて精神障害者を監督することを委ねても過

酷とはいえない（何らの責任を負わないとすることが被害者との関係で衡平を欠く）客観的状況が存在してはじめて，「監督義務を引き受けた」と評価されうる。ちなみに，JR東海事件判決の多数意見では，重度認知症の高齢男性につき，高齢の同居配偶者および離れて暮らす息子がいたが，いずれも特段の事情がなく準監督義務者には当たらないとされた。

☕カフェ・コンシェルジュ21.1__ 成年後見・精神医療法制と監督義務者

　成年後見人は，かつては療養看護義務を負い（1999年改正前の民法858条1項），また精神保健福祉法上の第一順位の「保護者」として自傷他害防止義務（1999年改正前の同法22条）や治療を受けさせる義務（2013年改正前の同法22条1項）を負っていた。そして，配偶者があればその配偶者が（1999年改正前の民法840条），配偶者がない場合も親族が成年後見人に就任する例が多かった。こうした法制度の建付けは，精神障害者と一定の身分関係にある者が包括的監護義務を負うことが法律上明らかにされていると考えられるので，成年後見人，または成年後見が開始されていれば後見人に就任したはずの者（事実上の監督者という）が，714条の法定監督義務者に当たるとされてきた。

　しかしながら，障害者自立支援（ノーマライゼーション）を基本理念とする成年後見制度・精神医療法制の改正により，現在は，上記のような建付けは根本から変更されている。本文に述べたとおり，現行法下では，身分関係や成年後見制度と714条の法定監督義務とを結びつける法律上明確な根拠はなく，多くの場合に法定監督義務者が不在になるとともに，この状況を補完するかたちで，準監督義務者に関する判例理論が重要性を増している。

【3】 代理監督者（2項の責任主体）

　法定監督義務者に代わって監督を委ねられた者を，代理監督者という。従来具体例として挙げられるのは，保育園や幼稚園，小中学校，精神医療機関，介護施設の開設者（国・公共団体，学校法人，医療法人，社会福祉法人）などである。代理監督者は，714条2項により，法定監督義務者と同様に責任を負う。保育士・教員・医師等が例に挙げられることがあるが，監督を引き受ける主体は施設や事業体とみるべきである（保育士等個人の不作為不法行為や，これらを前提とする施設等の使用者責任の成否は別途問題となりうる）。

　代理監督者の責任が成立しても，法定監督義務者の責任は否定されない。すくなくとも法定監督義務者は免責されやすくなるのかは，見解が分かれる。適切な代理監督者を選んでいれば監督義務違反がないとの見解もあるが，学校行事等の代理監督下で生じた加害行為に関し，親権者を免責した例はない。

　なお，従来，精神医療機関や介護施設が例示されてきたのは，配偶者その他

の親族が法定監督義務者ないし事実上の監督者に当たること（前記￰カフェコンシェルジュ21.1参照）を前提に，入院・入所に伴って監督が委ねられると考えられてきたからである。しかし，多くの場合に法定監督義務者が不在の現状では，このような説明を維持することは難しい。入院中・入所中は精神医療機関等が法定監督義務者や準監督義務者に当たると解する余地について，検討が必要だろう。

▸§3__ 714条1項ただし書による免責

　監督義務者の側で，監督義務違反の不存在または因果関係の不存在を証明できれば，監督義務者責任は成立しない。監督義務者固有の過失に基づく責任である以上，当然である。しかし，どういう場合であれば監督義務違反なしとされ得るのかを理解するうえでは，前提として，そもそもどのような内容の監督義務を基礎とする責任なのかを再確認しておく必要がある。

▸▸1　監督義務違反の不存在

【1】　監督義務の意義と内容

　法定監督義務者の代表例である親権者を例にとると，子に対し身上監護・教育義務（法定監督義務）を負う親権者は，潜在的な被害者に対する関係では，判断能力の未熟な子が日常生活において第三者に対する加害に及ぶことがないように監督すること，平たく言えば，きちんとしつけること（包括的監督義務を通じた損害回避）が期待されている。これは，子が具体的な加害行為に及ぶ危険があるときに当該行為を阻止すべき義務にとどまらない。そうだとすると，実際に子が何らかの加害行為に出た場合は，よほど偶発的な事故でないかぎり，日頃のしつけが尽くされていれば避けられたはずだから，ほとんど常に監督義務違反があると言え，免責の余地はないことになりそうである。このように考えて良いのかどうかは，規定の沿革との関係で714条の性格をどう理解するかに関する見方の違いに応じて，立場が分かれ得る。

　規定の沿革をたどると，714条は，近代民法成立以前の法規範（家族共同体構成員の不法行為は，当該共同体の家父長が絶対的責任を負う）に遡る。この規範が個人主義に立脚する近代民法に取り入れられるにあたり，監督義務者自身の過失（監督義務違反）に基づく自己責任へと再構成され，これを受け継ぐ日本民法で

は，責任無能力免責を補充する責任として規定された。この沿革を尊重すれば，714条の責任は，責任無能力者が危害に及ぶ一般的・抽象的危険の実現防止を全面的に家庭内の監護教育に委ねる趣旨であり，身分関係に由来する特殊な責任と理解することになろう。そうだとすると，家庭内の監護教育の徹底によって防止が期待される加害行為である限り，ほとんど常に，監督義務違反がないとはいえないことになる。

これに対して，個人主義（自己の過失に基づく責任）を重視する立場から，714条の責任は，他人に危害を加えるリスクをもつ責任無能力者について，「人的危険源の管理者」の地位にある監督義務者の監督が適切でなかったことを根拠とする責任である，との理解もある。この理解によれば，責任無能力者がもつどのような加害リスクについてどのように対処することが求められていたのか（管理者として引き受けるべき監督の内実）がまず明らかにされる必要があり，これに欠けるところがなければ免責される。具体的事案では，当該加害行為に至る経過（加害行為の性質や，加害者の年齢・性格，監督義務者との身分関係・生活関係，監督義務者が置かれていた状況などの事情）を踏まえ，当該加害リスクの実現防止に向けてどのような措置をとることが求められていたのか，それが尽くされていたかが問題になる。それゆえ監督義務の内容は，具体的加害行為を阻止する義務にとどまらないとはいえ，事案に応じて，当該加害行為は日頃の監護教育の徹底により防止すべきだったとされる場合から，当該加害行為のリスクの実現防止につながる措置をとる義務があったとまではいえない場合まで，監督義務の内容には濃淡があって当然ということになる。

714条は，未成年者と精神障害者を区別せず監督義務者責任を統一的に規定していること，精神障害者について同様の責任が準監督義務者に拡張されていること，さらに，通常は身分関係がない代理監督者の責任も2項で合わせて規定されていることなどを考慮すれば，これらに共通する責任の性格および免責の考え方としては，上記のうち後者の立場がより適切と思われる。

【2】 未成年の責任無能力者と監督義務違反の有無

親権者等は，潜在的被害者に対する関係で，判断能力の未熟な子が日常生活において第三者に対する加害に及ぶことがないよう監督することが求められている。そして，いたずらや遊戯中の危険行為などは，上述のいずれの立場によるとしても，日頃の監護教育を通じて防止可能な行為，もしくはその防止に向けた教育指導を尽くすべき行為と考えられる。そのため従来は，この種の加害行為について監督義務違反がないとして免責された例はほとんどなく，事実上

無過失責任であるかのように運用されてきた。

　しかし以上と異なり，放課後の校庭でのサッカー練習のような，「通常は人身に危険が及ぶとはみられない行為によってたまたま人身に損害を生じさせた場合」には，話が違ってくる。この種の事案（ゴールに向け蹴ったボールが意外にも公道まで転がり出て通行人を負傷させた事例）で，判例は，「親権者の直接的な監視下にない子の行動についての日頃の指導監督は，ある程度一般的なものとならざるを得ない」から，通常のしつけが尽くされているかぎり，親権者に監督義務違反はないとしたものが現れている（★最判平成27・4・9民集69巻3号455頁：サッカーボール事件）。この判断の実質は，「通常は人身に危険が及ぶとはみられない行為」がもつ危険の実現を防止することまで家庭内の監護教育に委ねられるものではないとも説明できるし，そのような危険は管理者が統御すべき範囲を超えるとも説明できよう。もっとも，通常危険でない行為であっても，他人に危害が及ぶ具体的危険を予見できた（例えば，校庭の防球ネットの高さまで蹴り上げる遊びを繰り返していることが知れていた）状況で何らの措置も講じられなかった場合には，なおも監督義務違反があるとされよう。

【3】　精神障害による責任無能力者と監督義務違反の有無

　前述の判例理論（▶§2▶▶2）により準監督義務者に当たるとされても，直ちに，加害の危険の防止に向けて日常生活全般にわたり監督する義務が導かれるわけではない（前掲★最判平成28・3・1は，準監督義務者が負うべき監督義務の内容までは判断していない）。むしろ前掲★最判平成28・3・1は，準監督義務者の該当性について，「その者自身の生活状況や心身の状況などとともに，精神障害者との親族関係の有無・濃淡，同居の有無その他の日常的な接触の程度，精神障害者の財産管理への関与の状況などその者と精神障害者との関わりの実情，精神障害者の心身の状況や日常生活における問題行動の有無・内容，これらに対応して行われている監護や介護の実態など諸般の事情を総合考慮して」，被害者との間の衡平の観点から判断すべきとしているのであるから，準監督義務者が負う義務の内容も，上記諸事情を考慮した結果として，被害者との関係で衡平といい得る内容の監督義務を負うにとどまり，加害リスクの実現防止を全面的に委ねる内容とはならないと考えられる。

　例えば，医療機関を受診させたり介護サービスを受けさせたりするなど，精神医療・社会福祉担当者の指導や連携の下に監護にあたることといった限定的な内容の監督義務を負い，それが尽くされていれば免責されることがあり得よう。抽象的一般的に加害リスクがある限りその実現を防止する義務があるとし

たのでは，四六時中の見守りや監視といった重い負担を強いる結果となり，ひいては閉じ込めにつながりかねないからである。もっとも，ここでも加害の危険が具体的に予見される状況では，その実現を阻止すべき義務を負うというべきであるから，何らの措置を講じなければ監督義務違反があるとされよう。

【4】 代理監督者における監督義務違反

　代理監督者については，その地位を生じさせる法律関係の趣旨から，委ねられた監督の内容（学校等では，限定的内容にとどまることが多いだろう）を吟味したうえで，それが尽くされていたか否かを判断することになる。加害の危険が具体的に予見された場合に関しては上記と同様である。

✕トピック21.1＿　ヨーロッパ諸国にみられる「衡平責任」

　精神障害者監護の重い負担から家族を解放するとともに，障害者本人の権利保護（自立と社会復帰の支援）をはかるという近年の制度改正の理念そのものは，支持されるべきだろう。しかし，本文で述べたように（▶§2▶▶2【1】(b)），それによって精神障害者の法定監督義務者が不在となり，準監督義務者もこれを完全に補うものではないと考えられる以上，被害者の救済は，従来と比較してそれだけ切り詰められることになる。

　ヨーロッパ諸国の民法には，①加害者が責任無能力で免責され，監督義務者にも賠償請求できない場合でも，例外的に，当事者の経済状況などを考慮した衡平な内容の賠償責任を責任無能力者が負うとする規定（ドイツ，イタリア，ギリシア，ポルトガル）や，②そもそも責任無能力でも免責され，責任無能力者は衡平な内容の賠償責任を負うとする規定（スウェーデン，フィンランド，デンマーク）が存在する。衡平責任と呼ばれる，日本にはない制度である。

　責任無能力者は，大きな資産を相続したなど例外的場合を除いて十分な賠償資力をもたないのが通常だから，免責しても被害者救済は実際上低下しないとの見方もありうる。しかし，誰もが認知症のリスクを抱える現代の超高齢社会では，責任無能力者に一定の資力があるのに，被害者は何ら救済を得られないという状況が，より一般的な利害状況として現実化しつつある。衡平責任の制度は，こうした課題を議論する必要性を教えてくれている。

▶▶2　因果関係の不存在

　未成年者の事案では，監督義務違反がないとはいえない（当該加害行為は，日頃の監護教育により回避され得た，または，その回避につながる措置を講じるべきであった）との判断に，通常，監督義務違反と損害に因果関係があるとの評価が含まれている。それでもなお因果関係の断絶が認められるとすれば，他人に加害行為を強要されたなど，きわめて限られた場合である。

　準監督義務者や代理監督者の事案で，監督義務が限定的内容にとどまるとき

は，監督義務違反がなくても損害は発生したとされる場合があり得よう。

▶ §4__ 責任能力がある未成年者の監督義務者の責任

▶▶1 問題の所在

例えば，13歳のAがBと喧嘩をして重傷を負わせた場合，この種の加害行為についてAに責任能力はあったといわざるを得ないので（本書❖Lec**17**▶§3▶▶1【2】参照），Aの親権者は714条の責任を負わない。しかし現実には，13歳のAに十分な賠償資力はないことがほとんどだろう。そうするとBは，実効的な救済を得られない（子の賠償債務を親が任意に引き受けることはあろうが，そうしなければならない法的義務はない）。そのため裁判実務では，比較的高い年齢でも責任能力を否定して714条の責任を認めようとする力学がはたらくことがある。有名な古い判例では，射的銃で友人を失明させた12歳2ヵ月の少年につき，加害少年の責任能力を否定して，父親の714条責任が認められている（★大判大正6・4・30民録23輯715頁：光清打つぞ事件）。

こうした責任能力の認定操作に限界があることは明らかだが，そもそも，714条が監督義務者固有の過失（加害リスクの実現防止に向けて監督する義務の違反）に基づく自己責任なのであれば，たとえ未成年者に責任能力があっても，監督義務違反に基づく親権者の責任を認める余地があるのではないのか，という疑問もある。そのため，714条が補充的責任とされていること自体，学説によって比較的古くから批判されてきた。

▶▶2 監督義務者の709条に基づく責任

この問題に関して，「未成年者が責任能力を有する場合であっても監督義務者の義務違反と当該未成年者の不法行為によって生じた結果との間に相当因果関係を認めうるときは，監督義務者につき民法709条に基づく不法行為が成立する」というのが確立した判例である（★最判昭和49・3・22民集28巻2号347頁）。

そこで問題となるのは，709条責任を成立させる「監督義務者の義務違反」とは，①714条の監督義務違反と同様に，第三者に対する加害の防止に向けた監督が不十分だったと言えれば足りるのか，それとも，②未成年者の加害行為（による損害発生）が具体的に予見可能だったことを前提に当該結果を回避する義務の違反（ほんらいの709条の過失）でなければならないのか，である。言い換

えれば，この判例は，監督義務者責任の補充性を実質的に否定する（責任能力ある場合でも714条と性質上連続する責任を認める）趣旨か，そうではない（具体的危険の予見可能性を前提とする709条責任を認めているにすぎない）とみるべきかである。

　学説では，709条が根拠とされている以上，上記②と理解すべきだとする立場がある。しかし多くの学説は，上記の判例は714条の補充性に対する批判を受けたものであり，上記①の理解を正当とみている。もっともその場合でも，一方では，「監督義務者の義務」は具体的結果を回避する義務ではなく，結果回避に向けて教育指導を尽くすべき義務（間接的な義務）であるから，709条のみを根拠にすることはできず，714条の趣旨を合体させた新たな規範とみる立場がある。他方で，714条の監督義務違反も，どのような加害リスクの実現防止に向けてどのような措置をとることが求められていたかが問題であり（前述▶§3▶▶1【1】(1)），具体的結果の回避に結び付けられた義務の問題であるから，709条の過失と異質だとはいえ，709条を根拠に714条と同様の責任を認めうるとの立場も，近時は有力である。

　いずれにしても，①の理解を正当とみる多数の学説に従えば，上記判例にいう「監督義務者の義務」の内容は，予見可能な具体的加害行為を阻止する義務にとどまらず，第三者に対する加害の防止に向けて監督する義務まで含むと理解すべきことになる。近時，少年院を仮退院して保護観察中の未成年者（成年年齢改正前19歳）が暴行傷害事件を起こした事案について親権者の義務違反を否定した判例（★最判平成18・2・24判時1927号63頁）でも，親権者が具体的犯行を予見可能・回避可能だったかどうかではなく，犯行の阻止につながり得た措置をとるべきであったかどうか，すなわち保護観察の遵守事項を確実に守らせ，または「本件事件のような犯罪を犯すことを予測」して再入院手続等をとることを期待できたかどうかが問題とされており，同様の理解が前提になっていると解される。

❖Lec **22** 使用者責任 ‥‥‥‥‥‥‥‥‥‥‥‥‥‥‥‥

【事例】 ① 証券会社Yの営業職であるAは，自身の借金返済資金に充てるため，長年担当している顧客Xに架空の出資話をもちかけて，1000万円を出資させた。
② 飲食店Yで出前業務を担当するアルバイト学生Aが，バイクで出前の帰途に歩行者Xと接触し，右脚を複雑骨折する重症を負わせた。

▸§**1** 使用者責任 (715条) の意義

▸▸1 監督義務者責任との比較

　使用者責任 (▷715条) は，他人の行為についての責任である点で監督義務者責任 (▷714条) 共通するが，次の点が異なると解されている。

　第1に，使用者責任は，被用者 (例えば会社の従業員) の不法行為の成立が前提であり，補充的責任ではない。それゆえ第2に，使用者が負うのは，被用者の責任を肩代わりする責任 (代位責任) であり，自己責任である監督義務者責任と異なる。第3に，自己責任である監督義務者責任は監督義務違反 (過失) がなければ免責されうるが，使用者責任では，715条1項ただし書による免責は事実上認められない (事実上の無過失責任)。

▸▸2 事実上の無過失責任

　起草当初は，使用者責任も，使用者固有の過失 (選任・監督上の過失) に基づく自己責任であり，過失がなければ免責されると考えられていた。

　しかし比較的古くから，使用者は，被用者の不法行為が成立する場合には，自己の過失の有無にかかわらず責任を負うと解すべきだとされてきた。使用者は，被用者の活動を通じて利益を享受しているのだから，その利益が帰するところに損害も帰せられるべきであり (報償責任原理)，または，被用者を利用して活動範囲を拡張するのとひきかえに第三者に損害が生じる危険もそれだけ増大させているのだから，そのように高められた危険から生じた被用者の不法行

為について責任を負うべきである（危険責任原理）と考えられるからである。こうした考え方を基礎に，従来，715条1項ただし書は徹底的に空文化され，事実上の無過失責任として運用されている。

> ☕ **カフェ・コンシェルジュ22.1__　使用者責任の法的性質**
>
> 　近代的な企業活動が重要な位置を占めるようになると，「企業活動から生じる損害」の救済が課題として意識されるようになる。すなわち，被用者の職務上の行為について不法行為が成立するとき，見方を変えると，使用者の企業活動から損害が生じたとみることもできる。そうだとすると，使用者の企業活動から違法な損害が生じたのに，被用者の過失だけでなく使用者にも過失があるでなければ使用者は責任を負わないというのでは，公平な解決といえないのではないか，とも考えられる。判例・通説が「事実上の無過失責任」にたどり着いたのも，こうした問題意識を端緒とするものにほかならない。
>
> 　もっとも，本文のように報償責任や危険責任の考え方が妥当するのなら，自らの企業活動上の危険（自己の被用者が不法行為に出るリスク）を統御すべきだったのにできなかったという使用者固有の過失に基づく自己責任と捉えることもできそうであり，被用者の責任の肩代わり（代位責任）とみなければならない必然性はない。そこで最近は，使用者責任は，被用者が職務に関連して加害行為に出るリスクに対処すべき義務の違反を根拠とする使用者固有の責任であり，使用者の過失が被用者の行為に即して判断される点に特徴があるのだと主張する見解も有力に主張され始めている（固有責任説）。

▶▶3　適用範囲

　715条の適用範囲は，法人・会社組織による大規模な事業活動だけでなく，家事に関する使用関係や，個人間の一時的な使用関係などの，日常的・単発的な事務委託の関係がある場合にまで及ぶ。

　法人理事や会社取締役などの法人代表者は，法人の機関であり被用者ではないから，これらの者が不法行為に出たとしても715条は適用されない。もっとも，各種の法人根拠法に，715条と同趣旨の規定が置かれている（▷一般法人法78条・197条，会社350条など）。しかもこれらは，715条1項ただし書に相当する規定がない，正真正銘の無過失責任である。

　なお，公務員が不法行為に出た場合は，国や公共団体が，国家賠償法1条に基づく責任を負う。使用者責任に類似するが，異なる点もあるので，特別法上の不法行為の一つとして後に紹介する（本書❖Lec**25**▶§2）。

▸§2__ 715条1項本文に基づく請求の要件

通説的理解に従えば，715条1項本文は，被用者の責任を使用者が肩代わりすべき場合が，次の4つの要件で画されていることになる。すなわち，使用者が①その事業のために，②使用している被用者が，③その事業の執行について，④不法行為に出た場合である。

▸▸1 被用者の不法行為の成立

判例・通説は使用者責任を代位責任と解するので，被用者の不法行為の成立が要件である。被用者間の不法行為でもよい（★大判大正10・5・7民録27輯887頁）。

判例・通説に従うと，複数の被用者による一連の職務行為の結果として損害が生じた場合，具体的にどの被用者のどの行為について不法行為が成立するのかを特定しなければならないが，それが不可能ないし困難なこともある。そのような場合について判例は，「一連の行為のうちのいずれかに行為者の故意又は過失による違法行為があつたのでなければ右の被害が生ずることはなかつたであろうと認められ，かつ，それがどの行為であるにせよこれによる被害につき行為者の属する国又は公共団体が法律上賠償の責任を負うべき関係が存在するときは，国又は公共団体は，加害行為不特定の故をもつて国家賠償法又は民法上の損害賠償責任を免れることができない」とする（★最判昭和57・4・1民集36巻4号519頁）。国家賠償に関する判決だが，私人間の使用者責任でも同様である（★最判平成4・10・6判時1454号87頁参照）。

被用者が責任無能力（▷712条・713条）だった場合，使用者責任も成立しないとする古い判例（★大判大正4・5・12民録21輯692頁）もあるが，責任無能力者を政策的に保護する特別な免責制度と捉える最近の立場（本書❖Lec**17**▸§1▸▸**2**参照）からは，被用者の責任能力は使用者責任の要件ではないというべきである（なお，固有責任説の立場からは，被用者の責任能力だけでなく，被用者の不法行為の成立さえも不可欠ではない）。

▸▸2 加害者が被用者であること

使用者が賠償責任を負うのは，使用者がその「事業」のために「使用する」関係にある者，すなわち被用者の不法行為についてである。

【1】 使用者の「事業」

　事業とは，仕事という程度の非常に広い意味であり，何らかの作業を委ねることはおよそ事業に該当する。一定の規模や，継続的か一時的か，営利目的か非営利目的かは問わない。例えば，兄が弟に自動車を運転させ自宅に送り届けさせることでも事業に当たり，兄の使用者責任が成立しうる（★最判昭和56・11・27民集35巻8号1271頁）。

　違法な活動も事業に該当するか。暴力団組員の抗争行為の巻添え被害について暴力団組長の使用者責任が問題になった事案で，そもそも暴力団はいかなる事業のために組員を使用しているのかが問題になったが，最高裁は，「暴力団の威力を利用しての資金獲得活動に係る事業」のため組員を使用していたとした（★最判平成16・11・12民集58巻8号2078頁。なお，この判決を受けて，暴力団員による不当な行為の防止等に関する法律31条および31条の2で，指定暴力団（▷同法3条）代表者は構成員の抗争行為・威力利用資金獲得行為による損害について賠償責任を負う旨が定められた）。

【2】 使用関係

　事業のために使用する関係（使用関係）とは，職務遂行について一方が他方の指揮命令に服する関係（指揮監督関係）である。

　(a) 法的な指揮命令権限　　雇用契約や労働契約に基づき，労務について指揮命令権限を有する場合は，使用関係があることに疑いはない。勤務医など職務遂行の独立性が高い専門職は，具体的労務について指揮命令をほとんど受けないが，使用者の事業活動に組み込まれて労務提供する立場にあり，勤務時間・場所・事業方針などの基本的な指揮命令に服するから，使用関係はある（ちなみに，病院開設者を被告とする医療過誤訴訟では，診療契約上の債務不履行責任とともに，使用者責任が選択的に主張されるのが通例である）。

　(b) 事実上の指揮監督関係　　職務遂行につき事実上の指揮監督がある場合も，使用関係は肯定される。兄弟間の自動車送迎（前掲★最判昭和56・11・27）において，「運転経験の長い［兄］が助手席に坐って，……運転経験の浅い［弟］の運転に気を配り，事故発生の直前にも同人に対し『ゴー』と合図して発進の指示をした」との事情から使用関係が肯定されたのは，その例である。

　さらに，具体的指示を与える関係がなくても，一定の職務遂行へ方向づけられた組織的体制のもとで結びついている場合には，事実上の指揮監督があったとされうる。例えば，暴力団の最上位組織の組長は，末端組織の組員の資金獲得活動について実際に指示を出すことなどない。それでも，威力を利用した資金獲得活動を容認し，その収益が最上位組織へと順次上納される仕組みがあり，

かつ，擬似的血縁関係によって構成員を統制する体制がとられた組織であることから，最上位組長の指揮監督下で末端組織の組員を資金獲得活動に従事させる関係があったとされている（前掲★最判平成16・11・12）。

このように，使用関係の有無は，実際の指揮監督の有無ではなく，第三者に対する不法行為のリスクを引き受けさせるに足る支配従属関係を認めることができるか否か，という観点で評価されるものである。

(c) 複数の指揮監督関係の競合　　建設工事の元請会社が，下請会社の従業員の不法行為について使用者責任を負うだろうか。注文者たる元請人と下請人の間には，原則として指揮監督関係はない。716条本文が原則として注文者の責任を否定しているのも，そのため請負人は自己の判断で仕事を完成させる義務を負うからである。

しかし契約内容によっては，元請人が派遣する現場監督が具体的指示を出す場合や，元請人が定めた手順に従うべきものとされる場合もある。判例は，そうした具体的事情があり，「［下請従業員］に直接間接に元請負人の指揮監督関係が及んでいる場合」には，元請人と下請従業員の使用関係を認めている（★最判昭和37・12・14民集16巻12号2368頁）。

派遣社員や出向社員の不法行為についての，派遣元や出向元の使用者責任に関しても，同様に考えることができる（★最判昭和41・7・21民集20巻6号1235頁，★大判昭和16・12・27民集20輯1479頁など参照）。

✗トピック22.1　名義貸しと使用関係（指揮監督すべき義務）

事業免許等の名義の貸与者が，名義借用者の不法行為について使用者責任を負うかという問題もある。名義貸与の性質上，貸与者が借用者の事業活動を指揮監督することはないのが通常だが，そうだとすると，使用関係はないはずである。

しかし，自動車貨物運送事業免許の名義貸与の事案で，「事実上指揮監督の関係があつたか否かを問うまでもなく，使用者としての指揮監督をなすべき義務を負う」とした原判決を是認した判例がある（★最判昭和41・6・10民集20巻5号1029頁）。他にも，商号貸与が取引相手方に対する「代理権授与表示」に当たる（★大判昭和4・5・3民集8輯447頁）とか，タクシー事業免許の名義貸与につき「責任を負担する旨が表示」されている（★大判昭和8・7・31民集12輯2421頁）として，使用関係が認められた例もある。これらは，事業免許制度が抑止目的とする危険や，取引相手方が取引主体を誤信して損害をこうむる危険は，当該事業免許や商号の名義人の責任で統御されるべきものであり，したがって名義借用者の営業を実際に指揮監督していなくとも，指揮監督している場合と同様に使用者としての責任を負うべきである，と判断されたものということができる。

なお，本文で述べたとおり使用関係の有無は法的評価である以上，実際の指揮監督の有無

にかかわらず，「指揮監督すべき義務」を負う名義貸与者には，借用者の不法行為責任を肩代わりさせるに足る支配従属関係があると理解することもできよう。しかし見方を変えると，「指揮監督すべき義務」を媒介にした使用関係の認定は，表見代理責任（代理権の外観を統御すべき本人は，自己の帰責性に基づき，代理権の外観を信頼した相手方に対して責任を負う）に通じる部分もある。このような見方によれば，使用者責任の性質を，被用者が職務に関連して加害行為に出るリスクに対処すべき義務の違反を根拠とする固有責任とみる最近の有力説に親和的な判例とみることもできる。

▶▶3　加害行為の事業執行性

　最後に，使用者責任は，被用者が「事業の執行について」した加害行為について成立する。事業執行性とは，当該加害行為が，使用者の事業に属し（事業該当性），かつ当該被用者の職務に関連すること（職務関連性）である。

【1】　事業該当性

　事業該当性は，法人の権利能力の範囲と同様に非常に緩やかに解されているので，実際の訴訟では，事業該当性の有無が争点になることはなく，職務関連性の有無が争いになる場合がほとんどである。事業該当性がない加害行為の具体例を強いて挙げれば，被用者が自家用車で家族旅行中に起こした交通事故だが，このような事案で使用者責任が追及されることはまずない。

【2】　職務関連性

　事業該当性に加えて職務関連性も要求されるのは，使用者責任の根拠に関わる。使用者責任が，被用者の活動を通じた利益享受または危険増大を根拠とするならば，たとえ使用者の事業に属する行為でも，使用者が委ねた職務内容と全然無関係な行為は，その結果を使用者に帰責できないからである。

　加害行為が当該被用者の職務行為そのものであるときは，職務関連性があるとみてよい。問題になるのは，職務権限を濫用または逸脱した行為の職務関連性である。この点は，取引的不法行為（職務権限外で株券や手形を偽造した等）を念頭においた議論の展開がある（下記(a)）。

　さらに，交通事故のような事実的不法行為ではどのように職務関連性を判断すべきか（下記(b)），暴行のように事業該当性も職務関連性もないといわざるを得ない行為にはおよそ事業執行性はないのか（下記(c)）も問題となる。

　(a)　取引的不法行為　　①　一体不可分説　　古い判例は，当該被用者の職務行為そのもの，またはそれと一体不可分の行為でなければならないとしていた（一体不可分説。★大判大正5・7・29刑録22輯1240頁）。職務権限を濫用・逸脱する

行為は，使用者が委ねた行為でない以上，使用者に帰責できないと考えられたからである。

② 外形標準説　しかし判例は，ほどなく一体不可分説を放棄して，職務関連性は行為の外形から判断すべきであるとの立場に転換した（★大連判大正15・10・13民集 5 輯785頁）。最高裁もこれを踏襲し，「被用者の職務の執行行為其のものには属しないが，その行為の外形から観察して，恰も被用者の職務の範囲内の行為に属するものと見られる場合をも包含する」というのが確立した判例である（★最判昭和32・7・16民集11巻 7 号1254頁，★最判昭和36・6・9 民集15巻 6 号1546頁参照）。外形標準説（ないし外形理論）と呼ばれる立場である。

判例によると，職務関連性の有無は，客観的外形的に，①当該被用者の職務内容との関連性と，②当該加害行為への近接性を，相関的に考慮して判断される（★最判昭和40・11・30民集19巻 8 号2049頁）。一体不可分説と対比すれば，当該被用者の職務行為およびそれと一体不可分な行為に加えて，当該被用者を当該職務に従事させたことで高められた加害行為の危険まで，使用者の帰責範囲を拡張するものといえる。例えば，かつて手形作成業務を担当していた被用者が約束手形を偽造した事案では，上記①②の相関的考慮により職務関連性が肯定された（前掲★最判昭和40・11・30）一方で，貸金業者の従業員が従事経験のない貸金原資調達業務を装った事案では，①を欠くとして職務関連性が否定されている（★最判平成22・3・30判時2079号40頁）。

判例によると，外形標準説は，「取引行為に関する限り，行為の外形に対する第三者の信頼を保護」する趣旨である（★最判昭和42・4・20民集21巻 3 号697頁）。したがって，たとえ職務行為の外形を備えていても，職務権限の濫用・逸脱について悪意重過失の被害者との関係では，職務関連性は否定される（前掲★最判昭和42・4・20，★最判昭和42・11・2 民集21巻 9 号2278頁）。

(b) 事実的不法行為　判例は，事実的不法行為についても，「必ずしも被用者がその担当する業務を適正に執行する場合だけを指すのでなく，広く被用者の行為の外形を捉えて客観的に観察したとき，使用者の事業の態様，規模等からしてそれが被用者の職務行為の範囲内に属するものと認められる場合で足りる」として，外形標準説に立っている（★最判昭和39・2・4 民集18巻 2 号252頁）。

事案の多くは，被用者が公用車や社用車を私用または無断で運転中の交通事故に関する。たとえば，官庁公用車の運転業務担当者（★最判昭和30・12・22民集 9 巻14号2047頁），単独運転を禁じられているタクシー会社の運転助手（★最判昭和34・4・23民集13巻 4 号532頁），必要に応じ社用車を利用できた被用者（★最判

昭和37・11・8民集16巻11号2255頁，前掲★最判昭和39・2・4）や，預り車両を運転した修理業者従業員であっても（★最判昭和43・9・27民集22巻9号2020頁）について，私用・無断での運転行為の職務関連性が肯定されている。

　なお，使用者が所有する自動車による事故では，別途，使用者の運行供用者責任（▷自動車損害賠償保障法3条）も生じうる。

✕トピック22.2__ 外形標準説と第三者の信頼保護

　事実的不法行為では事前の接触関係がないのが通常だから，外形標準説の趣旨を，行為外形に対する第三者の信頼保護に求めることには違和感を拭えない（自動車の企業ロゴを信頼して撥ねられる被害者などいない！）。それゆえ学説は，判例に批判的であり，すくなくとも事実的不法行為に関しては，当該行為が使用者の支配領域内の危険か否かという観点から事業執行性の有無を判断すべきだとするものが多い。

　外形標準説の趣旨は「第三者の信頼保護」にあると明言した前掲★最判昭和42・4・20に対しても，そこで考慮される事情（本文の①②）はむしろ使用者内部の事情であって，かならずしも第三者の視点から行為外形を評価するものではない点で，疑問の目が向けられている。同判決が，被用者の職務内容でないことを知っていた被害者の救済が否定された事案であることに留意すると，「第三者の信頼保護」に言及した説示は，取引法と平仄を合わせて，取引上の正当な信頼がない被害者の救済を否定するための消極的な理由にすぎず，使用者が責任を負う積極的根拠を信頼保護に求める趣旨ではないと理解すべきである。

　本文で述べたように，外形標準説の内容は，当該被用者を当該職務に従事させたことにより高められた加害行為の危険を限度に，使用者の帰責範囲を拡張するものと理解できる。そして，そのような危険を創出したこと（危険責任），またはそのような危険をともなう被用者の活動を通じて利益を享受していること（報償責任）が，取引的・事実的不法行為の両者を通じて，その範囲の被用者の行為について使用者が責任を負う積極的根拠というべきだろう。

　(c)　暴行型の不法行為　　暴行は，行為の外形からみても職務には属さないし，そもそも使用者の事業にも属さない。しかし判例は，こうした事案でも，「事業の執行行為を契機とし，これと密接な関連を有すると認められる行為」に，事業執行性を認める（密接関連説。★最判昭和44・11・18民集23巻11号2079頁——同僚間の暴行，★最判昭和46・6・22民集25巻4号566頁——他人への暴行，★最判昭和48・2・16民集27巻1号132頁——窃盗，前掲★最判昭和16・11・12——殺傷）。ここでは，①被用者の職務行為との場所的・時間的近接性，および②使用者の事業遂行との密接関連性を考慮事情として，使用者の事業活動上生じうる行為だったかという観点から評価が下される（①を欠くとした否定例として，★最判昭和58・3・31判時1088号72頁——同僚間の暴行）。

▶ §3 715条1項ただし書による免責

判例・通説が715条1項ただし書を徹底的に空文化してきたことは前述した（▶§1▶▶2【2】）。もっとも，この展開を基本的には支持しつつ，小規模企業等の事案では，同ただし書による免責の余地を認めるべきだとする見解もある。

▶ §4 使用者責任の効果

▶▶1 責任の主体

【1】 使用者

715条1項の責任主体は，使用者（前述▶§2▶▶2参照）である。

【2】 代理監督者

715条2項により，使用者に代わって事業を監督する者も，使用者と同じ責任を負う。代理監督者とは，「客観的に観察して，実際上現実に使用者に代って事業を監督する地位にある者」（★最判昭和35・4・14民集14巻5号863頁）である。典型例は，業務監督権限を与えられた営業所長や工場長等の中間管理職である（★最判昭和38・6・28判時344号36頁。法人代表者につき，★最判昭和42・5・30民集21巻4号961頁）。

現実の監督の有無が基準なので，企業の中間管理職に過酷な責任が課されうる不合理さがあり，批判されている。代理監督者は，被用者の活動から利益を享受したり自らの事業のために危険を増大させたりしてはいないから，使用者と同様の事実上の無過失責任をとすべきでなく，同条1項ただし書の免責を柔軟に認めるべきだとする見解は多い。

【3】 被用者の責任との関係

判例・通説に従えば，使用者責任が成立するときは，被用者の不法行為責任が成立している。両者の賠償債務は連帯債務である（▷436条）。したがって，被害者が，使用者または被用者のいずれか一方から賠償を受けたときは，弁済の絶対効により，弁済された額の限度で他方の賠償債務も消滅する。

なお，平成29年債権法改正前は，同じ損害につき複数の不法行為損害賠償債務が成立する場合，連帯債務の規定はそのままでは適用されないと解されてい

た（不真正連帯債務）。これに関しては❖Lec**24**（共同不法行為）で説明する。

▶▶2　求償関係

【1】　使用者の被用者に対する求償権

　使用者が先に賠償したときは，他の連帯債務者である被用者に対して求償権を取得する（▷442条1項・715条3項）。求償できる範囲は連帯債務者各自の「負担部分」に応じて定まるが，代位責任を負うにとどまる使用者に負担部分はないとすれば，被用者に全額求償できるはずである。しかし判例は，事案の具体的事情に照らして「損害の公平な分担という見地から信義則上相当と認められる限度において，被用者に対し右損害の賠償又は求償の請求をすることができる」とし，求償範囲が制限され得るとする（★最判昭和51・7・8民集30巻7号689頁）。

　ここまでに見たとおり，使用者責任が成立する場面は広範かつ多様である。使用関係は，大規模な企業活動から個人間の単発的な事務委託関係まであるし，被用者の加害行為の態様も，使用者の事業活動を組成する職務遂行それじたいから，職務権限の意図的な濫用・逸脱や，暴行に至るまでである。このことを，使用者と被用者の内部的な損害分担の公平という観点からみれば，たとえ代位責任説に拠るとしても，常に被用者への全額求償を認めることは，公平に反する結果になりうる。企業活動そのものに属する職務行為や事業上当然に予想される行為がもつ加害リスク，なかでも被用者の軽過失による加害リスクは，実際上，事業活動上のリスクとして使用者による統御が期待される（さらにいえば，使用者があらかじめ保険をかけて対処できる）性格のものであり，被用者のみに負担を押し付けるべきものでもないであろう。したがってそのように考えられる事案では，使用者と被用者の公平をはかるため，使用者の求償権を制限する理由がある。上記の判例が，求償範囲は「事業の性格，規模，施設の状況，被用者の業務の内容，労働条件，勤務態度，加害行為の態様，加害行為の予防若しくは損失の分散についての使用者の配慮の程度その他諸般の事情に照らし」て判断すべきだとしたのも，こうした理解を反映したものである。

　なお，上記の判例は，使用者の被用者に対する損害賠償請求権（例えば，交通事故で使用者所有自動車に生じた損害の賠償請求権）も，求償権と同様に制限されうるとしている点に，注意が必要である。

【2】　被用者の使用者に対する求償権（逆求償）

　反対に，被用者が先に賠償したときに，使用者に対して求償（逆求償）できるのだろうか。判例は，最近になって，「諸般の事情に照らし，損害の公平な

分担という見地から相当と認められる額について，使用者に対して求償することができる」としたものが現れている（★最判令和2・2・28民集74巻2号106頁）。その際の考慮事情は，上記【1】と全く同じ諸事情が挙げられている。

　しかし，代位責任＝使用者負担部分ゼロならば，そもそも逆求償の余地がないはずである。それでも逆求償を認める理由は，まず，実際上の不都合の回避が挙げられる。使用者の求償権が制限されうる一方で逆求償の余地はないとすると，使用者も被用者も，他方が先に賠償するのを待つ方が有利だから，両者ともに賠償を躊躇するインセンティブがはたらき，被害者救済の妨げになる。また，どちらが先に賠償するかという責任規範とは無関係な事情で，使用者が最終的に負担する損害があるのかないのかが決まることになり，公平な損害分担の観点からも望ましくない。

　そうだとしても，逆求償の理論的根拠は難問である。上記判決は，715条1項の使用者責任が報償責任原理・危険責任原理に支えられたものであることを指摘して「使用者は……，被用者との関係においても，損害の全部又は一部について負担すべき場合がある」とし，そこから逆求償の余地を導いている。この説示が代位責任説から固有責任説への転換まで意味するのかは不明というほかない。しかし代位責任説の下でも，被害者に対する固有の責任の有無とは切り離された別の問題として，上記【1】で述べた観点から，使用者と被用者の二当事者間の信義則を根拠とする損害分担規範（財貨負担帰属法則）に反する状態が生じている場合には，求償利得としての逆求償を正当化し得るとの説明は可能であろう（❖Lec27▶§3▶▶3も参照）。

　なお，逆求償の理論的根拠を上のように理解するときは，使用者から被用者への求償権も，全額求償の例外的制限ではなく，当初から二当事者間の損害分担規範に反する範囲でのみ生じるとみるべきことになろう。

▶§5__ 注文者の責任 (716条)

　元請会社と下請会社従業員の使用関係の有無との関連でも触れたように（▶§2▶▶2【2】(c)），請負人は，注文者からは独立して，事故の判断で仕事を完成させる債務を負っており（▷634条），注文者の指揮監督を受ける関係にないのが原則だから，請負人の仕事によって損害を被った被害者（たとえば，落下してきた建築資材が当たって負傷した被害者）に対して注文者が責任を負うことはない（▷716

条本文)。もっとも，注文や指図に注文者の過失があり，そのために被害者が損害をこうむった場合には，注文者は，被害者に対して709条に基づく責任を負う。716条ただし書は，このことを確認する規定である。

❖Lec **23** 土地工作物責任・営造物責任 ・動物占有者の責任 ┈┈┈┈┈┈┈┈

【事例】 ① Yは，隣地との境界に日曜大工でブロック塀を設置した。しかし鉄筋の数が少なく，また控え壁を設置していなかったために，震度3の地震で隣地側に倒壊した際，隣地住人Xが下敷きになって負傷した。
② 明治時代に建築されたY市立美術館で，配管の腐食によるガス漏れが生じて，来館者Xらが，入院治療を要するガス中毒になった。

▸§1 土地工作物責任（717条）の意義

▸▸1 危険な物の管理者が負う重い責任

　建物に欠陥があって倒壊などすれば，重大な損害の発生が予想される。そうした事故の危険性は，かならずしも事前に外部から認識できるとは限らないし（例えばシロアリ被害），事故後にはじめて判明することも多い。欠陥を生じさせた者に709条の責任を追及できることは当然としても，過失の認定に困難が伴うこともあり，そのぶん被害者が救済されない結果になる。この種の事案では，過失責任主義の徹底はかならずしも公平な解決とならない。

　そこで717条1項は，土地工作物の瑕疵（かし）によって生じた損害については，第一次的に占有者が，第二次的・補充的に所有者が，賠償責任を負うと定めている（土地工作物責任）。損害防止に必要な注意を尽くした占有者は同項ただし書により免責されるので，占有者の責任は中間責任（厳格化された過失責任）であり，免責事由の定めがない所有者の責任は無過失責任と解されている。責任の性質に違いはあるが，いずれも，被害者の公平な救済のため，危険責任の考え方（本書❖Lec**15**▸§1▸▸2【3】も参照）を基礎に，損害の危険を有する土地工作物を管理支配する立場にある者に，一般の過失責任よりも重い責任を課したものである。なお，717条1項の規律は，竹木の植栽・支持（例えば庭木）の瑕疵によって生じた損害に準用される（▷同条2項）。

　営造物責任（▷国家賠償法2条）および動物占有者の責任（▷718条）も，危険責任の考え方を基礎に，物（営造物や動物）が有する危険性について当該危険源の

管理者に重い責任（無過失責任や中間責任）を課した規定である。なかでも営造物責任は，土地工作物の「瑕疵」に関する解釈論と密接に関係しているので，本章であわせて紹介する（後述▶§3および▶§4）。

【1】　占有者

　第一次的な責任主体は，土地工作物の占有者である。占有者は，工作物の瑕疵に最も直接に対処しうる立場にあるからである。間接占有者（例えば転貸人たる賃借人）でも，その事実上の支配のもとに土地工作物を管理支配すべき地位にある以上，本条の占有者に該当しうる（★最判昭和31・12・18民集10巻12号1559頁，★最判平成2・11・6判時1407号67頁）。

　学説では，間接占有者は，転貸人のように工作物の管理支配を十分なし得る立場にない場合もあることを理由に，直接占有者が免責されたときの二次的責任主体であるとするものが多い（前掲★最判昭和31・12・18も，直接占有者が責任を負わない事案）。しかし，およそ間接占有者は二次的責任主体とみるのではなく，工作物を管理支配すべき地位にある以上は，占有者として直接占有者と同列の責任主体であり，管理の難易に関する事情は，免責の可否で考慮すれば良いとする見解も有力である。

【2】　所有者

　所有者は，占有者が免責されるときに，第二次的・補充的に責任主体となる。この段階的な帰責は，立法時に，責任を負うべきは占有者か所有者かをめぐって議論が紛糾して妥協がはかられた結果であり，他国に類をみない。また，公平な損害分担の観点からも批判されている。占有者の無過失は，危険源管理者に求められる注意が尽くされていたかという観点で評価されるので，当該占有者にとって瑕疵の発見や修理が難しかったとしても簡単には免責されないが，占有者は一時的利用者であることが多い一方，所有者の方が一般に賠償資力があり，工作物の便益を終局的に享受していると考えられるからである。

　こうした議論の故もあって，所有者を被告として提訴する原告は，717条1項ただし書の文言にかかわらず，他に占有者がないことや，占有者が免責されることまで証明しなくて良いと解されている（所有者の側から占有者の存在が主張されれば，占有者の免責の有無が争点化する）。さらに，所有者が間接占有者でもある場合は，直接占有者の免責の有無に関わりなく，占有者としての資格で直接占有者と同列の第一次的責任を負うとする見解が有力である。所有者以外に占有

者がないときは，はじめから所有者のみが責任主体である。

　占有開始前や前主のもとで生じた瑕疵でも，当該瑕疵によって法益侵害ない
し損害が発生した時の占有者または所有者が責任主体である。土地工作物責任
は，瑕疵を生じさせた者の責任ではなく，危険な工作物を管理支配すべき地位
にある者の責任だからである。

【3】　他の責任負担者に対する求償権

　手抜き工事など，過失によって瑕疵を生じさせた（被害者に対し▷709条の責任
を負う）者が存在するときは，占有者や所有者は，事後にこれらの者に求償で
きる（▷717条3項）。これらの者の賠償義務は連帯債務（▷442条）の関係であり，
717条3項は，連帯債務者間の求償関係の一面を確認する規定である。占有者
や所有者が求償できる範囲は，かならずしも全額求償ではなく，各々の過失割
合（負担部分）による。所有者は無過失責任だが，求償関係では，損害発生を防
止し得た可能性の有無と程度を評価して比較することになる。

✕トピック23.1＿　土地工作物責任を回避する費用（瑕疵除去費用）

　ある建物に，設計や施工のミスに起因する瑕疵のあることが判明したとしよう。仮にこの
瑕疵が原因で他人に損害が生じれば，所有者は，被害者に賠償して，717条3項により設計
者らに求償できる。それでは，まだ他人に損害が発生していない段階で，所有者は設計者ら
に対し，瑕疵を除去する費用の支払いを求めることができるだろうか。瑕疵を生じさせた設
計者らの費用負担で未然に除去されるのは望ましいことだが，法的にはどう考えられるだろ
うか。

　現在の所有者が施主であり，設計者らと請負契約関係にあれば，建物の契約不適合を理由
に修補費用の賠償を請求できる（▷559条により請負に準用される▷564条）。しかし，現在
の所有者は前主から中古建物を買い受けたにすぎず，双方とも瑕疵に気付いていなかった（瑕
疵がない建物として売買された）場合には，所有者は，自己の売主に対して契約不適合責任
の追及として修補費用の賠償を請求できるにとどまり（▷564条），設計者らに契約不適合責
任を追及できるのは施主である売主になる。

　しかし，建物の瑕疵によって損害が生じればこれを終局的に負担すべきなのは設計者らな
のに，そうした損害を未然に防止するための費用は玉突き方式でしか請求できないのは迂遠
である。何度も転売された中古建物だと，瑕疵のない建物として売却できていて何ら実害を
被っていない元所有者たちを，余計な紛争に巻き込むことにもなる。もっとも，自分と契約
関係にない者からのクレームにも備えなければならないことになると，設計者らはより高い
報酬でなければ建築を請け負わなくなるかもしれないし，いまだ損害は発生していない（結
局発生しないかもしれない）のだから，請負契約上の責任以外に，修補の費用を負担すべき
理由などないとも考えられる。

　最高裁は，このような事案に関する2つの判決で，設計者らと契約関係にない者が設計者
らに対し，709条に基づいて修補費用相当額の損害賠償を請求できる途を開いている。すな

わち第1に，建物の建築に携わる設計者らは，建物利用者や隣人，通行人など契約関係にない者（以下「居住者等」）との関係でも，「建物としての基本的な安全性（生命，身体又は財産を危険にさらすことがないような安全性）」を欠如しないように配慮すべき注意義務を負い，この義務に違反して生じた瑕疵によって居住者等の生命，身体または財産が侵害されたときは，居住者等に対して不法行為責任を負う（★最判平成19・7・6民集61巻5号1769頁）。そのうえで第2に，「放置するといずれは居住者等の生命，身体又は財産に対する危険が現実化することになる場合」でも，当該建物には基本的安全性を欠く瑕疵がすでに存在し，当該建物を瑕疵がないものとして買い受けた所有者は修補費用相当額の損害（財産に対する侵害）を被っているのであるから，設計者らはこれを賠償する責任を負う（★最判平成23・7・21判時2129号36頁；前掲★最判平成19・7・6の差戻上告審）。これらの判例により，建物所有者は，実際に居住者等に損害が発生し，自らが土地工作物責任を負う結果になる前に，設計者らの費用負担で建物の瑕疵を除去することが可能になった。

▸§2__ 717条1項本文に基づく請求の要件

717条1項本文に基づく請求の要件は，①土地の工作物に，②設置または保存の瑕疵が存在し，③被害者がこうむった権利侵害ないし損害が，④その瑕疵が原因で発生したものであること（因果関係）である。③は一般の不法行為と同じである。以下では，①②④について説明する。

▸▸▸1　土地の工作物

土地の工作物とは，人の手が加えられた物（工作物）で，土地に接着するものをいう。建物やブロック塀，石燈籠，電柱などがわかりやすい例である。造成されたスキー場ゲレンデ，ゴルフコース，ため池などは，土地そのものだが，人の手が加わっていれば土地工作物にあたる。裏返せば，自然のままの山林や湖沼などは該当しない。

エレベーターなど建物や施設と一体をなす設備，工場機械や風呂釜など分離可能な動産，それらの着脱可能な部品なども，それらが建物等と機能的に一体をなすかぎり，その欠陥は建物等の瑕疵が有する危険とみるべきなので，それら動産を含む建物等全体が土地工作物に該当する（例えば，★最判昭和37・4・26民集16巻4号975頁——炭鉱内巻上機のワイヤーロープ，前掲★最判昭和37・11・8——高圧送電ケーブル，前掲★最判平成2・11・6——プロパンガスボンベの高圧ゴムホース）。

▶▶2 設置・保存の瑕疵

　土地工作物責任と営造物責任の要件は酷似する（後述▶§3）が，なかでも瑕疵の意義は，営造物責任での議論が先行し，その成果が土地工作物責任にも当てはまると解されているので，以下では，両者を合わせて説明する。

　なお，工作物の設置当初から存在する瑕疵を設置の瑕疵といい，その後に生じた瑕疵（故障や経年劣化など）を保存の瑕疵という。国賠2条1項にいう「設置又は管理」の瑕疵は，717条1項にいう設置または保存の瑕疵と同じ意味である。

【1】　瑕疵の意義

　損害発生の危険が少しでもあれば瑕疵があるわけではない。判例・通説によると，瑕疵（かし）とは，当該工作物が通常有すべき安全性を欠いていることをいう（★最判平成25・7・12判時2200号63頁）。通常有すべき安全性とは，当該工作物の構造・用途・場所的環境や利用状況など諸般の具体的事情を考慮して，当該工作物につき「通常予想される危険」を防止するのに備わっているべき安全性である。瑕疵を，工作物の客観的性状が安全性を欠いていることと捉える立場であり，客観説と呼ばれる。

　営造物（▷国賠2条）の瑕疵も，以上と同じに解されている（★最判昭和45・8・20民集24巻9号1268頁：高知落石事件）。

　「通常予想される危険」とはどのような危険であり，それを防止しうる「通常有すべき安全性」を欠いていたかどうかは，法的評価を抜きにして定まるものではない。瑕疵判断は，当該工作物にどのような安全性が求められるべきかに関する法的評価であることを意識することが重要である。例えば，工作物の用途をはずれた異常な使用方法や，異常な自然力が重なって生じる危険は「通常予想される危険」とはされず，そのような危険に対する安全性を欠いても瑕疵があるとはされないが，そこでは，一般的想定を超える危険から損害が生じるリスクは潜在的被害者各自が負担すべきである（法的にみて，そうした危険に対する安全性を備えていることまで期待すべきでない）との評価が下されているのである。こうした評価の側面がとくに前面にあらわれるのは，危険外在的瑕疵の判断においてである（後述【2】(b)）。

　加えて，瑕疵判断には法的評価が伴うといっても，どのような安全性を確保することが管理者に義務付けられていたか（管理者の過失＝行為義務違反）という問題ではないことである。学説には，瑕疵とは結局のところ，管理者の安全性確保義務・危険防止義務違反であるとみる見解（瑕疵＝義務違反説）もあり，一時期，

客観説との間で大きな議論があった。管理者が行為義務を負っていたと言えなければ瑕疵要件が充足されないとすると，用途や機能からみて安全性を欠いていても，当該危険の予見可能性や回避可能性が管理者になかったときは責任が否定されることになろう。しかしそのような帰結は，危険責任の考え方（効用を上回る危険がある危険源は，そもそも社会に持ち込まれるべきではない）と整合しない。客観説が正当である。

【2】 瑕疵の類型

　上の説明だけでは瑕疵判断の具体的イメージは湧きにくいので，いくつかの類型に分けて，類型ごとの瑕疵判断の異なる特徴をみておこう。

　(a) 物的性状瑕疵（工作物に内在する危険性）　　最もイメージしやすいのは，建物や設備の構造的な欠陥，経年劣化など，工作物それじたいに物理的な欠陥があり，当該種類の工作物がほんらい備えているはずの安全性を欠く場合だろう（物的性状瑕疵）。この種の事案では，法令上の安全基準や同種商品の品質等，当該種類の工作物の標準的な物的性状との比較によって，瑕疵の有無が判断される。

　アスベストが吹付け施工された建物のように，科学的知見の進歩に伴って，ある時期から通常有すべき安全性を欠いた瑕疵ある工作物と評価されるようになる場合もある（かつては「夢の建材」といわれたアスベストも，いまや人体有害物質であり，製造販売が全面禁止されている）。こうした事案における瑕疵判断では，科学的医学的知見の発展や行政の対応状況等を振り返って，いつの時期から社会で安全性を欠くと認識されるようになったのかを確定し，瑕疵ありと評価されるようになった時期以降に法益侵害ないし損害を発生させたのか否かを判断する必要がある（★最判昭和61・3・25民集40巻2号472頁——普及途上にあった点字ブロック未敷設の駅ホーム，★最判平成25・7・12判時2200号63頁——アスベスト粉じんばく露健康被害）。

　工作物それじたいの物理的欠陥だけでなく，工作物の機能に照らして備えているべき物的設備の不備も，物的性状瑕疵である。例えば保安設備（遮断機や警報器）がない鉄道踏切が問題になった事案では，踏切道じたいに物理的欠陥はないが，保安設備の不足は踏切道設備としての安全性を欠く（★最判昭和46・4・23民集25巻3号351頁。設置場所が不適当な信号機の瑕疵を認めた営造物責任の例として，★最判昭和48・2・16民集27巻1号99頁）。土地工作物にはこれと機能的一体をなす動産等も含まれることに対応して，工作物の物的性状瑕疵も，当該工作物の機能に即して備えているべき物的設備を欠いていれば瑕疵があるとされるのである。このような物的性状瑕疵を，とくに機能的瑕疵と呼ぶ。

(b) 危険外在的瑕疵　　本来予定された用途・用法に従った行動や，なんら特別でない気象条件に対する安全性は，工作物じたいが内在的に備えているべきものである（これを欠けば物的性状瑕疵である）。しかし，そうしたレベルを超えるとみられる人の行動や気象条件下で損害が生じたときに，そのような異常な外的要因が競合して生じる危険は通常予想できず，したがってこれに対する安全性を欠いても瑕疵はないと主張されて，瑕疵の有無が問題となることがある。以下に言及する事例は，いずれも営造物責任に関するものである。

　たとえば，テニス審判台をジャングルジムのようにして遊んでいた幼児の転落事故で，本来の用途・用法に即して安全であることが責任の限度であり，用法・用途を外れ通常予測し得ない使用によって生じる危険は利用者の側で負担すべきものであるとして，瑕疵を否定した例がある（★最判平成5・3・30民集47巻4号3226頁。類似の事例として，★最判昭和53・7・4民集32巻5号809頁）。また，道路工事現場の赤色灯が倒されて消灯していたために起きた交通事故では，他車により事故直前に倒されたもので実際上対応不可能だったとして，道路の瑕疵が否定され（★最判昭和50・6・26民集29巻6号851頁），故障した大型トラックが87時間にわたり国道上に放置されていたために起きた交通事故では，講じられるべき危険防止措置を欠いていたとして，道路の瑕疵が認められている（★最判昭和50・7・25民集29巻6号1136頁）。

　この種の事案は，異常な外的要因の競合が問題になる（少なくとも工作物・営造物の管理者はそう主張する）という事案の性質上，工作物の物的性状ではなく，そのような危険が予想され何らかの防止措置がとられることが期待され得たか，という点に判断の照準が合わせられるところに特徴がある。そのために，この種の事案での瑕疵判断が，危険の予測可能性・回避可能性に基づく管理者の過失（危険防止義務違反）の有無にかかっているともみうるために，瑕疵＝義務違反説が有力に主張される契機となった。

　しかし客観説に従えば，ここで問われているのは，一般の市民が正当に予期し得べき安全性（危険防止措置）とはどのようなものかであって，管理者の予見可能性や回避可能性ではない。このことは，重要な社会資本として高い安全性が求められる道路に関する瑕疵判断をみると，わかりやすい。落石の危険が予測される路線全体に防護柵を設置するには多額の費用がかかるとしても，そのことを理由に瑕疵は否定されないし（前掲★最判昭和45・8・20），過去類をみない集中豪雨のゆえに生じた危険でも，科学的に予測可能である以上は通常予想されるというべきであり，その当時の科学技術の最高水準による適切な防護施設

対策・避難対策が求められる（★名古屋高判昭和49・11・20高民集27巻6号395頁──飛騨川バス転落事故控訴審）。反対に，高速道路の小動物侵入防止策が不完全だった（柵にキツネが通れる隙間があった）事例では，小動物侵入による事故の危険は，道路利用者の適切な運転操作によって回避されることが期待されるとして，高速道路の瑕疵が否定されている（★最判平成22・3・2判時2076号24頁）。

(c) 供用関連瑕疵　　空港施設や高速道路，高速鉄道の騒音のように，物的施設じたいに瑕疵はないが，施設が利用される過程で周囲に損害の危険が生じる場合もある。これも営造物責任に関する事例であるが，判例は，通常有すべき安全性とは「ひとり当該営造物を構成する物的施設自体に存する物理的，外形的な欠陥ないし不備によって……危険性がある場合のみならず，その営造物が供用目的に沿って利用されることとの関連において危害を生ぜしめる危険性がある場合をも含み，また，その危害は，営造物の利用者に対してのみならず，利用者以外の第三者に対するそれをも含む」とする（★最大判昭和56・12・16民集35巻10号1369頁：大阪空港訴訟）。そして，空港や道路など営造物供用上の影響が周辺住民の受忍限度を超えると評価すべきか否かを基準に，瑕疵の有無が判断されている（前掲★最大判昭和56・12・16，★名古屋高判昭和60・4・12判時1150号30頁：新幹線騒音訴訟，★最判平成7・7・7民集49巻7号1870頁：国道43号線訴訟）。

(d) 自然公物の瑕疵

営造物責任における営造物は，土地工作物とは異なり，かならずしも人の手が加わっていることを要しない。自然の河川，海岸，湖沼なども，営造物に該当する（人工公物に対して自然公物と呼ばれる）。自然公物に関する営造物責任は河川水害が典型例だが，河川はもともと水害の危険を内包し，逐次の治水事業により安全性が漸次高められていく性格のものであるから，通常予想される水害に対する安全性が欠如していても，直ちに瑕疵があるとはされない。財政的・技術的・社会的制約のもとで一般におこなわれる治水事業の過程に対応した過渡的な安全性が備わっていれば瑕疵はないとされている（★最判昭和59・1・26民集38巻2号53頁：大東水害訴訟，★最判昭和60・3・28民集39巻2号333頁：加治川水害訴訟，★最判平成2・12・13民集44巻9号1186頁：多摩川水害訴訟）。

▶▶3　瑕疵と法益侵害ないし損害との因果関係

【1】　事実的因果関係と保護範囲 （相当因果関係）

事実的因果関係の起点は，工作物の瑕疵である（管理者の過失行為ではない）点を除けば，判断内容は709条と同一である。

事実的因果関係があっても，717条1項の保護範囲，つまり同条の趣旨から
みて占有者・所有者が負担すべき損害危険を外れる損害は，瑕疵との間に相当
因果関係がなく，賠償義務は生じない。例えば，橋梁や道路の瑕疵により周辺
土地価格が下落したような場合，瑕疵と経済的損失に事実的因果関係はあると
いえても，相当因果関係がないというべきだろう。

【2】　瑕疵と外的要因の競合

　工作物の用法・用途を外れるが通常予想される被害者の行動が競合した場合
は，そうした行動が競合して生じる危険に対する安全性を欠いた瑕疵があると
評価されるのであるから，被害者の行動を考慮した過失相殺の余地はない。

　他方，瑕疵が有する危険を完全に凌駕する規模の自然力によって損害が生じ
た場合（瑕疵が有する危険が損害発生に作用したといえない場合）には，条文上免責事
由がない所有者（また営造物責任における国または公共団体）でも，不可抗力を理由
とする免責が認められると解されている。

　問題は，工作物に通常予想される危険に対する安全性を欠く瑕疵があったが，
さらに被害者や第三者の異常な行動や自然力（不可抗力）が重なって損害が発生
したという場合に，全損害について責任を認めて良いかである。例えば，山間
部道路に崩落の危険や崩落時の安全管理体制の不備がある瑕疵があったところ，
実際に崩落が起きて足止めされていた車両が，予見し難い土石流に押し流され
たという事故で，不可抗力の寄与を考慮して賠償範囲を全損害の6割に縮減し
た例がある（名古屋地判昭48・3・30判時700号3頁——飛騨川バス転落事故第一審。ただし，
控訴審の前掲名古屋高判昭和49・11・20で覆されて全損害の賠償義務。神戸地判平成11・9・
20判時1716号105頁——建物の瑕疵を認めつつ阪神淡路大震災の異常な揺れを考慮して全損害
の5割に縮減した例）。学説の多数もこうした賠償範囲縮減の余地を認める。とも
かくも瑕疵が一因となって生じた損害である以上，縮減を認めるにしても，瑕
疵による損害につき責任を負うべき管理者と無責の被害者との間の損害分担の
公平という観点から，瑕疵の内容や程度をも考慮した評価によって正当化され
るべきだろう。割合的因果関係論に依拠して，不可抗力が寄与した部分につい
て責任は成立せず当然に被害者負担などというべきではない。

▶ §3__ 営造物責任（国家賠償法2条）

▶▶1 意義と要件

　公の営造物の瑕疵によって損害が生じた場合，国賠2条1項に基づき，国または公共団体が損害賠償責任を負う（営造物責任）。所有者の工作物責任と同様，危険責任の考え方に基づき，営造物の管理者の地位にある国等が負う無過失責任である（★前掲最判昭和45・8・20）。

　要件は，①公の営造物に，②設置または管理の瑕疵が存在し，③被害者がこうむった権利侵害ないし損害が，④その瑕疵が原因で発生したことである。③は一般の不法行為と同じであり，②④は土地工作物責任と合わせて既述した（上述▶§2▶▶2および▶▶3）。のこる①について補足する。

　公の営造物とは，公の目的に供されている有体物または物的設備である。条文に明示された道路・河川のほか，ダム，堤防，官公庁舎，校舎，公園遊具などである。土地工作物と比較して，次の3点に違いがある。

　第1に，前述のとおり，自然公物（河川のほか，自然の湖沼や海浜など）も営造物に該当する。第2に，営造物はひろく動産を含み（★大阪高判昭和62・11・27判時1275号62頁──警察官の拳銃），土地への接着性や建物等との機能的一体性は要求されない。第三に，公の目的（一般公衆や国等による利用）に供された営造物でなければならず，国有公有林野や道路建設予定地等は該当しない。なお，営造物に該当しない事案でも，別途，717条が成立する余地はある。

▶▶2 責任主体

　被告とすべき責任主体は，営造物を管理すべき地位にある国または公共団体（地方公共団体，独立行政法人など。以下「国等」）である。管理者としての地位は，行政法上の管理権限がなくても，事実上の管理が及んでいれば足りる（★最判昭和59・11・29民集38巻11号1260頁，★最判平成4・3・3判時1453号125頁）。

　営造物の管理者と，設置管理の費用を負担する者が異なる場合（例えば，国が費用の大部分を負担し，都道府県が管理する道路など），費用負担者も，管理者とともに責任主体である（▷国賠3条1項）。費用負担者も瑕疵に効果的に対処できる立場にあるとの考慮によるものである。

　過失によって瑕疵を生じさせた者に対して事後に求償できる点は，土地工作

物責任と同じである（▷国賠 2 条 2 項）。

▶ §4__ 動物占有者の責任 (718条)

▶▶1 意義と要件

718条は，動物がもつ不測の損害発生の危険について，占有者に重い責任を課した規定である。動物の種類や性質に応じた必要な注意を尽くした占有者は免責される（▷同条 1 項ただし書）から，責任の性質は中間責任である。

要件は，①動物の行動，②によって（因果関係），③被害者が法益侵害および損害を被ったことである。②③の意義は一般の不法行為と同じである。

本条の動物にペットや家畜が該当すること，ヒトが含まれないことに異論はない。野生動物でも，人の支配下にあるものは該当する。細菌やウィルスは該当しないと言われてきたが，最近は該当するとの見解もある。本条の趣旨に則した解釈が必要である。仮に動物の不測の行動がもつ危険性に着目した規定と解するなら，研究用等に管理されている細菌やウィルス等は，外部に流出拡散して損害を発生させるリスクに着目すれば，動物に該当すると解する余地はあろう。しかし，人体に感染した状態の細菌やウィルスは，そもそも自身の感染を知らなければ占有しているといえないだろうが，知っている場合でも，感染拡大防止のための管理を（中間責任とはいえ一旦は）全面的に感染者に委ねるのは適当でないから，本条の動物には該当しないとみるべきだろう。自身の感染を知り意図的に感染を拡大させる行為についての責任は，709条の問題として別途に検討すべきである。

▶▶2 責任主体と免責事由

被告とすべき責任主体は，加害動物の占有者である（▷718条 1 項本文）。「占有者に代わって動物を管理する者」は，受寄者や運送人は占有者でないと解されていた古い占有理論を前提にした文言である。現在では，これらの占有代理人が占有者であることに異論はないので，同条 2 項は意義を失っている。

間接占有者も本条の占有者である。直接占有者と間接占有者の責任は併存し，連帯債務の関係に立つ。直接占有者は当該動物の管理に必要な注意を尽くしたことが，間接占有者は適切な管理者を選任し監督していたことが，それぞれ免責を得るための要件である（★最判昭和40・9・24民集19巻 6 号1668頁）。

動物園の飼育員や農業法人の従業員などは，占有補助者・占有機関であり，独自の占有をもたないから，本条の占有者ではない。もっとも，動物の扱い方に過失があった場合に，別途，709条の責任が成立し得ることはいうまでもない。

❖Lec **24** 共同不法行為 ·······························

【事例】 次の各場合に、Yらは、Xに対してどのような責任を負うだろうか。

① Y₁・Y₂がそれぞれ発砲した銃弾がいずれもXに命中し、Xが死亡した。

② 工場Y₁、Y₂、Y₃がそれぞれ有害物質を含む廃液を河川に排水し、下流域でXらの農作物を枯死させた。各排水に含まれていた有害物質は、農作物を枯死させるのに必要な量の半分だった。

③ 工場Y₁、Y₂、Y₃がそれぞれ有害物質を含む廃液を河川に排出し、下流域でXらの農作物を枯死させた。Y₁・Y₂の排水は枯死に必要な量の半分の有害物質を含み、Y₃の排水は枯死に十分な量を含んでいた。

④ コンビナートを形成する工場Y₁、Y₂、Y₃からの排煙に有害物質が含まれていたために、近隣の住民Xらが呼吸器疾患に罹患した。

⑤ Y₁・Y₂がそれぞれ発砲した銃弾の1発がXに命中し、Xが死亡した（どちらの銃弾が命中したのかは特定不可能であるとする）。

▶ §1__ 共同不法行為 (719条) の意義と全体像

▶▶1 複数行為の競合

冒頭の事例①〜⑤をみると、複数の加害行為の競合といっても、いろいろなパターンがあることが確認できるだろう。まずは、各類型の特徴を確認しておこう（論者によって各類型の呼び名は多少異なる。また、刑法学とは呼称が大きく異なることがあるので注意せよ）。

Yらの行為の惹起力の大小に着目すると、①類型は、当該損害を単独で惹起し得た複数行為の競合（重畳的競合）であり、②類型は、単独では当該損害を惹起し得なかった複数行為の競合（必要条件的競合）である。そして③類型は、当該損害を単独で惹起し得た行為と、単独では惹起し得なかった行為の競合（部分的な重畳的競合）である。

次に、①〜③類型のいずれでも、複数行為の惹起力が当該損害の発生に関与していることは明らかだが、各行為が当該損害の発生にどの程度作用したのか不明な状況（寄与度不明の累積的競合）が考えられる。これが④類型である。

最後に⑤類型は，単独惹起力ある行為が複数存在するが，①類型と異なり，どの行為が実際に損害を発生させたのかが不明な状況（加害者不明の択一的競合）である。

　問題は，これらの場合に，各行為者はどのような責任を負うのかである。

▶▶2 競合的不法行為（不法行為の競合）

　個別の各行為者それぞれについて709条の責任を追及することは，もとより可能である。①〜③類型では，（条件公式がうまく当てはまらないとはいえ）各行為によって当該損害が生じたことは明らかだから，各行為と損害の個別的な事実的因果関係は存在し（本書❖Lec**16**▶§3▶▶1【1】(b)参照），それぞれ709条の責任が成立しうる。そのうえで，各行為について個別に，損害全体を帰責することが相当かどうか（相当因果関係ないし賠償範囲の確定）が問題になる。

　この場合に，損害全体の発生に対する事実上の寄与度（事実的寄与度）ないし割合的因果関係に応じた分割責任，あるいは行為の過失や違法性の大小等をも考慮した法的評価としての寄与度（評価的寄与度）に応じた賠償範囲の限定をすべきかは議論がある。しかしいずれにせよ，行為ごとに責任の成否を検討するという手順は，通常の709条の場合と異ならない。各行為者は，各自の賠償範囲が重なり合う限度で連帯責任を負い，重なり合う部分がなければ分割責任を負う。要するに，複数の709条責任が競合するにすぎないという見方であり，競合的不法行為とか不法行為の競合と呼ばれているものである。

　ただし④類型では，個々の行為の寄与度が不明なために，相当因果関係ないし賠償範囲の証明に困難が伴う。また⑤類型では，どの行為が真の原因か不明なので，そもそも事実的因果関係を証明できない。これらの類型では，こうした証明困難への手当てがないかぎり，709条に基づく責任が成立し得ない。

▶▶3 共同不法行為（719条の全体像）

　競合的不法行為と異なり，719条が定める共同不法行為は，競合した複数の行為の関係性に着目して，一定の関係性がある場合には，各行為者に被害者の損害全体について連帯して賠償責任（全額連帯責任）を課すものである。そうすることで，競合的不法行為の原則的帰結よりも被害者保護を厚くすることを目的にした制度ということができる。

　719条1項には，次の2種類のルールが定められている。第一に，複数の加害行為が「共同の不法行為」である場合には，各行為者は全額連帯責任を負う

（同項前段。狭義の共同不法行為という）。したがって①〜④類型のいずれでも，複数行為が「共同の不法行為」であるときは，各行為者は，惹起力や寄与の大小にかかわらず全額連帯責任を負う（1項前段。次述▶§2）。

第2に，真の加害者を特定できず個別的因果関係を証明できない⑤類型（加害者不明の択一的競合）では，被害者救済のために，真の加害者ではない者も含めて，各行為者に全額連帯責任が課される（1項前段。後述▶§3）。なお，④類型（寄与度不明の累積的競合）は，加害者が不明なのではなく寄与度が不明であるにとどまるから，同項後段は直接適用できない（民法には，この場合に関する規定が存在しない。後述✕トピック24.1参照）。

最後に第3に，719条2項は，直接の加害者を教唆または幇助した者は，直接の加害者と同じ責任を連帯して負う旨を定めている（後述▶§2▶▶4）。

▶§2__ 狭義の共同不法行為（719条1項前段）

719条1項前段にいう「共同の不法行為」の意義に関しては，同項前段の存在理由（同項前段がなければ認められないはずの，どのような効果を導く規定か）をめぐる理解の相違から，伝統的な判例（次述▶▶1）と現在の支配的学説との間で，未決着の根本的対立がある。

▶▶1　伝統的な判例の立場

【1】　意義と要件

判例には，719条1項前段の「数人が共同の不法行為によって他人に損害を加えたとき」とは，各行為が独立に不法行為の要件（故意・過失，権利法益侵害，損害発生，因果関係）を満たし，かつ，それら複数の不法行為が客観的に関連共同していることである，と述べたものがある（★最判昭和43・4・23民集22巻4号964頁：山王川事件）。この判例は，当時の通説（客観的関連共同説）の影響を受けたものといわれている。

この立場の基礎には，次のような理解がある。すなわち，複数の不法行為責任がそれぞれ独立して成立する場合に，各行為者は，自己の行為と相当因果関係にない損害（他の行為によって生じた損害）については責任を負わないとして争う余地がある。しかし719条1項前段は，そのような反論の余地を封じて，複数の不法行為責任を「連帯」させて被害者保護を優先させつつ，加害者間の公

平は連帯債務者間の求償関係において図るべきものとする趣旨である。したがって，同項前段の「共同の不法行為」とは，損害の発生について複数の不法行為が客観的に関連共同していれば足り（★大判大正2・4・26民録19輯281頁），複数の行為が一体となって損害が発生した場合（行為の一体型）だけでなく，一個の損害の発生について複数の行為が競合する場合（損害の一体型）も含まれる。

✕トピック24.1__ 交通事故と医療過誤の競合

　Y1の過失による交通事故で致命傷を負った歩行者Aが，救急搬送された病院Y2で医療過誤により死亡した事案で，「本件交通事故と本件医療事故とのいずれもが，Aの死亡という不可分の一個の結果を招来し，この結果について相当因果関係を有する関係にある。したがって，本件交通事故における運転行為と本件医療事故とは民法719条所定の共同不法行為に当たる」として，Y1・Y2はX死亡について全額連帯責任を負うとした最高裁判決がある（★最判平成13・3・13民集55巻2号328頁。なお同判決は，相対的過失相殺に関する判例としても重要である）。同判決では減責の余地が一般的に否定されているので，719条1項前段の成立を認めたものと解されるが，そうであるとすれば，行為面の一体性に触れることなく，結果の不可分一個性から同項前段の成立を認めた点に同判決最大の特徴がある。

　これに対して学説の多くは，交通事故と医療過誤では行為態様が異質であり共同関係が認められない（「共同の不法行為」とはいえない）ことや，競合的不法行為（709条の競合）と構成しても，同質の過失に基づく責任の競合ではないから寄与度に応じた責任分割の余地はなく，全額連帯責任となるはずであるなどとして，同判決を批判している。

【2】　客観的関連共同説の問題性

　伝統的判例の立場に対しては，いくつか疑問が提起され得る。

　第1に，①類型において，各行為が709条の要件を満たす場合に，競合する加害行為の存在を考慮して賠償範囲を限定すべきものなのだろうか。各自の個別的因果関係・賠償範囲は，709条により，それぞれ損害全体に及ぶのではないのか。そうだとすれば，各行為者の全額連帯責任は，719条1項前段がなくても当然に導かれるのではないか。第2に，②〜④類型を念頭に置けば，単独惹起力がない行為に全額連帯責任を課せば，各自の個別的因果関係・賠償範囲を超える損害を帰責することになるが，そうだとすれば，そのような責任加重がどうして正当化されるのか。第3に，判例には，殺人の謀議に参加したが加害行為には及ばなかった者（殺人を阻止すべき作為義務がない限り709条は成立しない）に同項前段による全額連帯責任を認めた例もある（★大判昭和9・10・15民集13輯1874号）。こうした判断はまさに，同項前段の意義が，被害者保護のための「連帯」に尽きないことを示しているのではないか，などの疑問である。

とくに第2，第3の指摘を受け止めれば，719条1項前段は，行為者各自の賠償範囲を拡張したり，ほんらい責任が成立しない場合にも成立させたりする効果をも有し，不法行為の原則と比較して加重された責任を定めた規定とみるべきだろう。そして，そのような責任の加重は，「共同の不法行為」といえる加害行為の一体性が要件とされているからこそ，正当化されるものである。「共同の不法行為」とは，このように加重された責任を正当化する要件であり，その内容は，複数の行為にどのような共同関係があればそうした効果を正当化しうるのかという観点から検討されなければならない。現在では，こうした問題意識がほぼすべての学説に共有されていると言ってよい。

> ☕ **カフェ・コンシェルジュ24.1＿　共同不法行為論転回の契機**
>
> 　こうした問題意識が学説に生じたのは，1970年代以降，交通事故訴訟や公害訴訟が719条1項前段をめぐる議論の主戦場になったことと関係している。
> 　たとえば，複数の過失運転行為が一体となって損害を惹起する衝突型の交通事故では，各行為がそれぞれ独立に損害を惹起したとみることも，各行為の損害発生に対する寄与度を判定することも難しい。また，大気汚染や河川流水汚染の公害事例も，多数の汚染源からの有害物質が混ざり合って周辺地域や下流域に損害を発生させるときには，行為者各自の個別的因果関係や賠償範囲の証明をめぐって同様の困難がある。
> 　このような現代的な競合事案では，損害発生に至る因果系列が複雑化し因果関係・賠償範囲の証明を緩和しなければ，被害者の救済が不十分となるおそれがある。しかし他方で，719条1項前段の共同不法行為の成立を認めて全額連帯責任を課せば，各自の行為との個別的因果関係を超える損害について（または，個別的因果関係が不明瞭なままに）責任を課すことになりかねない。それゆえに，同項前段が，どのような正当化根拠のもと，どのような行為の共同関係を要件として，そのような加重的な責任を認めていると解すべきかに，議論の照準が合わさっていったのである。

▶▶2　現在の支配的な学説

【1】　意義

　現在の学説は一般に，719条1項前段の意義を次のように理解する。すなわち同項前段は，因果関係以外の不法行為の要件を満たす複数の行為に，「共同の不法行為」といえる関係が認められる場合に，各行為者は，(各自の行為ではなく)当該共同行為と相当因果関係に立つ全損害の賠償責任を連帯して負うものとした規定である。言い換えれば，「共同の不法行為」の要件が満たされるときは，各行為と損害の個別的因果関係を問うことなしに（個別的因果関係はあるものと擬制して），共同行為と相当因果関係に立つ全損害を行為者各自に帰責することが

相当，としている規定である。

【2】　行為の共同関係 (共同の不法行為) の内容

719条1項前段の意義をこのように捉えると，次の問題は，共同行為と相当因果関係に立つ全損害を行為者各自に帰責するにあたり，複数行為にどのような共同関係が必要と解すべきかである。この点が解釈上最大の問題であり，学説は細かく分かれる。大きく分ければ，次の三つに整理できよう。

(a)　主観的共同説

第一は，行為者の間に，共謀関係または少なくともお互いの行為を利用し，利用されることの認識があることが必要とする見解である (主観的共同説)。この見解の基礎には，不法行為責任の正当化根拠は行為者の意思であるとの理解がある。個別的因果関係を超える責任を課す以上，共同行為に対する各自の意思的関与があってはじめて，そうした責任を正当化できると考えるのである。

(b)　主観客観併用説

第二は，主観的共同関係がある場合だけでなく，損害発生に対して複数の行為が客観的に共同する場合も，719条1項前段の適用を認める立場である。衝突型交通事故や複数汚染源による公害などの現代的競合事案では，行為者間に主観的共同関係がないことが多いが，それでも被害者にとっては，個々の行為者の責任を追及するうえで個別的因果関係や賠償範囲の証明が非常に困難であることには変わりがない。それゆえ，このような事案にも，個別的因果関係を擬制して被害者救済をはかるという同項前段の趣旨が及ぼされるべきであると考えて，その適用を肯定するものである (主観客観併用説)。

客観的共同関係の基準に関してはさらに細かく見解が分かれるが，いずれにしても，この立場にいう客観的共同関係は，加重された責任を正当化する要件であるから，行為面での一体性が必要とされる。判例がいうような，たんに不可分一個の損害を発生させた関係があるだけでは不十分であり，最も広く客観的共同性を認める見解でも，最低限，行為の「場所的・時間的な近接性」が必要とされる。

(c)　類型説

第三に，損害発生過程を観察して一個の行為とみうる加害行為の全過程の一部に参加している関係 (「弱い関連共同性」と呼ばれる) があれば，719条1項の共同不法行為として，個別的因果関係ないし賠償範囲の証明を緩和 (擬制または推定) して，各自の全額連帯責任を認めるべきであるという考え方を出発点にして，そのような場合のうち同項前段が成立するのは，弱い関連共同性があるこ

とに加えて「より緊密な関連性」が認められる関係（「強い関連共同性」と呼ばれる）があるときであるとする見解もある（類型説）。

☕ **カフェ・コンシェルジュ24.2__　強い関連共同性と弱い関連共同性**

　類型説の特徴は，まず，現代的な競合事案（なかでも公害事例）の多くが，複雑な因果関係のからまりによって被害者が証明困難に直面する事案であることを念頭に，そうした事案を719条1項全体で受け止めて，「弱い関連共同性」がある限り全額連帯責任とする道を開くことを主張する点にある。そのうえで，行為の共同関係には，弱い関連共同性に加えて「強い関連共同性」も認められ，各自に全損害を帰責することが相当というべき類型から，弱い関連共同性しか認められず，各自の寄与度を考慮した減免責の余地を残すべき類型までが存在するとして，前者を同項前段に，後者を減責の余地がある同項後段（後述▶§3▶▶2【1】参照）に適用条文を振り分ける見解である。

　このような類型説は，大気汚染公害に関する裁判例に広く浸透している。強い関連共同性と弱い関連共同性の判断基準を示すことは難しいが，★大阪地判平成3・3・29判時1383号22頁（西淀川大気汚染第一次訴訟）が明瞭な説示を展開しているので，ぜひ一読してみて欲しい。

【3】　719条1項前段の要件

　上記を踏まえて，719条1項前段の要件全体を簡単に整理しておこう。伝統的判例の立場によった場合と対比しつつ，確認する。

　まず伝統的判例の立場では，①被害者の権利・法益の侵害，②それによる損害の発生，③行為者各自の故意・過失，④各自の行為と被害者の権利侵害ないし損害の個別的因果関係が認められ，かつ，⑤それら複数の不法行為が客観的に関連共同していることが，719条1項前段の要件である。つまり，要件①〜④により各自の不法行為の要件が充足され，要件⑤（因果関係のからまり）がある場合には複数の不法行為責任を連帯させて被害者保護を優先させるという構造である。

　これに対し，現在支配的な学説に従えば，①被害者の権利・法益の侵害，②それによる損害の発生，③行為者各自の故意・過失が認められ，そのうえで，④それら複数行為が関連共同し（見解により基準は異なる），⑤当該共同行為と被害者の権利侵害ないし損害に因果関係があることが，719条1項前段の要件である。要件④⑤により，各自の個別的な因果関係を越えた全額連帯責任が正当化されるという構造である。

▶▶3　効果

【1】　全額連帯責任（連帯債務）

719条1項前段の要件が満たされると，各行為者は，連帯して，被害者の損害全体について賠償責任を負う（全額連帯責任）。

719条1項前段の連帯責任は，436条が定める「法令の規定……によって数人が連帯して債務を負担するとき」に当たり，債権総則の連帯債務に関する規定が適用される。その結果，共同不法行為者の一人について生じた事由のうち，弁済ほか賠償請求権を満足させる事由（更改，相殺，混同）は他の共同不法行為者にも絶対的効力を生じ（▷438〜440条），それ以外の事由には相対的効力しかない（▷441条）。

【2】 減責を求める抗弁の可能性

伝統的判例の立場によれば，719条1項前段の意義は，複数の不法行為責任を連帯させる点に，現在支配的な学説によれば個別的因果関係を擬制する（個別的因果関係を問題としないで，共同行為と相当因果関係に立つ全損害を帰責する）点に求められる。したがっていずれの立場でも，各自の全額賠償義務は，当該損害全体の帰責が相当との評価を経たものであり，他に競合行為があることを理由に減免する理由はないはずである。しかしながら，719条1項前段の要件である共同関係を緩やかに解すれば解するほど，損害発生への寄与の程度が小さい行為者に全額賠償義務を課すことが過酷ではないか，あるいは，寄与が小さいのに資力が潤沢であるために被害者からねらい打ちにされてしまうと不公平ではないか，といった問題が生じる事案も増えてくる。そこで学説では，719条1項前段でも，例外的に一定の場合には減責を認める見解もある。

なお，前述の類型説（▶▶2【2】(c)）が，全額連帯責任を認めるべき範囲を緩やかに解しつつ，弱い関連共同性しかない事案を同項後段に振り分けて責任減免の余地を認めるのは，こうした問題への対処にほかならない。

【3】 求償関係

連帯債務の規定が適用されるので，共同不法行為者の一人が被害者に賠償して共同の免責を得たときは，他の共同不法行為者に対し，各自の負担部分に応じて求償できる（▷442条）。

負担部分は，行為者各自の過失割合による（★最判昭和41・11・18民集20巻9号1886頁）。学説では，各行為の違法性の大小や寄与度をも考慮した総合的判断によって定まる割合によるべきとする見解も有力である。

前述【2】の減免責や，相対的過失相殺（本書❖Lec**20**▶§1▶▶1【3】参照）がされて，各行為者の賠償額が異なる場合，連帯関係に立つのは，各自の賠償義務が重複する限度となる（一部連帯）。このとき，より多額の賠償義務を負う共

同不法行為者が被害者に賠償したときは，その単独で賠償義務を負う部分から先に充当され，連帯部分に食い込む充当額について求償関係が生じる。

　なお，平成29年民法（債権法）改正前の判例・通説は，共同不法行為（▷719条）による連帯責任のほか，複数の709条責任の競合，使用者責任と被用者の責任の競合など，同一の損害について複数人が賠償義務を負う関係は「不真正連帯債務」であるとして，債権総則の連帯債務ではないと解していた（本シリーズ『コンシェルジュ民法3』の❖Lec**26**「多数当事者の債権関係」を参照）。そして，不真正連帯債務における求償の要件として，各自が最終的に負担すべき額を超える弁済を要求してきた（★最判昭和63・7・1民集42巻6号451頁）。たとえば，AとBが1000万円の賠償義務を連帯し，過失割合1対1のとき，連帯債務であれば，Aは，被害者に賠償した額にかかわらずその半額をBに求償できるが，不真正連帯債務では，Aは，500万円を超える賠償をしてはじめて，その超える額をBに求償できる。その理由は，各自が最終的に負担すべき額さえ賠償していない段階で求償を認めると，求償を受けた債務者の財産を減少させ，また求償をめぐる争いが賠償の都度繰り返されるおそれがあるところ，これでは，迅速な被害者救済にもとることや，各自が全損害につき固有の責任を負う者どうしの求償関係は，各自が被害者に対して最低限の責任を果たしたうえで問題とすべき内部的最終的な分担公平の実現と捉えるべきことが挙げられる。

　学説では，債権法改正によって同判例は変更され，自己の過失割合を超えない額を賠償した場合でも442条に基づく求償が可能になったとする見解も有力だが，反対説も同程度に有力であり，今後の議論を注視しなければならない。

✕トピック24.2＿　共同不法行為と使用者責任の交錯と求償関係

　ＡＢ両名の過失による自動車衝突事故で歩行者Ｘが負傷したとしよう。ＡＢの共同不法行為（▷719条1項前段）が成立し，両名の過失割合は1対1とする。
　①被用者Ａの行為につき使用者Ｃの使用者責任（▷715条1項本文）が成立し，ＣがＸに全額賠償した場合，Ｃは，公平の観点から相当と認められる限度でＡに求償できるが（本書❖Lec**22**▶§4▶▶2【1】参照），他方の共同不法行為者Ｂに対して求償できるだろうか。ＡＢＣ3名は連帯債務者（負担部分は1対1対ゼロ）だから，共同の免責を得たＣは，Ｂの負担部分2分の1に応じて求償できそうである。判例も，結論において2分の1の求償を認めている（★最判昭和41・11・18民集20巻9号1886頁）。
　それでは，②共同不法行為者ＢがＸに賠償した場合，Ｂは，他方の共同不法行為者Ａの使用者Ｃに対して求償できるだろうか。上の考え方でいくと，Ｃの負担部分はゼロだから，求償できないことになる。しかし最高裁は，715条1項は報償責任の観点から「使用者も被用者と同じ内容の責任を負うべき」としたものだから，被用者とその使用者は一体をなすもの

とみて，共同不法行為者として被用者Aが受けるべき求償に，使用者Cも応じるべきものとした（★最判昭和63・7・1民集42巻6号451頁）。したがってBは，Cに対し，Aの負担部分2分の1について求償できる。（したがって①のケースも，Aの負担部分について責任を負うCとBとの間の求償関係と捉えられる。）

　以上を踏まえて，③Bの行為につき使用者Dの使用者責任も成立する場合で，Aの使用者CがXに賠償したときに，CはDに（つまり使用者間で）求償できるだろうか。Aの負担部分について責任を負うCと，Bの負担部分について責任を負うDとの法律関係であるから，CはDに対し，Bの負担部分2分の1について求償できる（★最判平成3・10・25民集45巻7号1173頁）。

　仮に，使用者Cから他方の共同不法行為者Bやその使用者Dへの求償（①，③）が認められなければ，自己の被用者Aが無資力のときは，賠償した使用者Cが事実上の最終負担者となる（これを避けるためCが賠償を躊躇する）不都合があり，一連の判例は，こうした不都合を回避するという意義もある。

▶§3__ 教唆者・幇助者の連帯責任（719条2項）

▶▶1　条文の意義

【1】　趣旨

　教唆とは，他人をそそのかして加害行為を決心させること，幇助とは，加害行為を容易にする手段を提供すること（たとえば見張りや道具の提供）である。いずれも語義も，刑法（刑61条1項・62条1項）と同様である。

　教唆者・幇助者は直接の加害者とはいい難い。しかし719条2項は，直接の加害行為に意思的に関与したことを根拠に，教唆者・幇助者を共同行為者とみなして，直接の加害者と同じ責任を連帯させている。刑法と異なり，故意による教唆・幇助のみならず，過失による教唆・幇助も成立しうる。

【2】　719条1項前段や709条との関係

　もっとも，719条2項に拠らなければ教唆者・幇助者の責任が認められない事案というのは，実際は多くないといわれている。伝統的判例の立場では，損害発生につき直接の加害行為と教唆・幇助行為との客観的関連共同性は否定できないから，教唆・幇助行為から直接の加害行為を経て損害発生に至る個別的因果関係を認定できる事案であるかぎり，同条1項前段が成立するし，現在の支配的学説の下でも，多くの場合に教唆者・幇助者と直接の加害者との間に主観的共同関係が認められ，そうでなくても客観的共同関係を否定できない場合が多いだろうから，やはり同項前段が成立する。そのため学説では，719条2

項は注意規定にすぎないと指摘するものも多い。

さらにいえば，教唆・幇助に該当し得る事案で，独立の不法行為が成立する場合もある。たとえば京阪電車置石事件（★最判昭62・1・22民集41巻1号17頁）は，先行行為（線路置石についての雑談に参加）に基づいて，その後の置石行為を現認した以上は鉄道転覆を回避する行為義務があったとして，当該義務違反による不法行為（▷709条）が成立するとしたものである。雑談参加の先行行為や置石放置の不作為を，置石行為の幇助（▷719条2項）に当たるとか，置石行為と共同関係にある（▷同条1項前段）としたものではない。

▶▶2 実際上の適用場面

以上を念頭に，なおも719条2項の適用が見込まれる例としては，教唆・幇助に該当する行為から損害発生に至る個別的因果関係や，直接の加害行為との共同関係を認めにくい事案が考えられる。たとえば，婚約不履行に関与した第三者の責任や，飲酒運転事故に先行する共同飲酒者の責任など，直接の加害者の自由意思が介在したり，直接の加害行為の独立性が強かったりする事案である。この種の事案では，直接の加害行為を制止する義務を負っていたか否か（過失による幇助の成否）が問題とされることがある（共同飲酒者の責任に関する★東京地判平成18・7・28交民集39巻4号1099頁など参照）。

▶ §4＿ 加害者不明の不法行為（719条1項後段）

▶▶1 趣旨と要件

【1】 趣旨

719条1項後段は，「複数の者がいずれも被害者の損害をそれのみで惹起し得る行為を行い，そのうちのいずれの者の行為によって損害が生じたのかが不明である場合に，被害者の保護を図るため，公益的観点から，因果関係の立証責任を転換」した規定である（★最判令和3・5・17民集75巻5号1359頁）。冒頭の⑤類型で，択一的に競合する複数行為と損害の個別的因果関係を推定し，各自の全額連帯責任を基礎付ける点に，同項後段の意義がある。

【2】 要件

上記の趣旨から，複数の行為が，それぞれ当該被害者の損害を単独で惹起しうる行為（そのような具体的危険を有する行為）であることが要件である。冒頭⑤の

被害者に向けた発砲行為がこれに当たる。他方，コインパーキングに停めていた自動車が傷つけられたところ，駐車していた時間帯の駐車場利用者は特定の5名であることが防犯カメラ映像で確認できるとしても，駐車場の利用じたいは当該自動車を傷つける危険を有する行為ではない。つまり，加害行為をした可能性があるのでは足りず，加害行為たりうる危険をもつ行為をしたことが必要である。

　単独惹起力ある行為がすべて特定されること（他に原因と疑うべき行為がないこと）も必要か。この点は見解の対立が存在したが，判例は，「被害者によって特定された複数の行為者のほかに被害者の損害をそれのみで惹起し得る行為をした者が存在しないことは，民法719条1項後段の適用の要件である」とする（前掲★最判令和3・5・17）。文理解釈に加えて，真の加害者が他に存在しうる場合に同項後段の成立を認めると，「実際には被害者に損害を加えていない者らのみに損害賠償責任を負わせることとなりかねず，相当ではない」からである。学説ではさらに，これを要件とすべき理由として，行為者が免責を得るために因果関係不存在を立証する（または，賠償後に真の加害者に求償する）手がかりを与える必要が指摘される。同項後段は，個別的因果関係の証明困難を救済する趣旨であり，真の加害者を探索する負担まで転換するものではないから，正当な指摘である。なお，単独惹起力ある行為者全員の特定が要件であって，特定された行為者の一部のみを被告として提訴することは妨げられない。

　最後に，各自が因果関係以外の不法行為の要件（権利侵害，損害発生，故意または過失）を満たすことも，同項後段の要件である。前述のとおり，719条1項後段は，各行為と損害の個別的因果関係を推定するにすぎない。

▶▶2　効果

【1】　免責の余地がある全額連帯責任

　上記の要件が満たされるときは，各行為と損害との個別的因果関係がそれぞれ推定され，各行為者は，被害者の損害について連帯責任を負う。債権総則の連帯債務に関する規定が適用されること，不真正連帯債務に関する判例理論に関して議論の余地があることは，719条1項前段と同じである。

　行為者の側で，自己の行為の個別的因果関係の不存在を証明して推定を覆せば，責任を免れる。個別的因果関係が擬制される719条1項前段とはこの点が異なる。

【2】　求償関係

被害者に賠償した行為者は，他の行為者に対し，過失割合（負担部分）に応じて求償できる。719条1項後段では，通常，真の加害者に対する全額求償のみが問題となろう。真の加害者が無資力である場合　には，444条2項（負担部分の平等分担）により，非加害者どうしの求償が問題になりうる。

✕トピック24.3＿　寄与度不明の累積的競合・重合的競合（719条1項後段の類推適用）

　冒頭の④類型（寄与度不明の累積的競合）で，Yらの排煙行為に共同関係を肯定できるときは，719条1項前段が成立する。しかしそうでない場合には，加害者が不明なわけではないから同項後段の適用はできない。そこで，加害者らの「寄与度の証明責任」を転換するために同項後段を類推適用して，各自の全額連帯責任を認めることはできないかが問題になる。

　類型説は，719条1項全体を，複雑な因果関係のからまりによって被害者が直面する証明困難をひろく救済する趣旨と解するので，Yらの行為に「弱い関連共同性」があるかぎり，同項後段を適用すべき場面に位置付けられる（▶§2▶▶2【2】(c)）。公害訴訟ではこの考え方をとる裁判例が少なくない。またそれ以外の学説の多くも，加害者不明の択一的競合における立証困難の救済（個別的因果関係の推定）という719条1項後段の趣旨は，累積的競合における個別的寄与度の立証困難の救済にも当然及ぶとして，同項後段の類推適用を認める。最高裁も，「同項後段が適用される場合との均衡」を理由に挙げて，類推適用を認めている（前掲★最判令和3・5・17）。

　もっとも，都市型大気汚染や建設アスベスト被害（多数の建設現場を転々として石綿含有建材を用いた工事に従事した建設作業従事者が，石綿粉じんに長年ばく露した結果，中皮腫等の石綿関連疾患に罹患）のように，文字通り無数の汚染源からの有害物質が積もり積もって健康被害を生じる場合（重合的競合と呼ばれる）は，寄与した汚染源を全て特定することは不可能である。そうすると，加害者はすべて特定できているが寄与度が不明なのであるとして719条1項後段を類推適用することはできない。しかしこのような場合でも学説は，特定可能な汚染源グループの集団的寄与度（たとえば3割）が証明されれば，3割の損害の限度で719条1項後段を類推適用でき，当該汚染源グループに属する各行為者は3割の損害の限度で連帯責任を負うとするものが多い。最近の建設アスベスト訴訟最高裁判決も，特定一部のメーカー3社が製造販売していた建材の集団的寄与度（3割）の限度で，719条1項後段を類推適用して，建材メーカー3社の連帯責任を認めたものである（前掲★最判令和3・5・17）。

> 【事例】　①　父Y1所有の自動車を借り，交際中のX1を助手席に乗せてドライブに
> 出かけたY2は，山道を走行中に対向車線にはみ出し，対向車と正面衝突事故を起こ
> した。この事故で対向車両は大きく損傷し，対向車の運転手X2が重傷を負ったほか，
> 助手席のX1も重傷を負った。
> ②　3歳のXは，2年前に買ってもらったY1社製造販売のおもちゃ甲がお気に入り
> で，口に咥えたりして毎日遊んでいた。しかし甲には，健康に有害な金属乙を含む
> 部品（金属部品メーカー Y2社製造）が用いられていたために，Xは中毒症に罹患した。
> 金属乙の有害性に関しては，3年前の時点で外国の研究報告が複数あったが，Y1社
> Y2社には知り得なかった。

▸§1_　不法行為に関する特別法

▸▸1　国の不法行為責任（国家賠償法）

　第二次大戦前の日本では，権力的な行政活動の結果として国民が損害を被っ
たとしても国家は責任を負わないという原則（国家無答責の原則という）の下で，
例外的に，公立学校・公立病院の経営や，物品購入など私人と同じ立場で行う
行為から損害が生じた場合にのみ，民法に基づく国の賠償責任が認められてい
た。戦後は，日本国憲法17条で，国は違法な行政活動により国民が被った損
害を賠償する責任を負うとの原則が宣言され，国家無答責の原則は放棄された。
このことを受けて，1947（昭和22）年に不法行為法の特別法として制定された
のが，国家賠償法である。

▸▸2　特別法上の無過失責任規定

　特定の危険な活動や物・設備から一定種類の損害が生じる危険（危険源）に
ついて，危険責任や報償責任の考え方に基づき，当該活動や設備を支配・管理
すべき者に無過失の賠償責任を課している特別法上の規定が多数存在する（▸
図表25-1を参照）。本章では，私たちの日常生活にも関わりが深い自動車損害賠
償保障法（運行使用者責任）と製造物責任法について詳しく説明する。

▶図表25-1　特別法上の無過失責任規定

法律名（制定順）	対象となる危険源	損害の種類	賠償義務者
鉱業法109条 (旧法下で1939年追加)	鉱業における，掘削，抗水・排水放流，捨石，鉱さい堆積，鉱煙排出により，	損害が生じる危険	鉱業権者
自動車損害賠償保障法3条 (1955年制定)	自動車の，運行により，	人身損害が生じる危険	運行供用者
原子力損害賠償法3条 (1961年制定)	原子炉の運転等における，核燃料物質の作用により，	損害が生じる危険	原子力事業者
大気汚染防止法25条 (1972年改正で追加)	工場の操業における，排煙中の健康被害物質により，	人身損害が生じる危険	排出に係る事業者
水質汚濁防止法19条 (1972年改正で追加)	工場の操業における，排水中の有害物質により，	人身損害が生じる危険	排出に係る事業者
製造物責任法3条 (1994年制定)	製造・加工された動産の，欠陥により，	損害が生じる危険	製造業者等
宇宙活動法35条，53条 (2016年制定)	打上げられたロケットの落下，衝突または爆発により，	損害が生じる危険	国内施設で人工衛星の打上げを行う者
	正常に分離された人工衛星の落下または爆発により，		国内設備を用いて人工衛星を管理する者

　これらの無過失責任規定は，大量の被害者または甚大な損害の発生が想定される反面，過失責任主義（▷709条）に委ねたのでは多数の救済されない被害者が生じて公平妥当な解決とならない場面について，これらの場合には被害者をひろく救済すべきであるとの立法政策に基づき，過失責任主義を修正したものである。裏返せば，無過失責任規定が制定されていない限り，民法典の不法行為規定の適用を問題としなければならず，安易な類推は許されない。

▶▶3　責任を制限する特別法

　上記とは反対に，特殊な考慮に基づいて，不法行為責任の成立や内容を制限する特別法も少数存在する。たとえば失火責任法がそれである（後述§4）。

▶§2＿　国家賠償法

　国家賠償法1条は，公務員の不法行為についての国または公共団体（以下「国」で代表させる）の責任を定め，同法2条は，営造物の瑕疵によって生じた損害についての国の責任（営造物責任）を定めている。営造物責任に関しては，すでに

土地工作物責任と対比しつつ説明したので（❖Lec**23**▸§3），ここでは国賠1条の責任の要点を，使用者責任（▷715条）との対比で説明しておこう。

【1】　国家賠償法（国賠）1条1項の要件

　第1に，国が責任を負うのは，「公権力の行使に当る公務員」の行為である。公権力の行使は，権力的行政作用（立法行為や行政処分など）と非権力的行政作用（国公立の学校や病院の経営など）をいずれも含むと解されている。したがって，合理的理由なく違憲立法を是正する立法がされない場合（立法不作為）や，公害・薬害・アスベスト被害など行政的規制が遅れて被害が生じた場合（規制権限不行使）だけでなく，国公立の学校教師や病院医師の過失による学校事故や医療過誤などにも適用される。

　第2に，当該公務員の加害行為が「その職務を行うについて」した行為でなければならない（職務執行性）。使用者責任の事業執行性と同じく，客観的に職務執行の外形を備えているか否かに従って判断される。

　第3に，責任の法的性質は代位責任か固有責任かについて争いがあるが，いずれにせよ，公務員の加害行為が不法行為の要件を充足する必要がある。なお，条文上「違法性」が要件とされたのは，制定当時の，一般不法行為に関する通説の影響を受けた結果である（❖Lec**14**▸§2▸▸1「権利侵害から違法性へ」参照）。

【2】　使用者責任との違い

　次の諸点は，国家賠償の特質に由来して使用者責任と異なる。①行政作用は本来的に国民の権利・自由への制約を伴うから法律による行政の原理に服するが，それゆえに加害行為の違法性も，公務員の権限を定めた行政法規違反の有無が主要な判断基準となる。②国賠1条1項に免責要件はなく無過失責任である。③判例は，行政の委縮回避を根拠に，国賠1条1項が成立するときは加害公務員個人の不法行為責任が生じないとする。④同様の理由で，国の求償権は，加害公務員に故意・重過失があった場合に制限されている（▷同条2項）。

▸§**3**＿　運行供用者責任（自賠法3条）

　自動車損害賠償保障法（以下「自賠」）3条は，自動車事故被害者を迅速かつ確実に救済するため，加害車両運転手の責任（▷709条）とは別に，自己のために自動車を運行の用に供する者（運行供用者）の責任を定めている。

▶▶1 運行供用者の意義と具体例

　自賠3条は，危険責任および報償責任の考え方に基づき，損害の危険を有する自動車の運行を支配・管理し，当該運行から利益を得ている者に無過失責任を課す趣旨である。したがって運行供用者とは，「自動車の使用についての支配権を有し，かつ，その使用により享受する利益が自己に帰属する者」をいう（★最判昭和43・9・24判時539号40頁）。運行支配と運行利益の二要素を基準とするので，二元説と呼ばれる。学説では，危険責任に基づく責任と解して運行支配の有無によって判断すべき（運行利益は支配の有無を評価する一要素）とする見解も有力である（一元説）。

　ⓐ　保有者　　所有する自動車をみずから運転し，または自己のために別人に運転させる者（たとえばタクシー会社や運送会社），レンタカー借主，運転代行業者，家族間・友人間の使用借主など，「所有者その他自動車を使用する権利を有する者で，自己のために自動車を運行の用に供するもの」を保有者という（▷自賠法2条3項）。保有者は，自動車の運行を実際に支配し，利益を享受するから，運行供用者である。タクシー乗務員や宅配便配達人は，他人のために運転する者（▷自賠2条4項にいう「運転者」）であり，運行供用者ではない。

　ⓑ　使用権限を与えた所有者等　　家族間・友人間やレンタカーなど貸借関係の貸主は，間接的とはいえ借主による運行を支配する（レンタカー業者は運行利益も享受する）から，運行供用者である（★最判昭和46・11・9民集25巻8号1160頁，★最判平成20・9・12判時2021号38頁）。ただし，短時間で返却する約束だったが一向に返却されない間の事故など，貸主が運行支配を失ったとみるべき事情があるときは，運行供用者に当たらない（★最判平成9・11・27判時1626号65頁）。

　ⓒ　無断運転・泥棒運転　　社用車や家族所有自動車など他人の自動車を無断で運転する者や，窃盗者は，使用権限がないので保有者ではないが，当該運行について実際上の支配と利益があるから，運行供用者に当たる。

　ⓓ　無断運転における所有者等　　他方，無断運転されている所有者や使用権者には当該運行の支配と利益がないから運行供用者に当たらないのが原則である（★最判昭和48・12・20民集27巻11号1611頁）。しかし，被用者が無断運転した場合（★最判昭和44・9・12民集23巻9号1654頁）や，キーを挿したまま路上駐車中に盗まれた場合などでは，当該自動車の所有者等が運行供用者に当たるとされることがある。指揮監督関係や生活関係，保管上の落ち度などを考慮して，無断運転者による運行が客観的外形的にみてなおも所有者等の支配・管理の下にあると評価されるからである。

ⓔ　**非所有者**　さらに，当該自動車の所有者や使用権者でない者が，指揮監督関係や生活関係からみて，当該自動車の運行から損害が発生するリスクを支配・管理すべき立場にあったとして，運行供用者に当たるとされる場合もある。下請会社A所有の従業員BがA所有車を運転していた場合の元請会社C（★最判昭和46・12・7判時657号46頁）や，未成年の子に原付バイクを買い与え維持費も負担していた親（★最判昭和49・7・16民集28巻5号732頁）などである。

このように，当該具体的運行について実際の支配・管理がある場合だけでなく，上記ⓓⓔのように，当該自動車の運行につき監視・監督すべき立場にあったとの規範的評価に基づいて運行供用者性が認められることもある。また，上記ⓐ〜ⓔにより複数の者が運行供用者に当たることも当然あり得る（共同運行供用者）。こうした運行供用者の範囲拡大の背後には，無断運転等による事故でも自賠責保険でカバーされる途を開き（▷自賠2条4項の「運転者」でない無断運転者等の責任は自賠責保険でカバーされない。同法11条1項），あるいは，自賠責保険金限度額（死亡で3000万円，最も重い要介護後遺症で4000万円）を超える損害が生じても，複数の運行供用者責任を認めて賠償資力を確保して，交通事故被害者の迅速・確実な救済を実現する実際上のねらいがある。

▶▶2　請求の要件

自賠法3条本文に基づく請求の要件は，①自動車の運行，②によって（因果関係），③他人の，④生命・身体が侵害されて損害が生じたこと，および，⑤被告が当該自動車の運行供用者だったことである。以下では，①③④について簡単に説明する。因果関係（②）は，起点が当該自動車の運行である（運転手の過失ではない）ことに注意して，一般不法行為と同様に考えれば良い。

【1】　自動車の運行

「自動車」とは，原動機を用いた陸上移動の用具である（▷自賠2条1項）。自動車の「運行」とは，「自動車を当該装置の用い方に従い用いること」である（▷同法2条2項）。原動機を作動させ自走する状態が該当することに疑いない（これに限定する見解は，走行装置説）。判例は，個々の自動車の使用に伴う危険に着目した危険責任であるとの理解から，夜間に無灯火で路上駐車して休憩中の自動車，エンジンを切って牽引されている自動車，停車してクレーンやミキサー等の装置を操作中の特殊自動車などが原因で発生した事故でも，「運行」に当たるとしたものがある（固有装置説）。

【2】　他人性

「他人」とは，「自己のために自動車を運行の用に供する者および当該自動車の運転者を除く，それ以外の者」である（★最判昭和42・9・29判時497号41頁）。自動車に撥ねられた歩行者は当然他人であるが，加害車両に同乗中に死傷した者で運行供用者ではない者（好意同乗者ないし無償同乗者）も，同車両の運行供用者に対する関係では他人であり，運行供用者責任を追及できる。

やや問題となるのは，死傷した同乗者も加害車両の共同運行供用者である場合に，他方の運行供用者に対する関係で他人であるとして運行供用者責任を追及できるかである。判例は，共同運行供用者間の運行支配の程度を比較して，運行支配が間接的・補助的にとどまる運行供用者（前掲★最判平成9・10・31民集51巻9号3962頁──運転代行における酒気帯び状態だった同乗所有者）は，直接的な運行支配を有する運行供用者に対する関係で他人に当たるとしたものがある一方，運行支配が同等な共同運行供用者間で（前掲★最判昭和57・11・26民集36巻11号2318頁──同乗所有者と運転手）同乗所有者は他人に当たらないとしたものがある。

同様に，直接的・顕在的・具体的な運行支配を有する運行供用者は，間接的・潜在的・抽象的な運行支配を有する運行供用者に対する関係では，他人に当たらない。たとえば，社用車を私用運転した取締役は会社との関係で（★最判昭和50・11・4民集29巻10号1501頁），窃盗者は保管上の落ち度がある所有者との関係で（★最判昭和57・4・2判時1042号93頁），いずれも他人に当たらないとされている。

【3】 生命・身体侵害による損害の発生

運行供用者責任は，他人が被った人身損害についての責任である（同責任を担保する自賠責保険がカバーするのも人身損害のみである）。物的損害や経済的損失は，民法典の不法行為規定（および任意の対物賠償責任保険）による。

▶▶3 免責事由

自賠3条ただし書により，運行供用者は，①自動車の運行に関して自己および運転者に過失がなかったこと，②被害者または運転者以外の第三者に故意・過失があったこと，並びに③自動車に構造上の欠陥または機能の障害がなかったことを全て証明できれば，免責される。簡潔に言い直せば，被害者または第三者の故意・過失（②）のみによって生じた事故については免責するという意味である。もっとも，自動車事故において①が認められる例はほとんどない。

▶ §4__ 製造物責任 （製造物責任法3条）

　工業的な（人の手で加工された）製品があふれる現代の大量生産・大量消費社会で，ひとたび欠陥製品が市場に出回ると，それを購入した大量の消費者が人的・物的損害をこうむる危険がある。製造物責任（Product Liability）は，危険責任の考え方に基づき，そのような危険を有する欠陥製品を製造販売した者が負う責任であり，製造物責任法（PL法）3条に規定されている。

▶▶1　製造業者の意義

　市場に出回る欠陥製品による損害の危険を支配すべき立場にあるのは，製造物を作り出し，かつ，みずからの意思で市場の流通に置いた者である。したがって，製造物を「製造，加工……した者」（▷同法2条3項1号）が，「その引き渡した」製造物の欠陥から生じた損害について，責任を負う（▷同法3条）。「輸入した者」も，欠陥ある製造物を国内市場に供給した者なので，同じく責任主体である。これらの製造・加工・輸入業者を「製造業者」という。元来，大量生産品の欠陥による消費者被害の救済を目的に発展してきた責任であるから，責任主体は「業として」製造・加工・輸入する者（製造業者）であるが，反復継続する意思があれば十分であり，事業の規模や営利性の有無は問わない。

　なお，誰が製造業者なのかに関する消費者の信頼を保護する趣旨で，製造・輸入業者として商号等（たとえば，製造元○○，輸入元△△）を表示した者等も，責任主体とされている（▷製造2条3項2号および3号。表示製造業者という）。

▶▶2　請求の要件

　製造物責任法3条本文に基づく請求の要件は，製造業者等が，①製造した製造物を，②引き渡した（市場の流通に置いた）時点で欠陥が存在し，③当該欠陥が原因となって，④他人の生命，身体または財産が侵害されて損害が生じたことである。以下では，①②④について簡単に説明する。因果関係（③）は，起点が欠陥であること（製造業者やその従業員の行為ではない）に注意したうえで，一般不法行為と同様に理解すれば良い。

【1】　製造物

　製造物とは，「製造又は加工された動産」である（▷製造2条1項）。未加工の

自然産品（農水産物や鉱物）は含まれない。わかりやすい限界事例としては，生乳は製造物でないが加熱殺菌処理された牛乳は製造物であり，カット野菜は製造物でないが浅漬けは製造物である。

不動産は製造物ではない。ただし，たとえば欠陥があるエスカレーターは，建物の構成部分となって独立性を失えば動産でなくなるが，製造業者が市場に置いた（引き渡した）時点で動産であり，エスカレーターの欠陥について製造物責任は成立しうる（土地工作物責任と同時に成立しうる）。また，ソフトウェアなどの無体物や，役務も，動産ではないから製造物に当たらない。ただし，ソフトウェアが組み込まれた電子機器は製造物である。

製造物は完成品に限られない。冒頭の設例②で，Cの損害の原因は，部品甲の欠陥であると同時に，完成品乙の欠陥でもあり，被害者Cは，A社とB社のいずれに対しても製造物責任を追及しうる。また，部品甲の欠陥が原因で製造業者Bの組立工場機械が損傷すれば，A社のB社に対する製造物責任が成立しうる。製造物責任は消費者保護を契機に発展したが，製造物責任法3条の責任は完成品購入者（消費者）の救済に限定されていない。

【2】 欠陥の存在

製造物責任は，製造物の「欠陥」によって生じた損害について成立する。欠陥とは，「当該製造物が通常有すべき安全性を欠いていること」である（▷製造2条2項）。民法717条・国賠2条の瑕疵概念を踏まえたものであり，基本的な理解は共通する（❖Lec23▶§2▶▶【1】も参照）。すなわち第1に，当該製造物について通常予想される危険・通常有すべき安全性がどのようなものかを判断するには，法的な評価を伴う。第2に，製造物責任法2条2項に掲げられた事情等を考慮して欠陥の有無を判断する際は，当該製造業者からみた予測可能性や回避可能性ではなく，当該製造物の一般利用者にとって正当に予期し得べき安全性とは何かという視点で吟味しなければならない。

なお，「その引き渡した」製造物の欠陥による損害についての責任であるから，欠陥は，製造業者が引き渡した時（被害者が引渡しを受けた時ではない）に存在しなければならない。

欠陥の具体的意義は，次の3類型に区分して整理してされることが多い。

(a) 製造上の欠陥

製造過程で設計を逸脱した不良品が生じた場合である。一般利用者からみて，設計どおりの製造物が備える安全性を予期し得べきは当然だから，不良品は，当該製造物が通常有すべき安全性を欠いている。

(b)　設計上の欠陥

　設計じたいが通常予想される危険性に応じた通常有すべき安全性を備えていない（設計どおり生産された全ての製造物に欠陥がある）場合である。この場合は，設計上の安全性に関する製造業者の判断が適切だったか（どのような危険性を想定して設計すべきだったか）に判断の照準が合わされるから，設計行為の過失判断に類似した判断になる。

　しかし，たとえば小児用玩具について，当該製造業者が金属材料の有害性を知り得なかったとしても，欠陥は否定されない。当該製造物が市場に置かれた当時に入手可能な最高の科学・技術の知見を基礎にして，一般利用者の視点から，当該有害金属が小児用玩具の材料として用いられないことを予期し得べきかという視点で判断されなければならない。

(c)　指示・警告上の欠陥

　社会的有用性・効用等のゆえに，一定の危険性があっても設計上の欠陥とまではいえないが，一般利用者が当該危険の実現を回避するのに必要な指示・警告を欠いていることが，「通常有すべき安全性」を欠くとされる場合である。たとえば，塩素系漂白剤に「まぜるな危険」の表示がない場合である。この場合も，どのような危険性につき指示・警告を表示するかに関する製造業者の判断の適切さが判断の照準であり，過失判断に酷似した判断になる。

　判例には，医薬品（肺がん治療薬）の添付文書に特定の副作用に関する情報が書かれていなかったことが警告上の欠陥に該当するかが問題になった事案で，「引渡し時点で予見し得る副作用」の記載を欠いていれば欠陥に該当しうるとしたものがある（★最判平成25・4・12民集67巻4号899頁：イレッサ薬害訴訟）。素直に読めば，当該製薬会社が合理的に予見できなかった副作用が不記載でも欠陥に当たらないことになりそうであるが，しかしここでも，当時入手可能だった最高の科学・技術の知見を基礎に，一般利用者の視点から，どのような副作用が警告されるべきだったかが判断されるべきだろう。

【3】　生命・身体・財産侵害による損害の発生

　製造物責任が成立するのは「他人の生命，身体又は財産」の侵害によって生じた損害であり，人身損害だけでなく物的損害も対象とされている。ただし，損害が製造物じたいの故障・損傷にとどまる場合は，製造物責任は成立しない（▷製造3条ただし書）。その場合は，当該製造物の取引契約（売買，請負など）の債務不履行として，契約不適合責任や一般の債務不履行責任が問題になる。

▶▶3 免責事由

「引き渡した時における科学又は技術に関する知見によっては，当該製造物にその欠陥があることを認識することができなかったこと」を製造業者が証明できれば，免責される（▷製造4条1号。開発危険の抗弁）。これが問題になるのは，主に設計上の欠陥についてである。もっとも，製造物引渡時点で入手可能な最高水準の科学・技術の知見を基礎にして設計上の欠陥があると認定されていることが前提であるから，免責が認められることはほとんどない。

なお，同条2号は，自動車部品の系列下請など，発注企業からの厳格な設計指示があるような場合の，部品製造業者の免責を想定した規定である。

> ☕**カフェ・コンシェルジュ25.1__　自動運転・AIと不法行為法の課題**
>
> 　自動車の欠陥が原因で交通事故が発生した場合，運行供用者責任と製造業者の製造物責任がいずれも成立しうる。もっとも被害者からみれば，欠陥の証明等の手間がない運行供用者責任を追及する方がはるかに簡便だから，製造物責任が追及される例は少ない。運行供用者（実際は，賠償責任額を支払う責任保険引受会社）は，被害者に賠償した後で製造業者に求償できるはずだが，実際にはこれもされないようである。確率計算により保険料額などが設計されている責任保険は，製造業者に求償しなければ成り立たないわけではなく，手間をかけてまで求償するメリットがないからである。その結果，自動車事故による人身損害を第一次的かつ終局的に負担するのは運行供用者であり，実際上，欠陥自動車の製造業者は損害を負担しない，という状況になっている。
>
> 　自動車の安全性は，従来，行政法上の保安基準により設計製造段階から厳しく管理され（道路車両運送法上の認証，車検，リコール制度），事故の多くは運転手の過失によるものだったから，欠陥自動車を製造しながら実際上責任を負わないといった不公平な状況は表面化しなかったかもしれない。しかし，近い将来，高度なAIを用いた完全自動運転システムが実用化され，システムの不具合（故障やバグ）で事故が起きる場合を想像すると，そのような欠陥がないように事前に管理することはおそらく難しいだろう。そうだとすると，運行供用者が実際上の終局的損害負担者になっている現状を是正して，システム開発者や自動車製造業者の責任をより明確にして，システムの安全性向上に向けたインセンティブがはたらくようにする必要があると考えられる。
>
> 　たとえば，自動運転システムの不具合は，もはや自動車の「運行」が有する危険ではなく，当該「システム」が有する危険なのであって，システム開発者や自動車製造業者が終局的に責任を負うべきであるとの考え方がありうる。しかし，自動運転システムは当該自動車内部で完結せず，外部と通信しながら判断を下すのだとすると，本文で述べたとおり現行法上は，当該外部システムの不具合は「自動車の」欠陥ではないし，当該外部システムじたいも製造物には当たらない（当該外部システム開発者でなくそれを組み込んだコンピュータの製造業者の責任を問うことは，ここでの問題の本質から外れる）。
>
> 　このように不法行為法は，来るべき高度なAI時代に向けて，現行法にどのような問題が存在し，新たにどのような法制度を構想すべきかを検討すべき局面にあり，いままさに活発な議論がされている。

▶ §5＿ 失火責任法

　失火責任法は，保険業黎明期の1899（明治32）年に，議員提案で制定された，たった一箇条の法律である。同法は，重過失による失火に限って709条を適用し，軽過失による失火については不法行為責任を成立させない旨を定める。故意による火災（放火）に関しては定めておらず，709条が適用される。

　立法趣旨は，日本は伝統的に木造住宅が多く，かつ密集していることが多いため，ひとたび火災が生じると延焼により意外の大規模な損害が生じること，および，みずからも家屋・家財を焼失して賠償能力が著しく低下した失火者に責任を課すことが過酷な場合があることから，とくに帰責性が高い故意・重過失の場合に限って責任を成立させることとしたものである（軽過失免責）。

　しかし，建物の耐火能力や消防体制の進歩等を考慮すれば，同法の趣旨が現在も妥当するかは非常に疑わしく，立法論として大いに疑問視されている。学説では，解釈論として，過酷な責任の回避が趣旨であれば，失火責任法の適用は延焼部分に限るべきであり，直接火災部分には適用すべきでないとする見解が有力である。

✘トピック25.1＿　監督義務者責任・使用者責任等との交錯

　失火者の監督義務者や使用者の責任が問題となる場合に，714条や715条と失火責任法の適用関係がどのようになるか，という問題がある。

　判例は，714条に関して，失火者の監督義務者は監督義務違反が重大な場合に限って責任を負うとする（★最判平成7・1・24民集49巻1号25頁）。失火責任法は，失火者だけでなく，失火に関して自己の帰責事由が軽度である者を免責する趣旨とみて，714条に失火責任法（軽過失免責）をはめ込む考え方である（単純はめ込み説）。

　これに対し，責任無能力者でも過失（客観的行為義務違反）を考えることは可能であり，監督義務者は，監督義務違反の軽重を問わず，失火者の行為が重過失である場合に責任を負うとの見解もある。判例は，上記のとおり，形式的には単純はめ込み説に立つが，監督義務違反が重大か否かを判断する際に，失火者の行為態様をも考慮する（失火者の行為が重過失に相当する場合は，監督義務違反が重大であると評価する方向にはたらく）としている点に注意が必要である。

　他方715条に関しては，使用者は，失火者たる被用者に重過失がある場合に限って責任を負い，選任・監督上の過失の軽重は問題にならないとする（★最判昭和42・6・30民集21巻6号1526頁）。使用者責任を代位責任（対して監督義務者責任は固有責任）と解する伝統

的立場からすれば，失火者たる被用者の責任が成立することが前提であるから，失火者が重過失である場合に限って使用者責任が成立する（失火者が軽過失で免責されるときは使用者責任が成立しない）という帰結は一貫している。

　これら以外にも，国家賠償法1条1項や民法717条と失火責任法との適用関係についても，同様の議論がある。

❖Lec **26**　事務管理 ∙∙∙∙∙∙∙∙∙∙∙∙∙∙∙∙∙∙∙∙∙∙∙∙∙∙∙∙∙

> 【事例】　Aは，長期不在の隣人B宅の庭木と雑草が伸び放題だったため，親切心で庭の手入れをした。さらに台風でB宅の壁が倒れたため，Aは業者Cに代金30万円で修理を依頼した。

▶§1＿　意義と制度趣旨

　事務管理とは，ある者が法律上の義務がないのに他人（本人）のために事務を管理（処理）することをいう（▷697条以下）。管理する人を「管理者」，管理される人を「本人」と呼ぶ。ここでの「事務」とは，広く生活に必要な一切の仕事を指す。契約締結などの法律行為や庭木剪定などの事実行為も含まれる。その他，荷物の保管，ペットの保護，意識のない負傷者の救護など多様である。

　社会における「相互扶助」の精神からは，とくに義務がなくても，他人のための行為を法的に認めるべきである。しかし，他人からの依頼や承諾もないため，「自分のことは自分で決める」という私的自治の原則と矛盾し，他人の生活への不当な干渉になりかねない。そのため，民法は「相互扶助」と「本人の意思・利益」との調和の視点に立って事務管理を規律している。

　民法上の事務管理は，行為そのものとして法律効果が認められる準法律行為とされる。そのため意思表示の規定は基本的に適用されない。管理者の意思能力・行為能力には争いがあるが，近時は必要説が有力である。他方で事務管理は，不当利得や不法行為と同じく，「法定債権」の発生原因である。事務管理は，委任契約を締結せずに委任に近い法律関係を生じさせる制度とされる。

　　近時は事務管理の現代的な意義が指摘されている。日本列島は台風や地震など自然災害の多発する環境にある。その救助活動を拡充するため，私人の緊急事務管理（▷698条）が改めて重視されている。他方で，日本社会も高齢化が進みつつあり，一人暮らしの高齢者が増加し，また管理者不明の空家問題も深刻化している。社会保障制度や空家等対策特別措置法ほかの国や地方公共団体の政策も重要だが，私法上の援助の在り方も問い直される必要がある。たとえば，親族法上の扶養義務，一定の関係者による成年後見・任意後見制度や委任契約等が考えられるが，それらを側面から補強するため，地域社会における相互扶助の精神から事務管理制度の活用が指摘される。たとえば，近隣住民による高齢者の一時保護や，危険な空家の一時保全などが考えられる。もっとも，他人の自己決定権・財産管理権との抵触に加え，公法・私法上の諸制度との関係も考慮する必要があり，今後の議論の進展が望まれる。

▶ § 2__　事務管理の成立

▶▶1　要件

　要件は，①他人の事務管理，②他人のためにする意思，③法律上の義務の欠如，④本人の意思・利益に反することが明らかでないこと，とされる。

▶▶2　他人の事務管理・他人のためにする意思

　要件①「他人の事務管理」とは，管理者が他人（本人）の生活に必要な一切の仕事をすることであり，法律行為だけでなく事実的な行為も広く含む。

　その際,他人の事務を3つに分けて考えている。第1に「a客観的自己事務」の場面，たとえば自己所有の壁を単に自分で修理した場合や，自己の壁を他人の壁と誤信して修理した場合などは，他人の事務管理とはいえず，要件①を満たさない。第2に「b客観的他人事務」の場面，たとえば冒頭の【事例】のような隣の庭木剪定や修理契約の締結など，客観的に他人の事務だと明らかな場合は，要件①を満たす。第3に「c中間的性質」の場面，たとえばある者が隣の家を修理するために材料を自費で購入した場合は，他人の事務といえるか問題が生じる。一般に，管理者が他人の事務を管理する意思を有せば（主観的他人事務），相互扶助の精神を重視し，要件①を満たすとみる。

　要件②「他人のためにする意思」は，相互扶助の観点から，管理者が他人のために利益を図る意思を有することである。上記「b客観的他人事務」の場合は要件②が事実上推定される。管理者が自己のためにする意思を併有していて

も構わない。ただし，客観的他人事務を自己の事務と誤信した場合は，要件②を満たさない。他人の事務を管理したが，管理者が自己のためにする意思しか有さなかった場合も，要件②を満たさない（→▶§4「準事務管理」参照）。

▶▶3　法律上の義務の欠如

要件③「法律上の義務の欠如」とは，管理者が法律や契約にもとづいて他人の事務を処理する義務を負っていないことである。事務処理者が法律や契約によって本人に対して事務を処理すべき義務を負っていれば，両者の関係はその法律関係に従うべきであり，事務管理による必要はない。ところで，遭難船舶の発見者の報告義務（▷水難救護法2条）など，法律によって私人に報告・救護義務が課されることがある。この場合に事務管理を否定する見解もあるが，当該義務は国との関係で負う公法上の義務であって，要救護者に対する私人の義務ではないことから，事務管理の成立を認めることが一般的である。

✖トピック26.1__　公務員の職務と事務管理

たとえば警察官が仕事で人命救助を行った場合など，公務員が職務上の義務で市民のために事務処理を行った場合は事務管理に該当するだろうか。この場合は，市民を救助する義務が国や地方公共団体（公務員等）に課されるため，民法上の事務管理は成立しないとみるのが一般的である。ただし，当該義務に付随する事務処理の場合や行政法規等に特別規定がない場合には別の問題が生じる。この場合も要件③を満たさないとの見解もあるが，具体的な場面に応じて事務管理の成立を認める見解もある。行政法上の特殊の考慮も必要となるため，詳細は行政法に譲る。

▶▶4　本人の意思・利益

管理者が，上記要件②「他人（本人）のためにする意思」を有するだけではたりず，他人の事務処理が要件④「他人（本人）の意思・利益に反することが明らかでないこと」も必要と一般に解釈されている。相互扶助の精神も行きすぎれば不当な干渉（ありがた迷惑）となりかねない。そのため，本人の意思・利益との調和をはかるために要件④が必要とみられている。

この要件④は，一般に，抗弁事由として本人側が主張・立証すべきとされる。ただし，他人（本人）の自己決定権・財産管理権の保護を強調して，④'「他人（本人）の意思および利益に適合すること」を積極的な成立要件とみる見解もある。これによれば，管理者が要件④' を主張・立証しなければならない。

他方で，他人（本人）の意思に反することが明白でも，その意思が公序良俗に違反する場合には事務管理が認められる。たとえば，管理者が不法投棄された廃棄物を処理したときに，その廃棄物の所有者の意思に反することが明白であっても，不法投棄・放置は公序良俗に反するため，要件④を満たすとされる。

▶ §3 事務管理の効果

▶▶1 管理行為の違法性阻却

民法は，管理行為の違法性が阻却されるとは明文で規定していない。本来ならば，勝手な他人の事務処理は，その他人の財産管理権への不当な干渉となる。しかし相互扶助の精神から民法が事務管理制度を定めたのだから，所定の要件を満たして事務管理が有効に成立すれば違法性が阻却されると解されている。その結果，管理者から本人への不法行為責任も成立しない。

なお，事務管理が有効に成立したが，管理方法を誤るなどして本人に損害を生じさせることがある。この場合でも，管理行為自体が違法性を帯びて不法行為となるのではなく，管理者の債務不履行になると捉えられている。

▶▶2 管理者の負う義務

【1】 事務処理に関する通知・報告義務

事務管理では，本人の知らないうちに事務処理が開始されることがある。そこで，本人が開始を知っているのでない限り，管理者に管理開始の通知義務が課される（▷699条）。開始後は委任の規定を準用し，管理者に事務処理状況や経過・結果の報告義務が課される（▷701条・645条）。

【2】 管理方法・善管注意義務・緊急事務管理

管理者は，本人の意思を知っているか推知できるときは，その意思に従った管理方法をとり（▷697条2項），推知できなければ，事務の性質に従って本人の利益にもっとも適合する方法によるべきである（▷同条1項）。

他方で，管理者は善良な管理者の注意をもって事務を処理する義務（善管注意義務）を負う。他人の事務管理ではその者の不利益にならないように配慮する必要があるため，自己物と同程度の注意義務ではたりず，高度な注意義務が課されるべきとみられている（▷698条の反対解釈）。

これに対して，本人の身体，名誉または財産に対する急迫の危害を免れさせ

るために事務管理をしたときは，管理者が悪意または重過失の場合にのみ損害賠償責任を負う（緊急事務管理・▷698条）。たとえば飛行機内での意識不明の急病人，冬山での遭難者など，緊急状態で救助や救護の必要性が高い場合には，救助者等（管理者）に慎重な判断や行動を求められないことも多い。そのため，管理者の注意義務を軽減する規定をおいている。

【3】 管理継続義務・中止義務

　管理者は，本人・相続人等が事務を管理できるようになるまで，事務管理を継続しなければならない（▷700条本文）。管理者が親切心で事務処理を始めたからといって途中でやめれば，本人の不利益になるからである。

　もっとも，管理継続が本人の意思・利益に反することが明らかなときは，管理を中止しなければならない（▷同条ただし書）。また，本人の中止要請があったときも，管理者は事務管理を中止すべきと解されている。

【4】 その他の委任規定の準用

　管理者は，事務処理に際して受領した金銭等を本人に引き渡し，自己の名で取得した権利を本人に移転する義務を負う（▷701条・646条）。また，管理者が本人に渡すべき金額等を自己で消費したなら，消費日以降の利息を本人に支払い，損害があれば賠償する責任を負う（▷701条・647条）。

▶▶3　本人の負う義務

【1】 費用償還義務等

　管理者は，本人のために有益な費用を支出したときは，その全額の償還を請求できる（▷702条1項）。他方で管理者は，本人のために有益な債務を負担した場合には，本人に対し，自己に代わって弁済するか，または債務が弁済期にないときは相当の担保を提供するよう請求できる（▷同条2項・650条2項）。

　これに対して，本人の意思に反することが明らかでなかったため管理者が事務管理をしたが，結果的に本人の意思に反していたときに，事務管理が有効となる場合がある。その際，上記の本人の有益費の全額償還義務および有益債務の代弁済義務はいずれも本人側の現存利益に縮減される（▷702条3項）。

【2】 報酬支払義務

　民法に報酬規定はないが，事務管理に関する特別法に報酬規定があれば，もとより本人に報酬支払義務が生じる（▷遺失物法28条1項，▷水難救護法24条2項，▷商792条など）。このような特別規定がない場合はどうか。

　事務管理制度は相互扶助の観点から望ましい面もあるが，管理者が義務なく

勝手に管理を始めただけなので，本人に報酬の支払いまでも義務づけるべきではないとみる見解が一般的である。もっとも，管理者が専門家としての知見や取引慣行から事務管理を行った場合には，専門家による同種の有償サービスとの均衡を考慮して，報酬を認めてもよいとの見解も有力である。

【3】 損害賠償義務

　たとえば隣家の庭木剪定中に服が破れたとか，蜂に刺され治療費がかかったなど，管理者に損害が生じることがある。管理者が避けられない損害を被った場合に，本人が損害賠償義務を負うか争われている。委任契約では，受任者が過失なく損害を被れば，委任者の過失を問わず損害賠償を請求できる（▷650条3項）。しかし事務管理に規定はなく，委任の同規定も準用されていない。

　この点，委任の同規定が準用されないのは，義務なく他人の事務を管理した管理者自身が危険を負担すべきとみて，本人の賠償義務を否定する見解もある。しかし一般的には，法定制度として事務管理が認められ違法性も阻却されるのだから，管理者に危険を負担させるべきではないとみる。そのうえで，費用償還請求権の対象を広く捉えて，この種の損害を有益費として本人に償還義務を負わせるべきと解している。たとえば，上記の服の修理費を一種の有益費と考えて費用償還に含めうるという。もっとも，蜂に刺された治療費などを有益費に含めるのは民法702条の解釈の範囲を超えるとの批判もある。そこで，委任の損害賠償規定である民法650条3項を事務管理に類推適用する見解もある。

✕トピック26.2＿　第三者との外部的な効力

　冒頭の【事例】のように，管理者Aが隣家Bの壁を修理する契約を工務店Cに依頼した場合などに，管理者・本人と第三者との外部的な法律関係が問題になることがある。

　まず，管理者が自己のA名義で第三者Cと契約を締結したときは，事務管理が成立しても，その契約の効力が本人Bに帰属することはなく，契約当事者である管理者Aに帰属するにすぎないとされる。なぜなら事務管理制度は，第三者との関係で本人への効果帰属権限まで管理者に付与する趣旨は含まないからである。他方で，管理者が本人B名義で第三者Cと契約を締結したときは問題が生じる。事務管理の効果として，第三者との契約の効力が本人Bに帰属するとの見解もある（旧判例★大判大正6・3・31民録23輯619頁）。しかし一般的には，上記の行為は無権代理にすぎず，表見代理の要件を満たすか，または本人が追認をしなければ，法律行為の効力は本人Bに帰属しないとみている（★最判昭和36・11・30民集15巻10号2629頁ほか参照）。

▶▶4　事務管理の終了事由

　事務管理は契約ではないため，契約の一般的な終了原因の適用はなく，委任契約のような特別の終了事由（▷653条）も規定されていない。

　事務管理では，管理者の管理行為が現実的に終了すれば，事務管理が事実上終了すると考えらる。また，上述した管理者の管理継続義務がなくなったときも，同様に事務管理は事実上終了するとみられる。なお，これらは管理継続義務の終了にポイントが置かれており，事務管理規定によって生じた他の各種義務の履行責任の問題はその後も残っている。

　他方で，管理者が死亡しても事務管理は終了せず，相続人に管理継続義務が相続されるとみる見解がある。これに対して，相続人自体は事務管理を好意で始めたのではないため管理継続義務を承継させるべきではなく，管理者が死亡すれば管理継続義務も終了するとの見解も有力である。

　以上に対して，管理者による終了の意思表示，管理者の破産，本人の死亡・破産は事務管理の終了事由には当たらないとみられている。

▶§4＿　準事務管理

　管理者が自分のためだけに他人の事務を管理した場合には，前記要件②「他人のためにする意思」を欠くため，事務管理は成立しないはずである。たとえば，他人所有の未利用地を自己の利益のために駐車場として有料で貸し出したり，他人の特許・著作権を勝手に使用して利益をあげたりした場合である。もっとも，本人の利益を保護する観点から，これらの場合にも事務管理を認めるべきではないかが問題とされてきた（準事務管理）。

　従来から準事務管理を肯定する見解が有力に主張されている。かりに上述の場合に事務管理が不成立だとすると，本人は管理者に対して不法行為の損害賠償または不当利得の返還を請求することになる。ただし，未利用地のように本人の側に損害・損失が生じていなければ，いずれの請求も認められないことになる。また，特許等の無断使用の場合に管理者の専門性や才覚によって莫大な利益が上がったとすると，客観的な価値や収益以上の請求はいずれも難しいとみられる。そうすると，管理者は他人の物や権利をうまく利用すればするほど，通常以上に儲けた部分を自分の懐に入れることにもなりかねない。そこで肯定説は，事務管理の規定を（類推）適用して，管理者の得た利益を吐き出させる

必要があると主張する。つまり，民法701条の規律によって，管理者は事務管理で得た金銭等を本人に引き渡し，自己の名で取得した権利を本人に移転する義務を負う。さらに，管理者が本人に渡すべき金額等を自己で消費すれば，消費日以降の利息を本人に支払い，なお損害があれば賠償責任を負うことになる。他方で，準事務管理が問題とされる事例を悪意の不法行為的な侵害の場面とみつつ，損害の公平な分担を趣旨とする日本の不法行為法の枠組みを超えて，他人の権利領域への侵害者（悪意の管理者）に対する特殊の制裁（サンクション）として準事務管理を認めるべきとする見解もある。

　これに対して，準事務管理を認めない否定説も有力である。まず，事務管理が法的に認められるのは相互扶助の観点から他人のために事務処理を行っているからであり，他人に無断で明確に自己のために事務処理を行っている場面を事務管理の適用場面に含めるべきではないとの見解がある。この見解は，不法行為の損害や不当利得の損失を合理的に認定することによって客観的な価値・収益分は請求できるとしつつ，管理者の才覚等で得た過大な利益は本人ではなく管理者に帰属させる方が公平に資するという。もっとも，これには損害・損失概念を安易に緩和すべきではないとの批判がある。次に，この見解と同じく準事務管理を否定しつつ，本人が追認をすれば事務管理が成立するとみる見解がある。他方で，準事務管理が問題となる場面の多くは特別法によって規律されるべき場面であって，民法の一般的な解釈論として準事務管理を認めるべきではないとの見解も近時は有力とみられる。たとえば知的財産法の分野が重視されており，特許や著作権の無断使用の場合は，特別法によって本人の権利の保護が図られるべきとされる（▷特許法102条，▷著作権法114条ほか）。

❖Lec **27**　不当利得総説
——序説・侵害利得・支出利得・給付利得と特則 …

> **【事例】**　① 　Cが盗んだA所有の高級メロン（1万円相当）をCの同居人Bが気付
> かずに食べてしまった。AはBに価値相当額の返還を請求できるか。
> ② 　Aは，隣人Bの土地を自分の土地だと思って50万円の費用をかけて整備した。
> Bに土地を返すとき，AはBに費用の返還を請求できるか。
> ③ 　Bが知人Cから5万円を借りたが，弁済しようとしない。そこでBの父AがC
> に代位弁済をした。AはBに対して5万円の返還を請求できるか。
> ④ 　AがBから骨董茶碗を100万円で購入したが，Bの詐欺が判明し売買契約を取
> り消した。AはBに100万円の返還を請求できるか。

▶ §**1**　序　説

▶▶1　意義・制度趣旨

　民法債権編の中心は契約法だが，意思表示にもとづかない法定の債権関係も
重要である。❖Lec**27**と❖Lec**28**では不当利得制度について説明する。

　不当利得とはどのような制度だろうか。そもそも，ある人が他人の財産等か
ら利益を得たときに，それが正当な法律上の根拠にもとづくなら，その者に利
益を帰属させればよい。しかし，不当に利益を得た場合には，損失者から不当
利得者（受益者）に対する不当利得の返還請求権が認められる（▷703条以下）。た
だし制度趣旨には大きな見解の対立がある。詳しくは後述する。

　民法は，不当利得の一般規定（▷703条・704条）と特別規定（▷705条〜708条）をおく。
また不当利得の章以外でも，無効・取消しの原状回復関係（▷121条の2），占有
者の果実収取・返還関係（▷189条・190条），占有者の費用償還関係（▷196条），解
除の原状回復関係（▷545条）など，不当利得と関連する規定がおかれている。

☕カフェ・コンシェルジュ27.1　不当利得法の長い歴史

　地中海にあるアンティキティラ島付近の沈没船から，金属製の歯車が複雑に組み合わされ
た機械の遺物が発見されたことを知っているだろうか。2千年以上も前に制作されたとみられ

るが，用途も何も分からず世界の不思議(オーパーツ)といわれてきた。近年の調査・復元によって高度な天体観測器の可能性が高いことがわかり，世界最古のコンピュータとも指摘されている。その時代は古代ギリシャからローマ時代に移行する時期で，科学技術や文明等が高度に発展すると同時に，法律が整備され始めた時期でもある。

　日本の不当利得規定のルーツは，ローマ法の影響を受けたドイツ民法に求められる。ローマ法の長い歴史の中で，不当利得は個別の対人訴権（コンディクティオ）として現れたが，とくに非債弁済の不当利得訴権が重要視された。ドイツ民法は，この「非債弁済の不当利得」をもとにしつつ，ローマ法で要求された「錯誤による弁済」という要件を外し，「法律上の原因のない利得」に広く適用可能な一般不当利得規定へと昇華させた。かくして日本民法もドイツ民法草案を参照し，統一的な不当利得規定を有することになった。科学技術や文化だけでなく法律も歴史の流れの中で見えてくるものがある。

▶▶2　従来の通説（衡平説）

　従来の通説は，不当利得の統一理念として，「形式的・一般的には正当視される財産的価値の移動が，実質的・相対的には正当視されない場合に，公平（衡平）の理念に従って矛盾の調整を試みること」が本質とみる。その意義は，「衡平の理念」から要件・効果も統一説明が可能で，民法規律の不十分な点を一般不当利得規定で補充しつつ，他制度で達成できない結論を衡平の視点から導けるため，不当利得は他制度の上位概念と位置づけうる点にあるという。

　その要件は，①他人の財産・労務による「利得」，②他人に生じた「損失」，③利得と損失の間の「因果関係」，④「法律上の原因欠如」と統一的に把握される（▷703条）。基本効果は，損失者から受益者への現存利益の限度内での不当利得返還請求権であるが（▷703条），受益者が悪意の場合は例外的に受益と利息の返還となり，損害賠償責任も負担する（▷704条）とされる。

▶▶3　類型的な考察（類型論）への移行

　以上に対して，近時の学説では不当利得の類型論が通説である。その骨子は，不当利得制度を「公平（衡平）」という抽象概念で統一化すべきではなく，不当利得の諸場面を類型化して捉えて，類型ごとに意義と要件・効果を考えるべきことにある。とりわけ財産法の背後にある財貨秩序という全体枠組みの中で「法律上の原因がないこと」という不当性の判断基準を分析的に捉えることで，具体的な判断枠組みを類型的に構築することを志向している点で共通する。

　類型化の方法・内容は分かれるが，3類型を抽出する立場が一般的である。その前提として，財産法を支える財貨秩序を観念し，①財貨移転法則（主に債

権法），②財貨帰属法則（主に物権法），③財貨負担帰属法則（主に事務管理法）に大別されるとみる。これらの法秩序（いわゆる表〔おもて〕の法体系）に違反した財貨の移動・帰属状態が生じた場合に，「財貨秩序違反」または「法律上の原因がない」と評価して，不当利得法が財貨の矛盾状態を解消するとされる（いわゆる補完の法体系）。そのため，財貨秩序との表裏の対比関係が重視され，不当利得も①給付利得（←移転法則），②侵害利得（←帰属法則），③支出利得（←負担帰属法則）として析出される。なお，③支出利得を費用利得と求償利得に細分化する見解が有力である。他方，これらの類型は二当事者間の関係を念頭におくため，多数当事者間の不当利得関係を別次元の枠組みとみることが一般的である。本書も類型論に従って説明を加える。

✕トピック27.1＿ 衡平説と類型論

　衡平説に対しては，おもに統一的把握の視点に疑問が呈された。「衡平」の趣旨といっても具体的な基準として機能せず，様々な場面の分析的な検討が必要となる。また衡平説は法の形式と実質の乖離（かいり）を前提とするが，これはドイツ独自の原則（物権行為の無因性）に由来するため，日本とは前提が異なる。さらに，不当利得と他の諸制度は同じ次元で評価されるべきとも批判された。そこで日本の学説では類型論が通説化している。

　もっとも，我妻衡平説も事案の類型化は否定しておらず，給付利得とそれ以外の2類型に分ける必要を意識していた。そうすると，両見解の根本的相違は，統一理念を重視するか，ひいては一般規定を維持すべきかにかかっていよう。類型論を推し進めて，すべての類型が表の体系に組み込まれるなら，不当利得制度は解体されるとまで指摘する急進的な見方も存在する。もっとも，類型論からも，新しい事案への受け皿として統一規定を維持すべきとの主張もある。不当利得規定を改正する将来像も見据えた議論展開が望まれる。

▶§2＿ 侵害利得

▶▶1　意義と適用場面

　侵害利得とは，ある人（損失者）の財産的利益が本来帰属すべきでない他人（受益者）に帰属し，その帰属が正当化されない場合に，受益者の利益保持が「法律上の原因なし」と評価されて，財貨帰属秩序の矛盾状態を解消するために不当利得の返還が認められる場面を指す。たとえば，他人が盗んだ物を気付かずに食べた場合（冒頭の【事例①】），他人の土地を無断使用した場合，受領権者らしき外観を有する者に弁済した場合などである。そもそも，社会の財貨秩序を

維持するには，私人の財産や利益は正当な権限者に帰属させるべきである。それなのに，受益者または第三者の行為や自然力等を介して正当な権限を有しない者に利益が帰属したなら，財貨帰属秩序の矛盾を解消する必要が生じる。そのために，不当利得の返還請求権（侵害利得）が用いられる。

　ところで，受益者が故意・過失で他人の財産的利益を侵害したときは，不法行為の損害賠償請求権（▷709条）が成立しうる。また，財貨の原物（現物）が受益者の下にあれば，損失者は物権的返還請求権を行使しうる。ただし動産の即時取得や取得時効が成立すれば，物権的請求権は行使できない。他方で，財貨から生じた使用利益や果実には，占有者の果実収取・返還関係の規律が適用される（▷189条・190条）。このように財貨の帰属関係にも各種の規律が存在するため，侵害利得は基本的にはそれらが適用されない場合に問題となる。そこで，侵害利得は物権法と不法行為法を補完する制度といわれる。類型論の視点では，表の法体系と整合的に侵害利得の枠組みを構築すべきことになる。

　侵害利得は，損失者の給付がない点で給付利得と区別され，無権限で他人の財貨帰属が侵害される点で損失者自ら費用を支出する支出利得と区別される。

▶▶2　侵害利得の要件

　類型論による要件は，(i)他人に受益が帰属すること，(ii)受益が損失者に割り当てられるべきこと，(iii)法律上の原因がないこととされる。冒頭の【事例①】ではBにメロンの価値が帰属するが，それは所有者Aに割り当てられるべきで，かつCによる盗難という法律上の原因のない場面なので，各要件を満たす。

　従来の衡平説と比較すると，要件(i)と(ii)を満たせば，従来の要件①「利得」，②「損失」，③「因果関係」を前提として満たしている。そこで，これらを独立の要件とする必要はない。要件(iii)は，従来の要件④「法律上の原因欠如」と同様だが，判断基準は異なるところがある。厳密には，要件(iii)に包摂される事情は，受益者が「受益に法律上の原因があること」を抗弁として主張・立証すべきとされる。たとえば，契約等による占有・利用権原の存在，即時取得や取得時効で所有者が所有権を喪失したこと（▷192条・162条）などである。

　財貨帰属法秩序における受益の帰属割当ては，対象となる権利の性質によって異なるとみられている。たとえば，所有権は所有者に排他的に帰属するため（▷206条），その侵害は侵害利得の対象となる。また，著作権等の知的財産権も基本的に権利者に排他的に割り当てられるため，その無断利用は侵害利得の範疇となる。ただし，実際には知的財産法によって不法行為上の処理に包摂され

る（▷特許法100条以下，▷著作権法112条以下など）。

▶▶3 侵害利得の効果

　侵害利得の効果は「原物返還」ではなく「価値賠償」とされる。原物返還は，表の法体系である物権的返還請求権によって達成される。侵害利得は，財貨の滅失・損傷によって物権的返還請求権を行使できないときに，原物に代わる価値賠償の達成手段となる。なお，知的財産権の侵害では原物を観念できないため，当初より侵害利得による価値賠償の問題となる。冒頭の【事例①】ではBがAのメロンを費消したため，Aは侵害利得としてBに価値賠償を求めうる。

　善意の受益者は現存利益の返還でたりる（▷703条）。一般に，善意の受益者が利得消滅を抗弁として主張すべきとみる。なお，現存利益がないように見えても，受益者が受益で他の必要な出費を賄った場合は，「出費の節約」とみて利得消滅の抗弁は認められない。これに対して，悪意の受益者は他人に財貨が帰属することを知っており，過分の保護を与える必要はなく，受益に利息を付して返還し，損害があれば賠償義務を負う（▷704条）。この損害賠償は不法行為責任の注意規定とされる（★最判平成21・11・9民集63巻9号1987頁）。

　価値賠償の範囲は，財貨秩序による帰属割当てに反して他者に帰属した財貨の客観的な価値相当額とされる。その算定基準時は，返還不能時など価値賠償義務の発生時とされる。他方で，火災保険金など原物の価値変形物も返還対象とみられる。判例は，原物を売却した代金相当額も価値変形物として不当利得の返還対象とみる（★最判平成19・3・8民集61巻2号479頁）。

　受益者が損失者に帰属する財貨を使用収益した場合は，「果実・使用利益」を損失者に返還しなければならない。ただし，果実収取・返還の特別規定が優先適用される。まず，善意占有者は占有物から生じる果実を取得できるが（▷189条），悪意占有者は果実を返還し，かつ，すでに消費等した果実の代価を償還する義務を負う（▷190条）。これらは使用利益にも類推適用される。

▶ §3__ 支出利得

▶▶1 支出利得の意義と適用領域

　支出利得とは，ある人（支出者・損失者）が財産・労務を自ら支出した結果として他人（受益者）に財産的利益が帰属し，その帰属が正当化されない場合に，

受益者の利益保持が「法律上の原因なし」と評価されて，財貨負担帰属秩序の矛盾を調整するために不当利得の返還が認められる場面を指す。この場合には，事務管理の費用償還を補完する形で支出利得の成立が問題になると指摘される。支出利得は，さらに「費用利得」と「求償利得」に細分化される。

　支出利得は，他人の財貨を増加させる目的で給付しない点で給付利得から区別され，無権限での侵害がない点で侵害利得から区別される。支出利得の特徴は，他人の権利領域への「利得の押付け」（干渉）が問題となることである。

▶▶2　費用利得

【1】　意義と適用場面

　費用利得とは，ある人（支出者・損失者）が自己の財産・労務（広義の費用）を他人（受益者）の財産に向けて支出した結果として受益者に財産的利益が帰属したが，その帰属が正当化されず，不当利得の返還が認められる場合である。たとえば，AがBの土地を自分で使用するために勝手に費用をかけて整備した場合や，AがBの土地を自分の土地だと思って費用をかけて整備した場合（冒頭【事例②】）である。かりにBの委託があれば委任の費用償還請求（▷650条），委託がなくても事務管理の要件を満たせば事務管理の費用償還請求（▷702条）によって，利害調整が図られる。費用利得は，委任や事務管理が成立しないときに，他人への費用の帰属が正当と評価されないことによって成立する。

　もっとも，委任・事務管理以外にも，費用償還規定が用意されている。占有者の果実収取・返還関係（▷189条・190条），占有者の費用償還関係（▷196条），また，留置権者の費用償還関係（▷299条），抵当不動産の第三取得者による費用償還関係（▷391条），などである。費用利得の適用は，これらの規定が存在しない場合とみられる。類型論の視点からは，これらの表の法体系との整合性を考慮したうえで費用利得の判断枠組みを構築すべきことになる。

【2】　費用利得の要件

　類型論による要件は，(i)他人の財産に自ら費用を支出したこと，(ii)委任や事務管理など，他に費用の支出関係が規律されていないこと，とされる。

　従来の要件と比較すると，要件(i)を満たせば，支出者に「損失」，他人に「利得」が生じ，その間に「因果関係」が認められる。そのため，従来の要件①②③を独立の要件とする必要はない。これに対して，要件(ii)の事情は，従来の要件④「法律上の原因欠如」を当類型に沿って具体化したとみうる。なお，私的自治の原則からすると，当事者の合意や法規定がない限り，人は他人の財産に

費用を支出する義務を負わないはずである。そのため，支出者が要件(i)を主張・立証すれば，受益者は「法律上の原因のない利益を保持している」と評価されるので，要件(ii)の各事情は受益者側の抗弁事由だと指摘される。

【3】　費用利得の効果

　支出者（損失者）は受益者に対し支出した費用（財産的価値）の返還を請求できる。原物返還は問題とならない。ここでの財産的価値は，基本的には支出した費用の客観的価値となるはずである。しかし，当事者間に委任も事務管理も存在しないのに常に客観的価値を請求できるなら，他人から財産上の自己決定権を奪う結果となりかねない。そこで「利得の押付け」を防止し，受益者を保護する必要が指摘される。類型論の視点では，表の法体系である諸種の費用償還規定との対比が重要となる。まず，(i)費用の発生パターンに応じて，①委託がある場合は必要費および利息（出捐額＋利息）と損害賠償（▷650条1項・3項），②委託がなく事務管理に該当する場合は有益費全額（出捐額）（▷702条1項），③本人の意思に反する場合は現存利益（▷同条3項）が範囲となる。他方，(ii)費用の種類に応じた占有者の費用償還パターンとして，必要費は出捐額全額（ただし果実を取得すれば償還不可），有益費は回復者（受益者）の選択によって出捐額または現存する増加額（現存利益）が範囲となる（▷196条1項・2項）。

　これらの両パターンは，いずれも「利得の押付け防止」が反映されている。そこで，(i)の③を踏まえて，本人の意思に反する事務管理と同様に，費用利得も「現存利益」の範囲内でのみ償還可能とみることもできる。もっとも，(ii)の占有者の費用償還を参照し，費用利得の返還範囲は有益費にかかる「出捐額または現存利益」の範囲内に限定されるとみる見解が有力である。

▶▶3　求償利得

【1】　意義と適用場面

　求償利得とは，ある人（弁済者・損失者）が自己の出捐（損失）で他人（債務者・受益者）の債務を弁済し，その債務者が免責（利益）を得たが，債務者の利益保持が「法律上の原因なし」と評価されて，弁済者が債務者に不当利得の返還を求める場合である。この場合に，債務者が第三者の費用で免責を得た点で財貨負担帰属法秩序に反する不当な利得と評価される。

　もっとも，民法の各所には，連帯債務（▷442条以下），保証（▷459条以下），物上保証（▷351条・372条），使用者責任（▷715条3項）等の各求償権規定がある。また第三者弁済では，委託があれば委任の費用償還（▷650条1項），委託がなけれ

ば事務管理の費用償還（▷702条）が求償権の根拠とされる。なお，正当な利益を有しない第三者は基本的に債務者の意思に反して弁済できず（▷474条2項），成立段階で利得の押付け防止が考慮されている。

　求償利得は求償規定のない場合に問題となるため，実際の適用場面は限定的である。冒頭の【事例③】では，正当な利益を有しない第三者Aは債務者Bの意思に反し弁済できないが，債権者CがBの反対の意思を知らなければ，例外的に第三者弁済が有効となる（▷474条2項ただし書）。ここで本人の意思に反する事務管理の費用償還（▷702条3項）が問題となり，不当利得（求償利得）の実質を有するとされる。また，委託がなく，かつ債務者の意思に反する保証人の求償権（▷462条2項）も，求償利得の実質を有する一例とされる。

【2】　求償利得の要件

　類型論による求償利得の要件は，(ⅰ)弁済者が他人の債務を弁済する意思をもって弁済すること，(ⅱ)他人の債務が有効に存在していること，(ⅲ)契約や他の法規定によって求償関係が規律されていないこと，とされる。

　従来の要件と比較すると，要件(ⅰ)と(ⅱ)を満たして「有効に存在する他人の債務」を「弁済者が弁済の意思で代位弁済」すれば，弁済者に「損失」，債務者に債務免責という「利得」が生じ，利得と損失の間に「因果関係」が認められる。そのため，従来の要件①②③をあえて要件化する必要はない。他方で，要件(ⅲ)は，従来の要件④「法律上の原因欠如」を当該類型に沿って具体化したとみうる。委任や事務管理など法律上の原因があれば求償利得は適用されない。なお，要件(ⅲ)の各事由は受益者の側の抗弁事由とみられる。

【3】　求償利得の効果

　弁済者は債務者に対して支出した弁済額（出捐額）の返還を請求できる。原物返還は問題とならず，価値賠償となる。ここでも「利得の押付け」を防止し，債務者を保護する必要がある。類型論の視点から，債務者の意思に反する無委託保証人の求償権（▷462条2項）および債務者の意思に反する事務管理の費用償還請求権（▷702条3項）と対比して，求償利得の範囲は債務者の善意・悪意を問わず「現存利益」とされる。他方，債権譲渡に関する民法468条1項を類推し，債務者は債権者への抗弁を弁済者に対抗できるとの指摘がある。

▶§4__ 給付利得

▶▶1　意義と適用場面

　給付利得とは，ある人の給付によって他人（受領者）に財産的利益が移転したが，それを基礎づける法律関係が欠如する場合に，受領者の利益保持が「法律上の原因なし」と評価されて，財貨移転秩序の矛盾状態を解消するために不当利得の返還が認められる場面を指す。社会の財貨秩序を維持するには，財貨の帰属関係に加えて，その移転関係も法的に正当化されなければならない。それなのに，給付が基礎的法律関係を欠いて正当な財貨移転と評価されない場合には，矛盾状態解消のために不当利得（給付利得）が用いられることになる。

　給付による財貨移転は，基本的には契約法理を中心とした債権法によってカバーされる。この規律によって財貨の移転が正当化される一方で，その移転を基礎づける法律関係を欠く場合が生じる。たとえば，公序良俗や錯誤・詐欺等による無効・取消し（▷90条・95条・96条ほか），契約解除（▷540条以下ほか），などである。さらに特定商取引法や消費者契約法等によって契約が取り消される場合もある（▷特定商取引法9条の3，▷消費者契約法4条ほか）。これら基礎的法律関係を欠く場合に正当化されない財産的利益の移転を否定し，受領者から給付者に損失を回復させる必要がある。なお，いわゆる表の法体系として給付利得の回復・清算の規律がおかれることがある。無効な法律行為や解除の清算関係（▷121条の2・545条），特定商取引法や消費者契約法の清算規定（▷特定商取引法9条の3第5項，▷消費者契約法6条の2）など多岐にわたり，給付利得の特則と解される。以上のように，給付利得は債権法規律を補完するとみられ，財貨移転に関する表の法体系と整合的な判断基準の構築が重要である。

▶▶2　給付利得の要件

　類型論による要件は，(i)給付者が受領者に給付をしたこと，(ii)その給付に法律上の原因がないこととされる。冒頭の【事例④】では，Aが売買代金をBに給付したが，詐欺取消しによって法律上の原因を欠くため，各要件を満たす。

　従来の要件と比較すると，要件(i)の「給付」によって給付者から受領者に財産的利益が移転するため，従来の要件①利得と②損失が給付行為を介して生じた（③因果関係）といえる。そこで，これらを独立の要件とみる必要はない。要

件(ii)は，従来の要件④と同様である。給付利得では，基礎的な法律関係が欠けてはじめて財産的利益の移動が不当と判断されるため，要件(i)だけでなく，要件(ii)も給付者に主張・立証責任があるとみられる。他の類型では「法律上の原因」にかかる事由が受益者の抗弁事由とされるのとは異なっている。

▶▶3　給付利得の効果

　要件を満たせば，給付者から受領者に対し給付物・財産的価値の返還請求が可能となる。給付利得では，受領者の善意・悪意を問わず，①原物返還が原則であり，②原物返還が不能なときに財産的価値の賠償とされる。

　これは特別規定でも同様であり，無効な法律行為や解除の場面で，受領者（各当事者）は原状回復義務を負うと規定され（▷121条の2・545条），原物返還が原則とみられる。なお，後者では解除の直接効果説（判例・従来の通説）の立場が前提となる。これに対して上記②の価値賠償の場合には，給付物に代わる客観的価値の返還が基本となる。その算定基準時は，原物の滅失といった返還不能時など，価値賠償義務の発生時とみられる。なお，火災保険金等の価値変形物についても返還請求が可能とされる。

　他方で，双務契約の解除では，双方の返還債務の牽連性を考慮し，同時履行の抗弁権（▷533条）が準用される（▷546条）。無効や取消しの場合にも，同時履行の規定を類推適用すべきとの見方が有力である。ただし，詐欺・強迫では詐欺者等への制裁の意味で同時履行の抗弁を否定する見解もある。

　以上の規律は基本的に双務契約の場面を念頭におくため，双務的な給付返還の均衡性を考慮して「現存利益への縮減」は否定される。これに対して，無償行為等の一方的給付の場合や当事者間に格差のある場合などでは，善意の給付受領者を保護する観点から返還範囲が現存利益に縮減される（利得消滅の抗弁）。たとえば，無効な無償行為における給付受領者は，善意ならば現存利益の限度で返還義務を負う（▷121条の2第2項）。また，意思無能力者や制限行為能力者の返還義務も現存利益の範囲に限られる（▷同条3項）。特定商取引法でも，給付受領者が善意なら現存利益に限られる（▷特定商取引法9条の3第5項）。消費者契約法にも同様の規定がある（▷消費者契約法6条の2）。

　果実や使用利益については，善意占有者の果実収取・悪意占有者の果実返還の規律（▷189条・190条）が給付利得にも適用可能との見解がある。しかし類型論からは，物権関係の規律ではなく，給付利得に即した規律を適用すべきと指摘される。そこで，売買契約での果実の帰属・代金の利息支払いの規律（▷575条）

を類推適用し，双方の返還請求権が消滅するとの見方がある。もっとも，返還時には価値の均衡性が崩れがちであるため同条の類推適用を否定し，個別に客観的価値の返還を請求できるとの見方もある。

▶ §5__ 不当利得 (給付利得) の特則

民法は，おもに給付利得の場面を想定した特別規定を有する。これらは不当利得の返還制限や当事者間の利害調整が規律の内容となる。

▶▶1 存在しない債務の弁済 (非債弁済)

ある人が債務を弁済（給付）したが，実際には債務が存在せず基礎的法律関係を欠くときは，給付者は受領者に対し給付利得の返還を請求できる。ただし，給付者が弁済時に債務の不存在を知っていれば，「禁反言の原則」の趣旨にかんがみて，そのような給付者は給付物の返還を請求できない（▷705条）。

要件として，給付者が，①弁済のために給付したこと，②弁済時点での債務の不存在（基礎的法律関係の欠如）を主張・立証すれば，給付利得が成立する。弁済には任意性が求められるため，強迫や強制執行の場合は要件①を満たさないとみられる。これに対して，受領者が，民法705条によって給付利得の返還を拒むには，③債務不存在に関する給付者の悪意を主張・立証すべきとされる（抗弁事由）。なお，給付者が悪意でなく過失で債務の不存在を知らない場合には本条は適用されない（★大判昭和16・4・19新聞4707号11頁）。他方，弁済せざるをえない客観的事情が給付者に存する場合にも本条は適用されず，不当利得の返還が可能である（★最判昭和40・12・21民集19巻9号2221頁）。

▶▶2 期限前の弁済

債務者が期限前に債務を弁済（給付）したときは，債務自体は存在し基礎的法律関係があるため，債務者は給付物の返還を請求できない（▷706条本文）。なお，債務者が期限未到来を知って弁済すれば期限の利益の放棄（▷136条2項）とみうるので，民法706条の適用は期限未到来を知らない場合とされる。

本条本文の要件は，債務者が，①弁済期限前に，②期限前と知らずに，③債務を弁済したことである。いずれも債務者に主張・立証責任があるとみられる。ただし，②は債権者に主張・立証責任があるとみる見解もある。

これに対して，債務者が弁済期が到来したとの錯誤によって期限前に弁済したときは，債権者は弁済から得た利益を債務者に返還しなければならない（▷706条ただし書）。たとえば，利息など元本の運用益があげられる。

保証人や第三者の期限前弁済にも本条の類推適用が可能とされる。ただし債務者の期限の利益を害するのは不当なため，債務者の承諾がなければ求償権を行使できないとみられる（★大判大正3・6・15民録20輯476頁）。

▶▶3　他人の債務の弁済

債務者以外の第三者も債務の弁済が可能であり（▷474条），要件を満たせば債務が消滅する。その結果，弁済者に求償権が発生し，その確保のために弁済者代位制度が規定される（▷499条以下）。ここでの求償権の根拠は，内部関係に応じて委任・事務管理の費用償還請求権または求償利得が指摘される。

これに対して，第三者弁済が錯誤で取り消されれば（▷95条・121条），給付の基礎的法律関係を欠くため，弁済者から債権者に対する給付利得返還の問題となる。たとえば，自己の犬がBを噛んだと勘違いしたAがBに損害を賠償したが，実際にBを噛んだのはCの犬だった場合，AはBに給付利得の返還を請求できる。もっとも，BがAの錯誤を知らずに有効な弁済だと信じれば，債権の証書を滅失・損傷させ，担保を放棄し，または債権が消滅時効にかかるかもしれない。そこで善意の債権者を保護するため，弁済者はこれらの事情があれば返還を請求できない（▷707条1項）。本条は保証にも類推適用されうる。

本条1項の要件は，①他人の債務を自己の債務と誤信し弁済したこと，②債権者の善意，③証書の滅失・損傷，担保の放棄または時効消滅である。弁済者が①を主張・立証し給付利得の返還を請求することに対し，債権者が②と③を主張・立証し返還を拒むことになる。なお，本条1項で給付利得が否定されると，債権者が給付を保持し，債務者は債務を免れる一方で，弁済者は他人の債務を弁済したことになる。この弁済者を保護するため，弁済者から債務者への求償権が認められる（▷707条2項）。その法的性質は求償利得とされる。

▶▶4　不法原因給付

【1】　意義・制度趣旨

たとえば，賭博などの契約は公序良俗に反し無効なため（▷90条），金銭等を給付すれば，給付者は受領者に給付利得の返還を請求できそうである。しかし，給付者に悪質な不法原因があれば不当利得の返還を制限する必要が生じる。な

ぜなら，給付者が不当利得返還訴訟を提起した場合に，正義衡平を旨とする裁判所が不法な者の返還請求に手を貸す結果となるからである。そこで，民法は「不法な原因のために給付をした者は，その給付したものの返還を請求することができない」と規定し（▷708条本文），給付利得の返還を否定した。英米法上の「クリーンハンズの原則」と共通するとみられる。

　以上に対して，受領者が常習的に賭博を開帳するなど「不法原因が受益者についてのみ存したとき」には給付利得の返還が認められる（▷同条ただし書）。

　なお，本条を一律に排除する事前の給付返還合意は無効だが，給付物の受領後なら，受領者の任意返還の意思が明確で裁判所の助力も不要なため，給付返還合意も有効とされる（★最判昭和28・1・22民集7巻1号56頁など）。

【2】　要件

　要件は，①不法な原因にもとづいて，②給付をしたことである。まず前提として，給付者が受領者に対して給付利得の返還を請求する。これに対し，受領者が要件①と②を主張・立証して返還を拒絶する。さらに再抗弁として，給付者が③不法原因が受領者にのみ存したこと（または，受領者の不法性が大きいこと）を主張・立証して給付の返還を求めることになる。

【3】　不法な原因にもとづく給付

　「不法原因」には，不法な事項が給付の目的・由縁となっている場合も含む。また「不法」とは，単に公序良俗に反するだけでなく，反社会性の強い場面に限定される（★最判昭和35・9・16民集14巻11号2209頁ほか）。なぜなら，本条によって給付物が受領者に帰属すれば，本来は無効な契約が有効かのような法状況が出現するため，不法性判断も強い効果が生じてもやむをえない場面に限定すべきだからである。他方，本条の「給付」は給付者の意思にもとづく必要がある。また，受領者が終局的に利益を享受しない場合は本条の給付といえない。

【4】　給付物の返還が認められる場合

　民法708条ただし書は，不法原因が受益者（受領者）にのみ存在する場合を予定する。しかし判例は，給付者の不法性が受領者と比べて甚だ微弱であれば，ただし書の適用が可能とみる（★最判昭和29・8・31民集8巻8号1557頁）。さらに，両者の不法性を比較衡量し，受益者の不法性の度合いが給付者よりも強ければ，本条ただし書を適用してよいとの見解もある。

【5】　他の請求権との関係

　受領者の下に給付物が現存する場合は，給付利得の返還請求権と物権的返還請求権の競合を認めることが一般的である。そして判例・通説は，民法708条

本文によって給付利得返還が否定される場合には，その反射的効果として所有権は受領者に移転することを理由とし，物権的返還請求権も行使できないという（★最大判昭和45・10・21民集24巻11号1560頁）。

　他方で，給付利得の返還請求権と不法行為の損害賠償請求権との競合も考えられる。不法行為の損害賠償には給付物の経済的価値の賠償も含まれることから，民法708条の趣旨を没却させないために，不法行為にも同条を類推適用すべきとの見解が有力である。しかし，不法行為と不当利得では規範目的や基準が異なるため，不法行為に一律に類推適用すべきではなく，事案ごとの違法性判断に際して同条の趣旨を参考とするにとどめ，具体的には過失相殺の規定（▷722条 2 項）で調整すべきとの見解もある。

❖Lec **28** 多数当事者間の不当利得 ··············

> **▸§1** 総 説──多数当事者間の不当利得とは

❖**Lec27**では，おもに類型論の視点から基本的な二当事者間の不当利得について解説した。これに対し多数当事者間の不当利得類型は，事案が多面的で複雑な考慮要素を含むため，とりわけ難解とされる。この類型でも共通基準の構築を模索する動きもあるが，二当事者間以外の類型として，いわば別次元の枠組みと捉えたうえで，歴史的経緯や判例分析などをもとに，特徴的な事案を個別に検討する流れが一般的である。実際に，これまでにみてきた各類型の内部関係または各類型の複合形態，さらに類型を超えた応用問題として現れる。そこで，類型論からの基本的な視座，つまり表の法体系との対比関係と整合性を重視し，多数当事者関係を各類型内外で分析し，事案ごとの解釈を精緻化させることが重要である。

　本節では，従来から議論されてきた事案類型としての多数当事者関係について，類型論の視点を加味しながら個別に説明を加えたい。

⚔トピック28.1 多数当事者間の不当利得に対する基本的な分析の視点

　多数当事者の類型に統一的な判断基準を見出すことは困難な学説状況とみうる。もっとも，三者間の不当利得関係を念頭に事案を単純化しつつ，基本的な分析視点の提供を試みる点には一定の共通理解もみられる。たとえば，給付者（損失者）をA，利得者をB，給付受領者をCとしたときに，これら三者間の関係をそれぞれ個別に把握しながら「法律上の原因の有無」を検討する分析手法を用いるものである。なお，第三者のためにする契約の場面を参照し，AとBの関係を「補償関係」，BとCの関係を「対価関係」，AとCの関係を「給付・出捐関係」と称することがある。名称はともあれ，多数当事者間の関係を分析的に把握する視点に立ちつつ，おもに類型論の立場から，いわゆる表の法体系としての規律との対比と整合性に重点をおいて，不当利得の当事者関係を考察する見方が近時は主流とみうる。ただし，このような分析視点から当該類型に統一的な判断基準が付与されるわけではなく，やはり個別の事案類型ごとの検討が重要となる。

▶ §2 他人の債務履行・債権受領の事例

　債務者以外の第三者による弁済と債権者以外の第三者への弁済は常に多数当事者が関与する。基本的には給付利得の領域とされつつ、侵害利得や求償利得もあわせて問題となるため（→❖Lec27参照）、横断的な整理が必要となる。

▶▶1　他人の債務の履行（第三者による弁済）

　債務者以外の第三者も弁済が可能であり（▷474条）、第三者弁済の要件を満たせば債務は消滅し（▷473条）、その後は求償・代位の規律に服することになる（▷499条以下）。保証人等も広義の第三者に含まれる。

　これに対して、弁済（給付）による財貨移動が正当化されない場合に、その規律を背面から補完する法体系が給付利得である。たとえば、第三者が他人の債務を弁済する意図で給付したが、公序良俗違反、錯誤や詐欺等によって給付が無効・取消しとなれば（▷90条・95条・96条ほか）、給付行為の基礎となる法律関係を欠くことから、財貨移転秩序を補完する給付利得の問題領域となる（→❖Lec27▶§4）。そして、給付利得の特則の適用も問題となる（→❖Lec27▶§5）。たとえば、第三者が他人の債務を自己の債務と誤信して弁済した場合には、非債弁済の一場面として給付利得の返還が問題となり、弁済者が弁済時に債務の不存在を知っていれば、給付利得の返還が制限される（▷705条）。他方で、第三者弁済が錯誤取消しによって無効となった場合でも、債権者が善意で債権証書を滅失等したときは、給付利得の返還が制限される（▷707条1項）。

　以上に対して、表の法体系である求償・代位の固有の規律を欠く場合に背面から補完するのが求償利得である（→❖Lec27▶§3）。第三者弁済が有効であれば、債務者には債務の免責（利得）、第三者には支出（損失）が生じることから、財貨負担帰属秩序の矛盾を調整するために求償利得の問題領域となる。

▶▶2　他人の債権の受領（第三者への弁済）

　債務者が債権者（受領権者）以外の第三者に弁済しても、原則無効であり、債権は消滅しない。そこで債務者から無権限の受領者に対する給付利得が成立する。ただし債務者が、取引上の社会通念に照らして受領権者としての外観を有する無権限者に対して善意・無過失で弁済したときは、例外的に弁済は有効と

なる（▷478条）。この場合，受領者への弁済金の帰属は真の債権者との関係で正当化されず，債権者から無権限受領者に対する侵害利得が成立する。

　上記原則のように第三者への弁済が無効なら，債務者から受領者への給付利得が成立する一方で，真の債権者は従来通り債務者に対して履行を請求できる。もっとも，債務者が受領者から弁済金を取り戻して，改めて債権者に弁済することは手間がかかる。そこで，真の債権者から無権限の受領者への侵害利得の成否が問題となる。たしかに，受領者は債務者に不当利得返還債務を負うため「損失」がないとの見解も成り立ちうる。しかし最高裁は，無権限者への弁済の有効性が債務者の善意・無過失に依拠するところ，真の債権者に自己の関与しない債務者の事情によって利得の有無を判断させるべきではないなどとして，受領者が自己に「損失がない」と主張することは信義則に反すると判示し（★最判平成16・10・26判時1881号64頁），不当利得の成立を認めた。他方，真の債権者は，無権限受領者への弁済を追認し効力を確定させたうえで，受領者に不当利得返還（侵害利得）を請求しうるとの見解がある。もしこれを認めるなら，二重取りを避けるために，真の債権者が受領者から弁済金の返還を受けた場合は，真の債権者から債務者に対する債権を消滅させるべきと指摘される。

　他方で，債権譲渡の場面でも同種の問題が生じる。たとえば，債務者が債権者に弁済したが，すでに第三者（譲受人）に債権が譲渡されていたらどうか。譲受人が債権譲渡の対抗要件を備えていれば旧債権者への弁済は有効とならず（▷467条1項），債務者から旧債権者に対する給付利得が成立する。これに対して，譲受人が対抗要件を備えていなければ，債務者に対し債権者であることを対抗できない。ただし，旧債権者から譲受人への債権譲渡自体は有効なので，旧債権者の受領した弁済金は新債権者（譲受人）に帰属すべきである。そこで，譲受人から旧債権者への侵害利得が成立するとみられている。

▶ § 3＿　振込取引と誤振込の事例

▶▶1　振込取引（指図；さしず）

　指図とは，ある人（指図者）が他人（被指図者）に対して，指図者の計算で第三者（受取人）に金銭等を給付させる権限を与える行為とされる。三者間の決済が簡便になるメリットがある。金融機関への振込依頼も指図取引の一種と考えられ，多数当事者間の取引関係を前提とする簡便な決済制度といえる。

金融機関の振込取引では，振込依頼者と振込受領者に加えて，同一金融機関内の振込なら三者間，他金融機関への振込なら四者間の関係が前提となる。基本的には各当事者間の給付関係が基調となり，問題の解決は給付利得に依拠するとみられる。たとえば，三者関係を念頭に，依頼者Gが金融機関Mに受領者Sの口座への振込を依頼した場合には，基礎となる法律関係は，①G・M間の振込委託関係，②G・S間の振込原因関係，③M・S間の預金取引関係に分析される。そして，基本的には①と②の関係での給付（利得移動）が中心となり，その移動に法律上の原因がなければ給付利得の問題と位置づけられる。なお，①と②の関係に法律上の原因が欠ける場合でも，③M・S間の預金取引関係には影響を与えないとみられている。

▶▶2　誤振込の事例

　それでは，判例に現れた誤振込の事例を対象として不当利得の関係をみてみたい。たとえば，振込依頼者Gが，自身の口座のある金融機関M1（仕向（しむけ）銀行）に対して，他の金融機関M2（被仕向銀行）に口座のある受領者Aへの振込を依頼したつもりだったが，GのミスでAではなくSの口座に入金記帳されたとする。この場合，Gは誰に対していかなる返還請求ができるか。

　その前提として，SがM2銀行の口座から誤振込金を引き出せるかが問題となる。Gは錯誤によってM2・S間の預金契約を取り消しうるとして，Sは誤振込金を引き出せないとみる見解もある。しかし判例は，振込手続が安全・安価・迅速な決済手段であることを重視して，GとSの間に振込原因が存在するか否かにかかわらず，Sと被仕向銀行M2間の預金契約にもとづいてSの預金債権が成立すると判断した（★最判平成8・4・26民集50巻5号1267頁）。SはM2銀行から誤振込金を引き出せることになる。もっとも最高裁は，犯罪を構成するような特段の事情がある場合で，受領者Sが悪意のときは，Sによる誤振込金の払戻請求権を制限する意図を有するとみられる（★最決平成15・3・12刑集57巻3号322頁。★最判平成20・10・10民集62巻9号2361頁も参照）。

　次に，Sが原則としてM2から誤振込金を払い戻せるとみるならば，GからSへの不当利得の成否が問題となる。上記判例（★前掲最判平成8・4・26）は，GからSに対して振込金額と同額の不当利得返還請求権が成立する可能性を示した。なお，その結果として，GのSへの不当利得返還請求権が一般債権者BのSへの債権と競合することになる。同判例は，Sの債権者BがSのM2への預金債権を差し押さえたときに，Gは第三者異議の訴え（▷民執38条）によってBの強制執行

を排除することはできないと判示した。

　他方で，GからM2への不当利得も問題となる。下級審だが，被仕向銀行M2が誤振込について悪意の場合に，受領者Sが誤振込の事実を認めて預金の返還を承諾していたときは，M2のSへの貸付債権とSの預金債権との相殺を無効と判断して，GからM2への不当利得返還請求権を肯定した判決がある（★名古屋高判平成17・3・17金判1214号19頁ほか）。このように，受領者Sが利益を得ておらず，そのため被仕向銀行M2が振込金相当額の利益を得たと評価できる場合には，GからM2への不当利得返還請求を認める余地がある。

▶ §4＿ 騙取金等による弁済の事例

▶▶1　事例と問題点

　金銭を騙取や盗取された損失者が，金銭の直接の受領者への不当利得の返還請求では満足を得られないときに，その受領者からさらに金銭を受領した者も受益者とみて不当利得の返還を請求する事例である。たとえば債務者Mが，知人Gを騙して得た金銭を用いて，自己の債権者Sへの10万円の債務を弁済した場合に，GはSに対して不当利得の返還を請求できるか。

　まず，G・M間での金銭の移動・帰属の事情に応じて，GはMに対して給付利得または侵害利得を主張できる。もっとも，騙取者Mからは，実際に金銭を回収できない危険性が高い。そのためGが，Mを介して金銭を得たSから損失分を取り戻したいと考えてもおかしくはない。しかし，Gは騙取等で占有を失ったときに金銭の所有権を失うため，GはSに物権的返還請求権を行使できない。そこで，判例・学説ではGがSに不当利得の返還を請求できないかが問題とされた。次に説明するように，不当利得説が一般的とみうるが，学説のなかには不当利得以外の返還方法も提案されている。

▶▶2　不当利得説

【1】　衡平説からの帰結（判例）

　当初の判例は，Sの受益とGの損失の間に「直接の因果関係」がないとして，不当利得を否定した（★大判大正8・10・20民録25巻1890頁など）。しかし現在の判例は，「社会通念上の因果関係」でたりるとの前提に立って，本事例では「社会通念上Gの金銭でSの利益をはかったと認められるだけの連結がある」とし

た。そのうえで，債権者Sが債務者Mの騙取金での弁済について悪意または重
過失である場合には，被騙取者Gとの関係で「法律上の原因がなくなる」と判
示した（★最判昭和49・9・26民集28巻6号1243頁）。この判例は，衡平説に依拠し，
①利得，②損失，③因果関係，④法律上の原因欠如を要件とする。そして③
因果関係の判断基準を上記の通り緩和してSを不当利得の対象に取り込みつつ，
受益者Sの「悪意・重過失」を衡平に反する事情として要件④「法律上の原因
欠如」に位置づけて判断を下したとみうる。

【2】 類型論からの分析視点

　類型論の立場では，多数当事者（とりわけ中間者M）が関与する侵害利得の応
用事例と捉えられる。侵害利得の要件は，①他人への受益の帰属，②受益の損
失者への割当て，③法律上の原因欠如である（→❖Lec**27**▶§**2**）。本事例では金
銭的価値の帰属割当てを法的にどう評価するかが課題となる。その際，動産の
即時取得と同様の枠組みで捉えつつ，金銭の高度流通性と弁済手段の便宜性を
勘案し，占有者への金銭の帰属要件を「善意・無重過失」とみる。つまりSが
悪意・重過失ならGに金銭の帰属が留まるが，Sが善意・無重過失ならSへの帰
属が正当化され，反射的にGは金銭の帰属根拠を失う。結論自体は判例と同様
だが，法的な根拠の捉え方と判断基準が異なり，類型論の分析視点の方が衡平説
よりも基準として明確化・精緻化されるといえよう。

▶▶3　不当利得以外の根拠を示す見解

【1】 物権的価値返還請求権説

　学説には，物の所有権にもとづく物権的返還請求権と同じく，金銭の所有権
にもとづく物権的価値返還請求権を認める見解がある。民法では，金銭は占有
と所有が一致するため，占有を失ったGは「金銭」について物権的返還請求権
を行使できない。しかし，金銭を「物」と「価値」に分解し，金銭「価値」の
所有権概念を基に物権的価値返還請求権（価値のレイ・ヴィンディカティオ）の導
入を主張する。なお，金銭の高度流通性と流通手段の便宜性から善意・無重
過失の第三者への価値返還請求を否定する。本事例のGは，悪意・重過失の価
値占有者Sに金銭価値の物権的返還請求権を行使できる（判例と結論は同じとなる）。
なお，この請求と並行して不当利得を認めるかは賛否が分かれる。

【2】 詐害行為取消権説

　他方で，そもそも当該事例で不当利得は成立しないとみる見解がある。債権
者Sは自己の債権にもとづいて債務者Mから金銭を受領したにすぎず，Mに十

分な弁済資力があれば，Sが騙取金について悪意でもSの責任と評価すべきではない。そのため，Sの受益には法律上の原因が存在し，不当利得は成立しないとみる。これを前提としつつ，GのMに対する不当利得債権または不法行為の損害賠償債権を保全するために，債務者Mの債権者Sへの弁済を詐害行為として取り消せるかが問題だと位置づける。そこで，債務者Mの無資力，Mの詐害の意思と受益者Sの悪意など詐害行為取消権の要件を満たせば，弁済行為の取消しを裁判所に請求し，金銭の償還を求めうるとみる（▷424条以下）。

✕トピック28.2__ 騙取金等による第三者の弁済

たとえば父M2が，知人Gから騙取した金銭を用いて，子M1が債権者Sから借りた金銭について第三者弁済を行った場合はどうか。これは関係者が4名となる応用事例であり，主にGからSに対する不当利得と，Gから債務者M1に対する不当利得の成否が問題となりうる。

損失者Gから債権者Sに対する不当利得では，基本的には三者間と同じ基準に依拠しうる。たとえば，不当利得の衡平説では，四者関係を社会通念上の因果関係の範囲内と捉えられるならば，Sが悪意・重過失の場合には「法律上の原因欠如」の要件を満たしうる。類型論からも，三者間と同じく即時取得に準じつつ，金銭の高度流通性などを考慮して，Sが悪意・重過失なら金銭の帰属はGに留まるが，Sが善意・無重過失ならSへの帰属が正当化され，反射的にGは金銭の帰属根拠を失うとみることになる。

他方で，GからM1に対する不当利得では，M2の第三者弁済によってM1はSへの債務を免れるが，M1はM2に対し求償債務および弁済者代位による原債務を負うため，M1に利得は生じておらず，不当利得は成立しないとの指摘がある。これを受けて，Gは直接の受領者M2への不当利得返還請求権等の代償として，M2のM1に対する求償権・原債権を行使できるとの見解や，GはM2への不当利得返還請求権等の保全のために，M2からM1への求償権・原債権について債権者代位権を行使できるとの見解がある。

▸§5__ 転用物訴権の事例

▸▸1 事例と問題点

転用物訴権とは，契約の一方当事者の給付が相手方だけでなく契約外の第三者にも利益を与えている場合に，給付者（損失者）が第三者に対して不当利得の返還を請求する事例である。たとえば，MがSから借りた物（甲）を修理業者Gに修理をしてもらって返却を受けたのちに，Mが甲をSに返還した場合に，Gの修理（給付）が修理契約外の所有者Sの利益でもあるとみて，GはSに対して修理代金相当額を不当利得として返還請求できるかが問題となる。

そもそもGは，G・M間の修理契約によってMに修理代金を請求できる。もっとも，Mが無資力なら，GはMから金銭を回収できない可能性が高い。甲の修理代金に関する先取特権（▷320条・326条・327条）も債務者以外の他人Sの所有物には及ばない。そこでGの立場では，修理で価値の高まった甲の所有者Sから代金回収不能の損失分を取り戻したいと考えてもおかしくはない。

▶▶2 不当利得の限定肯定説（判例）

かつて，ブルドーザー甲の賃借人Mが請負人Gに修理を依頼し，修理・返却後に賃貸人（所有者）Sに甲を返還したが，Mが倒産しGへの修理費が未払いとなった事案で不当利得が問題となった。旧判例は，Gの財産・労務による損失とSの利得に「直接の因果関係」を認めつつ，Sの利得はG・M間契約の代金支払いに由来するため不当利得は原則否定されるが，Mが無資力で代金債権の全部か一部が無価値となれば，その限度でSの利得がGの財産・労務に由来するとして，不当利得を認めた（★最判昭和45・7・16民集24巻7号909頁）。これに対し，Mが無資力なら常にSへの不当利得が認められるのは妥当でないと批判された。

その後，判例は実質的に新たな立場を示した（★最判平成7・9・19民集49巻8号2805頁）。この判例では，同種の事案で，S・M間の甲建物の賃貸借契約に，Mが権利金を支払わない代わりに甲建物の修繕工事はすべてMが負担する旨の特約が付されていた。最高裁は，Mの無資力によって請負人Gの修繕代金債権の全部か一部が無価値になった場合に，甲の所有者Sが法律上の原因なく修繕工事相当額の利益を得たといえるのは，S・M間の契約を全体としてみて，Sが対価関係なく利益を得たときに限られると判断した。そのうえで，S・M間の契約でSが何らかの形で当該利益に相応する出捐ないし負担をしたときは，Sの受益は法律上の原因にもとづくというべきで，GがSに不当利得返還を請求できるなら，Sに二重負担を強いる結果となると判示した。

この判例は，衡平説に依拠し，①利得，②損失，③因果関係，④法律上の原因欠如を要件としたうえ，要件③を「社会通念上の因果関係」へと緩和する判断を前提に（★前掲最判昭和49・9・26参照），本事案を不当利得の対象に取り込んだとみうる。そのうえで，Mの無資力によってGに債権回収不能のリスクがあり，Sが対価関係なくGの財産・労務から利益を得たことが衡平に反する事情とみて，要件④「法律上の原因欠如」に位置づけて不当利得の成否を判断したとみうる。その結果，S・M間の利益の移動が有償か無償かで区別し，無償の場合に限って不当利得（転用物訴権）を肯定している。

▶▶3 不当利得否定説 (多数説)

　学説上は，転用物訴権としての不当利得を全面的に否定する見解が多数とみられる。否定説は，Gの修理代金等の請求は契約の相手方Mに向けられるべきで，契約外のSへと転嫁されるべきではないという。また，G・M間の契約とM・S間の契約（無償を含む）がいずれも有効なら，Sの利得には「法律上の原因」に欠けるところはないとみる。また，Mが無資力の場合にGからSへの直接の不当利得返還を認めるなら，Mの一般債権者にすぎないGに他の一般債権者より優先する地位を認めるに等しく，債権者平等の原則に反するという。

　さらに否定説から，他人物への留置権の肯定説を前提としつつ，修理代金につき留置権（▷295条）を行使しなかったGが救済されなくてもやむを得ないとの指摘がある。他方，G・S間に甲修理の委任・事務管理関係があり，Mには自己の修理代金債務につきSへの代弁済請求権があるとみて（▷650条2項・702条2項），Mが無資力ならGは修理代金債権を保全するためMのSへの代弁済請求権につき債権者代位権（▷423条）を行使できるとの見解がある。

　このように学説も分かれており，類型論の立場から明確な答えが出ているわけでもない。ただ，少なくとも表の法体系との整合性を重視すべきことが意識され，法律上の原因に応じて不当利得を制限もしくは否定するか，または担保法や債権保全法の秩序に沿って処理される事例とみる方向が優勢といえよう。

▶さらなる学習のための文献案内

❶ テキスト【1】──契約法，法定債権関係のもの

▶潮見佳男著
　　『債権各論Ⅰ契約法・事務管理・不当利得〔第4版〕』（新世社，2022年）
　　『債権各論Ⅱ不法行為法〔第4版〕』（新世社，2021年）
▶中田裕康著
　　『契約法　新版』（有斐閣，2021年）
▶根本尚徳・林誠司・若林三奈
　　『日評ベーシック・シリーズ　事務管理・不当利得・不法行為』（日本評論社，2021年）
▶野澤正充著
　　『契約法〔第3版〕』（日本評論社，2020年）
　　『事務管理・不当利得・不法行為〔第3版〕』（日本評論社，2020年）
▶橋本佳幸・大久保邦彦・小池泰
　　『LEGAL QUEST　民法Ⅴ　事務管理・不当利得・不法行為〔第2版〕』（有斐閣，2020年）
▶山本敬三監修
　　『有斐閣ストゥディア　民法5　契約』（有斐閣，2022年）
　　『有斐閣ストゥディア　民法6　事務管理・不当利得・不法行為』（有斐閣，2022年）

❷ テキスト【2】──不法行為のみ

▶吉村良一著
　　『不法行為法〔第6版〕』（有斐閣，2022年）
▶窪田充見・大塚直・手嶋豊編著
　　『事件類型別不法行為法』（弘文堂，2021年）

❸ 判例解説集

▶窪田充見・森田宏樹編
　　『民法判例百選Ⅱ債権〔第9版〕』（有斐閣，2023年）
▶松本恒雄・潮見佳男・松井和彦編
　　『判例プラクティス民法Ⅱ債権〔第2版〕』（信山社，2022年）

❹ 学習用注釈書

▶我妻栄・有泉亨・清水誠・田山輝明著
　　『我妻・有泉コンメンタール民法〔第8版〕総則・物権・債権』（日本評論社，2022年）
▶松岡久和・中田邦博編
　　『新・コンメンタール民法（財産法）〔第2版〕』（日本評論社，2020年）

▶大村敦志・道垣内弘人・山本敬三編集代表

　　『新注釈民法（14）債権（7）623条〜696条　雇用・請負・委任・寄託・組合・終身定期金・和解』（有斐閣，2018年）

▶大村敦志・道垣内弘人・山本敬三編集代表

　　『新注釈民法（15）債権（8）697条〜711条　事務管理・不当利得・不法行為』（有斐閣，2017年）

▶大村敦志・道垣内弘人・山本敬三編集代表

　　『新注釈民法（16）債権（9）712条〜724条の2　不法行為』（有斐閣，2022年）

❺＿　学習用資料集

▶池田真朗編著『民法Visual Materials〔第3版〕』（有斐閣，2021年）

下級裁判所判例

❖事項索引

コンシェルジュ民法4

債権法II ［契約各論・不法行為等］

2024 年 4 月 20 日　初版第 1 刷発行

監 修 者	つばき とし お まつ もと つね お 椿 寿 夫・松 本 恒 雄	
著 者	わ だ しんいち いしばしひでき すぎもとたかひさ 和田真一・石橋秀起・杉本好央 わたなべ つとむ ののむらかずよし 渡邊 力・野々村和喜	

発 行 所　　　　㈱北大路書房

〒603-8303　京都市北区紫野十二坊町12-8
電話代表　　（075）431-0361
Ｆ Ａ Ｘ　　（075）431-9393
振替口座　　01050-4-2083

ⓒ 2024
編集・製作／秋山　泰（出版工房ひうち：燧）
組版／華洲屋（kazu-ya）
装丁／上瀬奈緒子（綴水社）
印刷・製本／亜細亜印刷（株）
落丁・乱丁本はお取り替えいたします。
定価はカバーに表示してあります。

Printed in Japan
ISBN978-4-7628-3251-2

コンシェルジュ民法 《全5巻》
Traité "Concierge" de Droit Civil

＊コンシェルジュ【仏：concierge】とは，ホテルなどの案内役から転じて，
比喩的に，特定の分野や地域情報などを紹介・案内する人を指す

椿 寿夫 ＋ 松本 恒雄 監修

▶第1巻 **民法入門・総則** ＊滝沢昌彦・林 幸司・川地宏行・中谷 崇・宮澤俊昭 著
【続刊】

▶第2巻 **物権・担保物権法** ＊中山知己・長谷川貞之・吉井啓子・青木則幸 著
定価3080円〔税込〕【2023年刊】

▶第3巻 **債権法Ⅰ** ［債権総論・契約総論］
＊難波譲治・山田創一・芦野訓和・長坂 純・原田 剛 著【近刊】

▶第4巻 **債権法Ⅱ** ［契約各論・不法行為等］
＊和田真一・石橋秀起・杉本好央・渡邊 力・野々村和喜 著
定価3520円〔税込〕【2024年刊】

▶第5巻 **家族法** ＊山口亮子・渡邉泰彦・冷水登紀代・松尾知子 著【続刊】

＊印は，シリーズ編集委員／▶A5判・横組み・並製カバー巻

北大路書房